樂律

龍種潛淵

在硝煙中崛起的壯闊逆襲史詩

朱耀輝——著

U0538343

在動盪亂世中潛伏，
東漢光武帝以隱忍和智慧
書寫出從農民到開國皇帝的傳奇篇章

◎藏鋒於鈍，以仁德與謀略書寫王朝輝煌
◎平凡之身，以智慧與毅力開創千秋偉業
◎從農田到皇位，漢光武帝的逆襲傳奇！

以寡敵眾力挽狂瀾，十二年平定天下亂局
見證劉秀如何改寫王朝更迭的歷史走向！

目錄

序言

第一章　南陽風起

春陵劉氏 ………… 012

長安求學 ………… 019

謀劃造反 ………… 027

捨家取義 ………… 039

第二章　揮師北上

初遭敗北 ………… 048

綠林密議 ………… 056

擁立新主 ………… 065

危急受任 ………… 070

黑雲壓頂 ………… 076

昆陽廝殺 ………… 085

第三章　潛龍伏淵

伯升殞命 ………… 094

日暮途窮 ………… 101

新莽末路 ………… 108

出走洛陽 ………… 115

目 錄

第四章　艱辛歲月

賢士初聚 …… 124

王郎稱帝 …… 130

逃難之路 …… 136

立足信都 …… 146

第五章　龍騰河北

真定聯姻 …… 154

天降之師 …… 159

猶豫不決 …… 167

鉅鹿鏖兵 …… 172

第六章　威揚天下

長安之亂 …… 184

銅馬受降 …… 191

赤眉西進 …… 199

天子牧童 …… 207

追剿流寇 …… 211

第七章　長安亂局

劉秀稱帝 …… 220

仁德之道 …… 230

赤眉入京 …… 237

群魔亂舞 …… 245

第八章　群雄競逐

走投無路……256

鄧禹大敗……264

招降赤眉……271

真定造反……280

彭寵作亂……286

第九章　定都中原

鄧奉之亂……298

漫漫征程……309

圍城打援……315

圍困黎丘……319

第十章　三方鼎立

共推為主……328

使節入蜀……335

舉棋不定……342

隴右血戰……349

蜀地起兵……358

目錄

序言

這一卷中，我們來到了東漢開國的那段崢嶸歲月，主角只有一個：劉秀。

我們常說「三歲看小，七歲看老」，彷彿一個人將來的成就從小時候就已注定，這其實是大大的誤解。我之所以對劉秀情有獨鍾，是因為他從一個普通人最終完成了逆襲。

說劉秀是普通人，是有根據的。

先來介紹一下劉秀的出身，他是劉邦的九世孫，是景帝的兒子長沙定王劉發的後代。我們都知道，景帝的第十子是武帝，而劉秀的祖上劉發就是武帝的兄弟。

只不過由於武帝推行了推恩令，到了劉秀這一輩，他的家庭就比較不景氣了，父親是一個縣令。

如果只是這樣，劉秀的家境不能算差，畢竟也是個公務員家庭。然而劉秀九歲那年，父親去世了。

父親走後，劉秀被叔父收養，成了普通的農民。大哥劉縯卻不甘於平庸，他一出場就自帶主角氣場，性情剛毅，慷慨激昂。自從王莽代漢，劉縯的熱血理想更嚴重了，成天忙著砸錢拉隊伍，一心為光復漢朝奔忙。

劉秀不一樣，他是個標準的乖孩子，讀書刻苦，勤於農活，正因為老實，常被大哥吐槽：「弟弟你就和高祖皇帝家那個哥哥一樣，只知道埋頭種地，將來能有什麼出息？」

很顯然，劉縯將自己比做了劉邦。

但是偏偏，最後成就大事的是低調內斂的劉秀，而鋒芒畢露的劉縯卻早早地死於更始政權的內亂之中，實屬造化弄人。

很多人認為，劉秀得天下，比當年的劉邦要困難許多。

困難在哪？

別看都是天下大亂，但是劉邦創西漢，如同一場拳王爭霸賽，只要打贏項羽就行。劉秀不一樣，他當時面臨的是群雄割據，大小豪強畫地為牢，各種勢力犬牙交錯，他只能一個一個打，好比車輪戰。從登基算起，他用了十二年的時間，終於平定天下。

縱觀劉秀的一生，可謂是順風順水、名利雙收，用現代人的眼光來看，劉秀不僅事業有成，家庭也幸福美滿。有些人對他的讚美甚至高於秦皇漢武，三國時期，曹植和諸葛亮都曾經以「劉邦和劉秀誰更厲害」為主題，寫過文章。

遺憾的是，這樣一個堪稱完美的皇帝，卻在歷史的長河中沒什麼存在感。

他是戰神，軍事能力逆天，但是他的名聲卻沒有曹操、李世民等人響亮。

他是開國皇帝，也曾一統天下，但是跟嬴政、楊堅、朱元璋比起來，卻彷彿名不見經傳。

也有人稱他為明君，偃武修文，勵精圖治，有「光武中興」，但是卻沒能像劉徹、李隆基那樣英明遠傳。

他的文化功底一流，卻遠沒有他的「痞子」祖宗劉邦來得出名。

在他低調性格的影響下，連他開創的東漢王朝也是歷代王朝中最低調、最內斂的朝代。他手下那些戰功赫赫的名將似乎什麼都沒留下，不要說跟衛青、霍去病齊名，甚至連之後三國時期的呂布、關羽、張遼、馬超也彷彿不如。「雲台二十八將」的風頭總是被「麒麟閣十一功臣」、「凌煙閣二十四功臣」等蓋住。

這不公平。

低調，並不代表沒有實力。

真正的高手，往往是那些樸實無華、沒有名氣的人，就像掃地僧，雖然名聲不如「北喬峯」、「南慕容」，可是你不能否認他在《天龍八部》中神一般的存在。

我想用自己手中的筆，帶你回到兩千年前的那段歲月，重溫東漢開國的熱血與激盪，一步一步，靠近那個近乎完美的劉秀，與他一起呼吸，分享他的榮耀，共擔他的落寞。

你跟隨我一起嗎？我寫你讀。

序言

第一章

南陽風起

春陵劉氏

讓我們勇敢地來一次歷史的穿越，回到西漢末年，回到東漢最初的原點。

時間定格在西元前 6 年。

這一年是西漢建平元年。建平是西漢哀帝劉欣的第一個年號，皇帝還姓劉，王莽還在封地新都老家蟄居，處於事業谷底期，王政君在宮中處處忍讓、委曲求全，看不到未來的出路。

各色人物粉墨登場，朝堂之上烏煙瘴氣，宛如一場鬧劇。年輕的劉歆卻沒時間關注這些瑣事，此時的他正處在巨大的悲痛之中——他的父親劉向去世了。

對於劉歆而言，劉向不僅僅是他的父親，更是他的人生導師。作為西漢的大儒，在皇帝的指示下，劉向主持了一項國家文獻整理工程，分類和編目各類文獻典籍，這一做就是二十年。臨終前，他將這項未竟的事業交給兒子劉歆，囑咐他帶領學術團隊繼續前行。

劉歆沒有辜負父親的期望，憑藉扎實的學術功底，他有信心完成這項工作。這一年，他任侍中太中大夫，職位不算太高，在仕途上算是剛剛有起色。

劉歆繼承了父親的衣缽，不僅痴迷於讀書，還喜歡研究些神神祕祕的東西，用當時的專業術語來說，就是「讖緯」。

所謂「讖緯」，其實是讖書和緯書的合稱。「讖」是一種隱祕的預言，假託神仙聖人，預測吉凶；「緯」是對這些「讖」的解釋。別以為這只是封建迷信，在當時，這可是一門官方儒家神學，從廟堂到民間，讖緯學大行其道，連王莽都是讖緯學的愛好者。

當我們回顧歷史會發現，西漢的天空瀰漫著一股神祕主義思潮，這深深地影響了劉向，乃至後來的劉歆。閒暇之餘，劉歆也喜歡四處蒐集這類預言書。這一年，他偶然得到了一本名為《赤伏符》的奇書，裡面有這樣一句神祕的讖語：

劉秀發兵捕不道，四夷雲集龍鬥野，四七之際火為主。

意思很淺顯，將來會有一個叫劉秀的人崛起，問鼎天下！

至於誰是劉秀，書上沒說，老天爺也沒給任何暗示。

看到這句話，劉歆心想，自己身邊沒有叫劉秀的，既然預言都這麼說了，要不賭一把，萬一預言成真了呢？

怎麼賭？

很簡單，改名！

這一年，劉歆為《山海經》作完注後，在給哀帝的表奏中正式改名為劉秀！

當然，為了不引起大家的懷疑，劉歆也給了一個完美的藉口：避諱。

當時的皇帝是漢哀帝劉欣，「欣」與「歆」同音，劉歆為了避諱而改名，倒也在情理之中。

是的，你沒看錯，做學術研究的劉歆其實並不是一個安分守己的知識分子，他也有政治野心！

劉歆和王莽很早就是至交好友，王莽上臺後，常常舉薦劉歆。做了皇帝之後，王莽對劉歆更是大加提拔，讓他成為朝堂上的大紅人。

然而，隨著王莽的一系列倒行逆施惹得天怒人怨、民心盡失，劉歆對王莽由希望變成失望，再到絕望。既然王莽不是那個天命之人，自己何不取而代之？

王莽建立新朝後，有個叫甄豐的大臣想學王莽炮製讖緯之說，結果被王莽滅了，劉歆的兩個兒子也牽連其中，被捕問斬。這之後，劉歆本人更是攛掇自己的女婿、王莽的兒子王臨謀反，結果全家被誅。

《赤伏符》上寫得很清楚，將來會有一個叫劉秀的人做皇帝，劉歆要自己變成這個劉秀，他不允許天下還有其他的劉秀存在，成為他謀取皇位的絆腳石。

那時的劉歆雄心勃勃，他一定想不到，這條神祕的讖語確實「應驗」了，不過並沒有應在他這個冒牌貨身上，而是應在了另一個人身上。

他的名字，也叫劉秀。

就在劉歆改名這一年，在陳留郡濟陽縣，真正的主角劉秀剛剛出生。

與一般的開國皇帝不同，劉秀可是正經八百的皇族子弟，劉邦的後人。確切地說，他是漢景帝劉啟的第七世孫，家譜也是有跡可查，不像劉備，不僅年代久遠（過了四百年了），而且支系混亂（祖先中山靖王有一百多個兒子），誰知道你是不是冒牌貨？

漢景帝劉啟有十四個兒子，其中一個叫劉發。劉發的母親是唐姬，原本是伺候劉啟妃子程姬的侍女，姓唐，沒有名字，宮裡上下都叫她「唐兒」。

有一天，劉啟喝完酒興致大發，翻了程姬的牌子。不巧的是，這天程姬來了月事，沒辦法陪皇帝了。

既然如此，程姬的牌子為何還會出現在皇帝的桌案上？

西漢的後宮有這樣一條規定，嬪妃一旦來了月事，便要在自己的臉上抹一種「丹紅」，意思是不能伺候皇帝，要請假。程姬本來就不受皇帝寵愛，皇帝也很少翻她的牌子，那幾天她恰好沒抹「丹紅」，心想反正請不請這個假都一樣。

然而，事情就是這麼巧，也許是劉啟臨時興起，想換換口味，那天偏偏就翻到了程姬的牌子。

程姬慌了：「這可如何是好？」

被皇帝翻了牌子，再想請假已是不能。後宮美女如雲，競爭異常激烈，皇帝難得光顧一次，可是自己的身體又實在無法接駕，怎麼辦？

為了不讓皇帝掃興，程姬思前想後，竟然想出了一個辦法，她將自己的侍女唐兒打扮一番，送到皇帝的龍床上，陪著酒醉的劉啟度過了春風沉醉的一晚。

第二天一早，頭痛欲裂的劉啟才發覺，侍寢的人壓根不是程姬。她是誰呢？一時半會想不起來，算了，反正也不認識，上班去了，權當什麼事情也沒發生過。

劉啟拍拍屁股走人了，可對於地位低下的唐兒來說，這是改變命運的一夜。

沒過多久，後宮傳來消息，唐兒竟然懷孕了。

雖說唐兒身分卑微，但是再怎樣，她懷的也是皇帝的骨肉。沒辦法，不認帳不行了，漢景帝只好封唐兒為唐姬，唐兒也算是有了名分。等唐兒生下一個男孩，劉啟乾脆將這個男孩取名為劉發，「打發」的「發」。

他被打發到了哪裡呢？

長沙。

漢初，南方還沒被開發，尤其是長沙，又窮又潮，屬於半開化地區，是充軍發配的首選之地。

劉發有十三個兄弟，有的當了太子，有的到經濟發達的地方當了一方諸侯，混得都不錯，只有他，孤零零一個人去了長沙。

但是那又怎樣？他這一脈出了個逆天的人——劉秀。劉秀因他爆炸式的運氣，讓漢王朝又延續了兩百年。

接著說劉發。

接到調令後，劉發只得收拾行囊，踏上南下的路。

十三年後，景帝召集諸侯王來朝飲宴，幾個兒子喝多了，紛紛起舞，為皇帝祝壽。輪到劉發時，卻見他只是展開衣袖，微舉雙手，一副畏首畏尾的樣子，逗得皇帝及其他皇子哈哈大笑。

景帝覺得有點沒面子，問他：「劉發，你在搞什麼名堂？」

機智的劉發回答：「兒臣的長沙國狹小局促，不能迴旋。」

這個回答讓景帝立時無語，一揮手，將武陵、零陵、桂陽三郡封給劉發。就這樣，劉發的地盤擴大了一圈。

劉發有十六個兒子，次子劉買被武帝封在零陵郡泠道縣的春陵鄉為春陵侯；春陵侯的爵位由其長子劉熊渠繼承，次子劉外擔任鬱林太守；劉外之子劉回擔任鉅鹿都尉，劉回生劉欽、劉良、劉歙三子，其中劉欽的第三子即為劉秀。

劉秀的老家在南陽，早在戰國時期，這裡就是軍事重鎮。從西漢開國起，這裡就是直轄地，由皇帝直接管理。

南陽有三大特色：一是出了很多法家酷吏，比如張釋之、杜周、寧成等；二是商品經濟發達，武帝時主管鹽鐵事務的孔僅就是南陽人；三是這裡的人好勇鬥狠，復仇之風濃烈，跟北方的燕趙之地有一比，這也是劉氏集團後來能迅速崛起的原因。

說起來，劉秀的祖上也曾是有錢人家，經過幾代人的經營，到劉秀時，春陵劉氏已是當地赫赫有名的世家大族。根據史書記載，春陵侯家的民戶有四百七十六家，我大概算了一下，其年收入超過十三萬錢，定墾田有三百多公頃，私有田更是定墾田的四倍。照這樣來算，春陵劉氏絕對算得上是個大地主家族！

可惜，這些輝煌是過去時了。劉秀這一支不過是個旁系宗室，曾祖劉外不是嫡長子，沒有繼承春陵侯的資格。傳到父親劉欽這一代時，劉欽只混了個南頓縣令，其叔父劉良也只是蕭縣縣令。

那麼問題來了，這個南頓縣令到底是個多大的官呢？

根據《漢書》記載，萬人以上的縣，最高行政官員叫縣令，薪資一千石至六百石；萬人以下的縣，最高行政官員叫縣長，薪資五百石至三百石。縣丞主管文職，縣尉主管軍事。

劉秀的母親叫樊嫺都，是南陽郡豪強樊重的女兒。她為劉欽生了三個兒子、三個女兒：長子劉縯（字伯升），次子劉仲，三子劉秀（字文叔）；長女劉黃，次女劉元，三女劉伯姬。

劉秀出生在濟陽，後來因為父親的職務調動，遷到了南頓。從長沙王劉發到南頓縣令劉欽，這一脈官越做越小，可謂是一代不如一代，好在劉秀還有父親這棵參天大樹，幼時的生活也算無憂。

然而，就在劉秀九歲那年，父親劉欽不幸去世，他的童年永遠地結束了。

這一年，劉秀的大哥劉縯十九歲，胸中熱血激盪，在父親的葬禮上，他暗暗發誓，一定要做出一番大事業。

只是，他暫時還沒想好要做什麼。

二哥劉仲性情溫和，是個老實人，話很少，悶葫蘆一個，哪怕受了欺負也不聲張，只會自己咬碎了牙往肚子裡咽。

在參加完父親的葬禮之後，劉秀由官居蕭縣縣令的叔父劉良撫養。劉良生性溫順敦厚，對這個幼年喪父的姪兒倍加疼愛，手把手教他讀書識字。

就在劉秀跟隨叔父生活時，外面的世界早已發生了天翻地覆的變化。

西元 9 年，在萬眾矚目與期待中，已成為攝皇帝的王莽終於邁出了一步，代漢自立，建立了大新朝，年號「始建國」。

這一年，劉秀十四歲。

西漢滅亡了，天下改朝換代，劉姓宗室子弟一下子成了遺老遺少，天下不姓劉，改姓王了。

劉家的天下沒了。

消息傳到南陽，南陽春陵的劉氏子弟們很生氣！

他們雖然早已沒了當年的輝煌，但是身上依然流淌著高貴的皇族血脈，只要這天下還姓劉，他們還是皇族子弟，依然享有特權和尊嚴。而如今，隨著王莽代漢，祖宗基業旁落，劉氏宗族的一切榮耀和身分都化為烏有，這對他們而言既是國仇又是家恨，焉能坐視不理？

這其中，反應最為激烈的當屬劉縯。

劉縯鋒芒畢露，性格豪爽，好俠養士，喜歡結交朋友，收留賓客，天生就有當「大哥」的潛質。和《天龍八部》中的蕭峰一樣，劉縯一出場就是英雄，頭頂自帶主角光環。論慷慨豪爽，論江湖義氣，論出身地位，劉縯的聲望和人氣在南陽都是數一數二的，大夥兒一提到他，都會豎起大拇指，尊稱一聲「伯升」。

除此之外，劉縯還曾赴長安求學，在全國最高學府太學讀了幾年書，能文能武。身為高祖之後，他體內流淌著皇族的血，這血中充滿了野性的活力，張揚勇猛，絕不低頭。曾經，這樣的血讓劉邦從一個泗水亭長變成天下之主，開創了一個萬人景仰的大漢王朝；如今，這樣的血也讓劉縯不甘受辱，不願像個橡皮圖章一樣任人擺布。他渴望再造漢室，重返榮耀之位，即便付出生命也在所不惜。劉縯像一柄鋒利的寶劍，磨礪已成，正急切地尋找敵人，一試鋒芒。這一刻，他終於找到了人生目標：推翻王莽，光復漢室！

可問題在於，要想復國談何容易？

為了實現這個終極目標，劉縯開始不惜重金大量招攬賓客，培養自己的武裝力量。

養客之風由來已久，門人食客是王公貴族的地位象徵，時局險峻，隨時都有不測發生，也只有王公貴族才有資格和能力供養門客。放到今天來看，這其實類似於一種保險投入，因為作為老大，手中隨時都得握有危機防備手段。戰國時期，以養客著稱的「四君子」各自門客數以千計，其中就有不少能人異士，只要有一門手藝，皆可供養。

到了漢朝，養客之風依然盛行，市場競爭十分激烈。作為沒落皇族，劉縯的資金實力有限，只能進一步細分市場，專門挑別人避之不及的亡人和逃犯來養。這些人心狠手辣，關鍵時刻勇於拚命，收為小弟最合適不過。

不出幾年，劉縯麾下就有了數百之眾，威震南陽，儼然成了南陽境內的「柴大官人」。

劉縯朝著自己的理想一步步靠近，叔父劉良的日子卻越來越不好過了。王莽在坐穩帝位後，正式釋出通知，將所有劉氏子弟開除公職，通通貶為平民。

消息傳來，劉良沉默良久，開始收拾行囊。對於這一天，他早有心理準備，這大新朝的官，自己早就當夠了。在交接完手頭工作後，劉良帶著一家老小回到了老家春陵。

長安求學

這一年，劉秀十六歲，回到了自己的哥哥身邊。

當初兩人分別時，劉秀還只是個不諳世事的弟弟；再歸來時，他已是長身玉立的少年。劉縯對這個弟弟十分疼愛，每日帶著他鬥雞走馬，游俠浪蕩，結交各路豪傑，好不風流快活！

相較於劉縯的慷慨豪爽、氣度恢宏，劉秀始終謙虛內斂、安分守己，身上有一種不屬於他這個年齡層的沉穩。廣交朋友，除了要有人格魅力，還需要錢，大量的錢。《後漢書》中記載，有個叫鄭太的土豪，知天下將亂，私底下結交豪傑，他家有田四百頃，即便這樣，日常開支還是不夠。

劉縯為了招攬賓客，幾乎花光了家裡的所有積蓄，史書上甚至用「傾家蕩產」來形容。南陽地界流傳著一句話：「平生不識劉伯升，縱稱英雄也枉然。」只有劉縯自己知道，這點名聲全是用錢砸出來的。

對於大哥的舉動，劉秀並沒有多說什麼。為了一家人的生計，劉秀主動扛起了生活的重擔，擼起袖子，挽起褲腳，跟著同鄉的人下地做事，每天日出而作，日落而息。劉縯是不當家不管油鹽貴，而劉秀小小年紀，卻已經有了當家做主的樣子。

這樣的日子一過就是十多年。

不知不覺間，青春年華在悠閒緩慢的生活中漸漸逝去，意志在平淡無奇的日子裡悄悄消磨，劉秀已成長為一位種田能手。劉縯對弟弟的行為卻一直不以為然，經常嘲笑他只知道種植莊稼，沒有遠大志向，把他比作漢高祖的哥哥劉喜。

的確，在當時看來，劉秀真的就像劉邦的哥哥一樣，只是個老實的農民，而大哥劉縯看起來更像是劉邦再生。年輕時的劉秀並沒有展現出哪怕一丁點兒的偉人風範，除了種地之外，他的工作履歷乏善可陳。

閒暇的時候，劉秀跟著大哥劉縯四處遊歷，拜訪豪傑，招攬義士。就在老家南陽，劉秀遇見了他想守護一生的女人——陰麗華。

陰麗華的家世可不一般，陰家的先世是輔佐齊桓公「九合諸侯，一匡天下」的管仲，傳到第七代管修，以醫術精湛聞名於世。管修後來從齊國搬到了楚國，被封為陰大夫，後人便以「陰」為姓。秦漢之際，陰氏子孫為躲避戰亂，舉家搬到了南陽。

陰家在當地也算大族，家境殷實，據說有良田千頃，車馬奴僕的數量可以和當時的諸侯相媲美。陰麗華年輕貌美，才華出眾，是很多人心目中的女神。

劉秀的二姐夫叫鄧晨，家住南陽新野，而鄧晨與陰家有些關係。有一次，劉秀到姐夫家探親，恰逢鄧晨要去陰家拜訪，劉秀隨同。在那裡，劉秀第一次見到了這位傳聞中的大家閨秀。

就那匆匆一瞥，劉秀腦中一轟，心劇烈地跳動起來，跳得那樣急、那樣快，像是隨時都能跳出胸腔。

李白曾經有詩讚頌她的美貌：「麗華秀玉色，漢女嬌朱顏。」李白當然沒見過陰麗華，不過能在歷史上以美貌揚名的女子，長相必定不會多差！

不過，美貌可不是陰麗華的全部。作為未來歷史舞臺上的女主角，陰麗華幾乎具備一切女性的美好特質：性格溫柔、心地善良、孝順長輩、胸懷寬廣。面對這樣一位幾乎無可挑剔的美女，窮小子劉秀只能遠遠地望一眼，不敢靠近，更不敢搭訕她。

只是因為在人群中多看了你一眼，從此再也沒能忘記你容顏。夢想著偶然能有一天再相見，從此劉秀開始孤單思念。

劉秀對正值荳蔻年華的陰麗華一見鍾情，從此愛慕難捨。

王莽篡位稱帝後，劉氏子孫受到了無情的摧殘，劉秀一家早已失去貴族身分，論財富與聲望，劉家遠不如陰家。有人說，愛情裡最遺憾的事情莫過於你在最無能為力的時候，遇到了最想守護一生的女孩。此時的劉秀正處在這樣的年紀，面對喜歡的姑娘，他只能把這份相思埋在心底，然後暗暗發誓：「等我混出個模樣，一定回來娶你！」

老家的日子枯燥而又單調，經過一番思考，劉秀作出了一個決定：他要離開家鄉，到長安上學。

南陽到長安，直線距離有四百多公里。那時候沒有火車、飛機，劉秀路費不多，為了節省開支，他跟一個韓姓同學合夥買了一頭驢，拉著驢車去長安，順道用驢車運輸，到長安後賣了驢車，居然還小賺了一筆。

作為帝國的首都，長安城算得上是當時最大的城市，有一百六十個里閭，固若金城，雉堞上萬，疏濬城池，注水成淵，三達的道路既平且寬，十二座通門無比莊嚴。街上行人摩肩接踵，三教九流魚龍混雜，什麼樣的人都有，什麼樣的事都不稀奇。

劉秀的目的地是太學，太學在長安西北七里處，緊挨著城牆，那裡是全國最高學府。

大漢一開始是沒有太學的，直到漢武帝繼位的第一年，大儒董仲舒上疏，認為「養士之大者，莫大乎太學」，希望皇上「興太學，置明師，以養天下之士」，考教他們的學問，給他們一個舞臺，這樣才能得到天下英才。

然而，當時竇太后尚在，朝中奉行黃老思想，年輕的漢武帝只能暫時將自己的改革擱置。直到真正掌權後，漢武帝才開始在長安建立太學，最初太學中只設五經博士，置博士弟子五十名。博士弟子學習幾年後，經考核，成績優異者可直接當官。

此後，太學規模逐步擴大，科目及人數逐漸增多，開設了《易》、《尚書》、《詩》、《禮》、《春秋》等課程。漢元帝時博士弟子達千人，漢成帝時增至三千人。漢平帝時，主政的王莽進行了一次全面的教育改革，除中央太學以外，又在郡國設「學」，在縣裡設「校」，在鄉里設「庠」，在鄉下設「序」，大有普及國民義務教育之勢。

新莽年間，太學再一次擴招，學生名額更是激增至萬人。

這就給了劉秀階級躍遷的機會。

一到長安城，劉秀先趕去太學報到，然後去拜謁了劉家的兩位故舊：

一位是叔父劉良的至交好友，當朝大司馬嚴尤；一位是劉家的世交，司隸校尉陳崇。有這兩個大人物罩著，他日後在長安城也更好混些。

劉秀入學後，師從中大夫許子威，主修儒家五經之一的《尚書》。

那麼問題來了，劉秀的學業到底如何呢？

劉秀的學習成績只能算是一般，史書中說他只學了個大概，略通大義。《東觀漢記》中說他喜歡游俠，跟著一幫人鬥雞走馬，四處瞎徘徊。

有沒有覺得似曾相識？

沒錯，當年劉病已混跡民間時，就是個任俠的熱血青年，沒事就喜歡跟一幫人鬥雞走馬。要知道，出了長安後，在這廣袤的天地間，閭里奸邪、吏治得失跟書本上的大道理全然不是一回事。

劉秀不喜歡書本，因為那些書本實在無聊。就拿劉秀的課《尚書》為例，這本書是上古（虞舜至商周）時代的政治文獻彙編，由孔子刪定，內容是出了名的佶屈聱牙、高深莫測，當時的名家經注就堆了半邊牆。沒有幾十年的功力，還真讀不出個子丑寅卯來，俗語說皓首窮經，一遍讀罷頭飛雪，那可不是嚇唬人的。

對於劉秀而言，他更願意讀社會這部大書。劉秀絕不是什麼「兩耳不聞窗外事，一心只讀聖賢書」的書生，而是一個道地的社會人，他的大部分時間都在四處活動，參加社會實踐。

在南陽時，劉秀的身影被大哥的萬丈光芒所掩蓋，劉縯既是他的庇護，也是他的束縛。無論他做什麼，別人都會說：「喏，那就是劉縯的小跟班。」

在長安城，劉秀的社會活動能力得到了充分的展現和發揮。他不僅跟韓同學做過貨物運輸，還和一個叫朱祐的小跟班合夥賣藥。劉秀非常有創意地在藥中兌入蜂蜜，口感極佳，新產品一經上市，便受到了長安消費者的熱烈追捧，一時引發潮流。

後來，朱祐隨劉秀征戰天下，成為「雲台二十八將」之一，官拜建義大將軍，爵封鬲侯七千三百戶。多年以後，當君臣二人回首過往，劉秀賜給朱祐一石上等白蜜，問他：「你還記得我們當初在長安城賣蜜藥的事嗎？」

兩人相視，開懷大笑。

除了兼職做生意，劉秀還在長安尚冠裡租了一間大房子，設了個南陽駐京辦事處，專門接待從南陽進京辦事的大小官員，利用南陽劉氏在京城的關係和人脈，打探消息，收取費用。

原春陵侯劉敞曾託劉秀，到大司馬嚴尤府上申訴一筆租糧兩萬六千斛、芻稿數萬錢的官司。同學朱祐也在為舅父追逃租，於是兩人一同上門，恰好這天嚴尤乘車外出，在門口碰到了二人。尷尬的是，嚴尤只和劉秀說話，卻對一旁的朱祐看都沒看一眼。

嚴尤絕對不會想到，正是眼前這個青年，日後成了他在戰場上最強勁的對手。

兩人談完正事，劉秀目送嚴尤離開，跟朱祐調笑道：「嚴公正眼看過你嗎？」

朱祐聞言也不以為忤，反而對劉秀愈加恭敬。

此外，劉秀還尤為關心朝政，每次朝廷有新政發表，劉秀總能最先知道，然後為同學做政策解讀。臺上的劉秀品評時勢，指點江山；臺下的聽眾聽得如痴如醉，莫不悅服。恰同學少年，風華正茂，書生意氣，揮斥方遒，好不快意！

很快，劉秀就成了校園中的風雲人物、意見領袖。他鋒芒畢露，身邊也聚集了一批死黨：韓子、朱祐、劉嘉、來歙、鄧禹、嚴光、強華等。

這裡面要重點說一下鄧禹。他是南陽新野人，在史書上，鄧禹一登場的身分就是資優生。據史書記載，他在十三歲時就能背誦《詩經》，在太學學習時，遇到了二十多歲的劉秀。

一見面，少年鄧禹就對大哥哥劉秀產生了膜拜之情。

這些同學中，有不少人後來跟著劉秀征戰天下，成為他最得力的助手。錢穆先生就說：「東漢光武帝，以王莽時代一太學生，起兵平天下。一時同學之士，馳驅戎馬間，策奇勳，列朝廷高位者何限。」

在劉秀的帶領下，一夥人白天參加各種社會實踐，結交各色人物，晚上就在長安街頭喝酒，好不快活！

這一天，劉秀和往常一樣出門，正好看到執金吾率眾出行。執金吾相當於首都長安衛戍部隊司令，職掌京城治安，手下都是身材魁梧、相貌威嚴之人，清一色穿著制服。根據史書記載，執金吾出行時，統騎兵二百人，執戟甲士五百二十人，前呼後擁，光耀無比，文武百官無人能比。

這場面，這氣勢，劉秀一下子就被震撼了，情不自禁說出了一句名言：「仕宦當作執金吾，娶妻當得陰麗華。」

有沒有感到這一幕似曾相識？

兩百多年前，一個戴著竹皮冠、長著大鬍子的泗水亭長，第一次到咸陽出差，恰好碰到嬴政出巡。看到車隊旌旗招展、護衛森嚴，嬴政則高坐輦車之內，威風凜凜的樣子，劉亭長大生豔羨，忍不住脫口而出：「大丈夫當如此也！」

乍一看，劉秀的感慨沒有劉邦霸氣，不過這倒也符合劉秀的性格。劉邦恢宏大氣，志存高遠，劉秀則更為務實，有多大能力辦多大事，他的理想其實更接地氣，類似於當今年輕人所嚮往的「當上總經理，出任董事長，迎娶富女子，走上人生巔峰」。

然而，此時的劉秀雖有宗室子弟之名，實乃一介布衣，和執金吾與陰麗華之間的距離何其遙遠！

努力吧，劉秀，命運之神正在前方等待著你！

光陰似箭，一晃三年過去了。劉秀順利從太學畢業，然後回了老家南陽，重新扛起了鋤頭。他的生活幾乎沒什麼改變，依舊是種點地，賣點糧食，日子過得簡單又充實。

只是，從此之後，劉秀的身上多了幾分儒雅之氣。

一般來說，上過全國頂尖名校的，出來之後都能在朝廷裡混個一官半職。可惜的是，劉秀沒有趕上好時代，當時正是新莽王朝。

王莽稱帝後，大大放寬了太學的入學標準，太學一再擴招，導致太學生數量激增。當時的太學早就不分配工作了，只有那些有權、有勢、有背景的畢業生才能在朝廷中謀個飯碗。像劉秀這種沒家世、沒背景又沒門路的「三無」學生，畢業即失業。

按理說，此時的劉秀在經過三年歷練後，眼界與閱歷早已不同往日。然而，劉秀回到老家南陽後，深藏功與名，重新做回了從前的自己，他是長輩眼中的老實孩子，是大哥劉縯身後的小跟班。

不得不說，劉秀對於種地確實是行家。那幾年，南陽郡經常遭遇大旱，別家的莊稼都枯死了，而劉秀種的莊稼每年都能有不錯的收成，不僅能自給自足，還有餘糧運到市集賣錢，可以大賺一筆。

總之，在此時的劉秀同學身上，沒有任何跡象表明，他將在未來的二十多年裡，站在歷史舞臺的中央，扮演顯赫的男主角，享受最好的燈光和機位，擁有最多的特寫和對白。

當我在深夜穿越歷史，回到新莽王朝，回到南陽，從劉秀身上只看到了兩個字：平凡。

在我們一般人的印象中，能成大事者，必定是非凡人物，譬如劉縯，他一出場就光芒萬丈，是主角般的存在，而劉秀，只是英雄光環籠罩下的一個普通角色。

如果歷史照這樣發展下去，劉秀會用他的聰明才智種出更多的糧食，賺到更多的錢，將來也許會成為大地主，然後過上殷實的生活，但是終究會與出身豪門的女神漸行漸遠。

然而，命運之手並沒有讓他在這條職業農夫的大道上一直走下去，而是讓他踏上了另一條只能進、不能退的艱險之路。

我們常說「三歲看小，七歲看老」，彷彿一個人將來的成就從小時候就已注定，這其實是大大的誤解。生活中，總是有很多資質不錯的人，最後卻混得一般，甚至還不如那些看起來普普通通的老實人。

事實上，我之所以對劉秀情有獨鍾，其實是想從他身上找到一個問題的答案：普通人如何逆襲？

這其中，既要有自身的努力，也要有時代的機遇。至於這二者是如何成就劉秀的，我將會在這本書中告訴你答案。

謀劃造反

我們接著往下看。

當劉秀繼續躬耕南陽之際，外面的形勢正在發生劇烈變化。

隨著王莽的改革一敗塗地，整個中原大地一片混亂，經濟崩潰，天災伴隨人禍，百姓流離失所，無以為生。

天鳳四年（西元 17 年），由於王莽要對四夷用兵，財政壓力相當大。

他特設六筦名目，課稅民間：一鹽稅，二酒稅，三鐵稅，四名山大澤採辦稅，五賒貸稅，六銅冶稅。

面對如此沉重的稅賦，貧民無以謀生，富民也不能自保，不少中小農戶被逼破產，貧民農戶更是悽慘不堪。

這一年，還發生了三件事。

一是琅琊郡呂母起義。

呂母有個兒子在縣裡任職，因犯了點小罪被上司所殺，心生怨恨。呂母家很有錢，為了替兒子報仇，她廣施恩惠，積極招攬無業青年，很快手下便發展到數千人。經過三年精心準備，呂母登上奎山，自稱「將軍」，率領三千勇士浩浩蕩蕩殺奔海曲城，將該上司當眾問斬，提著人頭到兒子墳前祭奠。

經此一役，呂母聲威大振，附近百姓紛紛前來投奔，起義軍很快發展到上萬人。

二是臨淮郡人瓜田儀（姓瓜田，名儀）起義。

由於官吏苛暴，加上天災頻發，民不得耕桑，怨氣極大。瓜田儀拉起了一支人馬造反，在會稽郡的長州打造兵器，聚眾習武，襲擊王莽官軍。

王莽派人前往招安，但是義軍不吃這一套，直呼官逼民反，拒絕接受招安。王莽大怒，發兵剿滅，但是始終無法攻克。

三是綠林起義。

這一年，南方發生饑荒，赤地千里，百姓無以為食，成群結隊進入野地、沼澤地，靠挖荸薺、野菜度日。

王匡、王鳳所在的新市邑沼澤地比較多，山上還有野菜、野果，因而引來了不少饑民，這些饑民常常為了採食而互相爭鬥。王匡、王鳳為人豪爽俠義，經常出面為大家排解糾紛，威望日隆，被推舉為「渠帥」，也就是他們的帶頭大哥。

問題在於，讓大夥兒天天吃野菜也不是長久之計。為了不讓更多的人餓死，王匡、王鳳決定帶領他們上山當土匪，跟官府打游擊。

這山便是後來聞名的綠林山，「綠林好漢」也來源於此。

得知這個消息，許多活不下去的流民紛紛報名入夥，數月之中，竟聚集了七八千人。

在前來入夥的人中，有兩個人值得一提，一個叫王常，一個叫馬武。這兩人將在今後的舞臺上頻頻亮相，以東漢王朝的開國名將身分名留青史。

綠林起義由此爆發。

當王匡等人在綠林山舉起義旗時，另一支起義軍也在東方嶄露頭角，那就是赤眉軍。

綠林軍起義第二年，也就是天鳳五年（西元 18 年），琅琊人樊崇在莒縣率百餘人發動起義，得到了青州、徐州等地饑民的響應。逄安、徐宣、謝祿、楊音等人也率部歸附，起義軍很快從最初的數百人增至萬人，活動範圍也進一步擴大。

為了在打仗時與對手區別，他們將眉毛染紅，被稱為「赤眉軍」。這支起義軍多半是貧苦農民，他們到處「打土豪，分田地」，既沒有攻城略地的意圖，也沒有什麼具體規劃。軍中沒有基本的文書、旌旗、部曲、號令，只有兩條簡單的軍規：殺人者死，傷人者賠醫藥費。

起義軍內地位最高的稱「三老」，其次稱「從事」，再次稱「卒史」，這些都是漢朝地方小吏的稱號。普通人之間不稱同事，而稱巨人。

從一開始，赤眉軍就組織鬆散、管理混亂，缺乏基本的組織和架構，也缺乏長遠的策略目標，只能算是一夥烏合之眾，這也限制了這支武裝後來的發展。

不得不說，農民是最樸實、最溫順的一群人，只需一件短衣，就可讓寒者感激不已；只需一把糟糠，便能令飢者高呼萬歲。即便平日窩在山林裡，嘯聚山林，他們也時常惦記地裡的莊稼，總想著莊稼熟了回家收割，好好過日子。

因此，流民雖然聚有數萬之眾，卻不敢攻擊城邑，橫行鄉里只為一天的口糧，過一天算一天。即便抓住了各縣長官、州牧和郡太守，他們也多半不會一刀砍了了事，而是留給對方一條活路。

有一次，荊州牧組織了兩萬人的隊伍，命名為「奔命」軍去進攻綠林軍，結果吃了敗仗，死傷數千人，糧草輜重被劫掠一空。荊州牧的戰車被困住，起義軍刺死了車上的驂乘，卻不敢對州牧大人下手，最後彬彬有禮地護送他出戰場。

為了表明心跡，流民們還託各級官員向王莽捎話：「我們之所以上山當匪，實在是因為太窮了，沒飯吃，一年勞作所得還不夠交租稅，希望您給條活路！」

問題是王莽根本不信。他堅信：「良民沒飯吃，那也得老老實實在家待著，怎麼能上山去當土匪呢？這些人良心大大地壞了，只有一個辦法——殺！」

還有一次，有個大司馬府的祕書官到豫州出差，半道上被盜賊劫了，結果不但沒被殺，反而被客客氣氣地送回官府。祕書官回到京城後，寫了一篇工作報告，結果王莽看完後大怒，認為是一派胡言，發文責備七公（四輔及三公）：

「官吏的意義在於管理，一方面應該宣揚德政，彰明恩澤，管教人民，這是仁政的原則；另一方面要壓制豪強，督察奸邪，逮捕、誅殺盜賊，這是維護正義的手段。可如今變成什麼樣子了？盜賊出現，總是抓不住，直到結成大幫大夥。他們攔劫官吏，這些脫了身的官吏回來就說『我曾譴責盜賊，為什麼要當盜賊，盜賊都說是因為貧窮』。

他們這種言論一出，那些沒見識的人就會信以為真。你們自己動動腦子，如果人真因為貧困飢寒而犯法，大的也就是一夥人去搶劫，小的無非是個人去偷竊，不會超出這兩類。然而，現在盜賊成百上千，而且有組織、有計畫，這是大規模的叛亂！

這難道是飢寒可以解釋得了的嗎？你們四輔三公，要嚴肅告誡各級官員，認真管教良民，迅速捉拿、殲滅盜賊。如有人不同心合力抓捕盜賊，胡說他們是飢寒所迫才這樣做的，立即抓起來，嚴肅處理！」

這道詔書一下，上下官員越發惶恐，再沒有人向王莽報告流民的真實情況。州、郡不能擅自調動軍隊，流民起義的發展勢頭更加迅速。

得知各地爆發起義，遠在南陽的劉縯很興奮，自己準備了這麼多年，到處結交朋友，招攬賓客，如今終於看到了機會。他加緊籌備，祕密召集諸豪傑商量：「王莽暴虐，百姓分崩，今枯旱連年，兵革並起，此亦天亡之時，復高祖之業，定萬世之秋也！」

隨後，劉縯分遣賓客，四處聯繫豪傑。

劉縯生性豪爽，好俠養士，許多人來投奔劉縯，其中不乏偷雞摸狗、攔路搶劫之輩。劉縯則來者不拒，無論對方是什麼人，做過什麼事，他都能與之推心置腹，結成摯友。

很快，劉縯的賓客就因犯事被官府盯上了，成了官府的追捕對象。劉縯一看情況不對，立刻選擇了跑路，作為弟弟的劉秀也受到了牽連。

沒什麼好說的，跑路吧！

劉秀收拾行囊，到新野鄧晨家中避難。鄧晨一看劉秀來了，熱情接待，跟他聊起了一件陳年往事。

那一年，劉縯、劉秀兄弟和鄧晨一起去宛城拜望一位非常有名氣的術士蔡少公，此人以精通圖讖聞名，在南陽一帶極有名氣。閒聊時，蔡少公跟大家公布了自己的最新研究成果：依照圖讖的說法，劉秀當為天子。

當時，大夥兒馬上想到了王莽朝廷裡那個國師劉歆，當時他已改名為劉秀。有人問：「這說的是國師劉秀吧？」

劉秀開玩笑道：「你怎麼知道不是我這個劉秀呢？」

眾人哄堂大笑，只有鄧晨心中暗喜，因為他當真了。

這次見到劉秀，鄧晨舊事重提，對劉秀說：「王莽悖亂暴戾，盛夏殺人，這是天要滅他。當初在宛城聚會時，蔡少公說你會當天子，真的會應驗嗎？」

劉秀笑而不語。

對於此時的他而言，所謂的當皇帝根本就是浮雲，當務之急是活下去。為此，在新野安頓好後，劉秀又拾起了自己的老本行，他趁著南陽歉收、谷價高漲之際，找人從新野收谷，運到宛城，大賺了一筆。

正是這趟宛城賣谷之行，改變了劉秀的命運，其恢宏壯闊的一生，至此也正式揭開帷幕。

在宛城，劉秀住在昔日的老同學朱祐家中，他們在長安時就有合作過，這次繼續一起賣穀。眼看糧食即將賣完，兩人預備返回新野。

正在這時，一個叫李軼的人上門了。

李家是南陽郡的名門望族，世代經商，家財萬貫。到了李守這一輩，棄商從政，他在長安擔任宗師一職，專門處理宗室事務。

李守師從劉歆，對天文學和圖讖學頗有心得。經過多年研究，李守推算出來一句讖語：「劉氏復興，李氏為輔。」

李守思索了半天，感覺這句讖語跟自己家有些關係，於是告訴了自己的兒子李通。李通也曾在朝廷任職，得知這句讖語，他陷入了糾結。

亂世，是各個勢力洗牌的時刻，有布衣為卿相、為將軍，開闢一個大世家；也有世家因選錯人、站錯隊，遭受滅頂之災。起起伏伏，不斷有新的世家崛起，不斷有舊的世家走向滅亡。

世人皆說，沒有千年的王朝，卻有千年的世家。

如今王莽改革一片混亂，中原大地民不聊生，又到了洗牌的關鍵時刻，該如何抉擇？

若是跟對了人，李家就能更進一步；若是跟錯了人，李家很可能萬劫不復。

放眼天下，舂陵劉縯招攬四方賓客，籌備起兵多年；綠林軍、新市軍陸續起兵，南陽太守如同坐在火山口上。此外，河北、河南、山東等地，皆有起義軍。

李通長嘆一聲：「我李家該做選擇了！」他索性辭了工作，回到老家，專心研究這句讖語。

「劉氏復興，李氏為輔」，意思很淺顯，劉氏宗族必將崛起，而輔佐劉氏的，必然是李氏。李通很自然地就把自己的家族代入進去，認為自己就是那個輔佐劉氏復興的人！

李家各個族老及青年才俊匯聚在一起，討論著家族的前途。

一個族老說：「眼下綠林軍有七八千人，聲勢浩大，有王匡、王鳳這樣的領導者，又有王常、馬武這樣的猛將。管轄綠林山地面的荊州牧親自帶兩萬大軍討伐，結果全軍覆沒，不如去投奔綠林軍。」

李通的堂弟李軼卻不這麼看。他認為：「綠林軍勢力已成，現在去投奔也只能是錦上添花。天下動亂，新朝眼看就要滅亡，復興漢室乃是人心所向，不如投奔劉氏宗族，成功的機率更大一些。」

一位族老問道：「你有人選？」

李軼侃侃而談：「南陽劉氏宗族中，只有劉伯升兄弟博愛，為人寬和，眼下正在招攬賓客，正是缺人手的時候。此刻若是前去投靠，那就是雪中送炭，劉縯必然熱情歡迎，到時候我們就可以與他們共商大事！」

又有人問道：「我們李家跟劉家平素並無來往，如何才能與對方牽上線？」

李軼早有準備，道：「據我所知，劉縯的弟弟劉秀眼下正在新野避禍，我們可以先找他聊聊。」

眾人眼睛一亮，似有所悟。既然無法入股劉縯，劉秀也是個不錯的投資對象。

李通聞言，大笑道：「錦上添花不如雪中送炭，我正有此意！」

兩人達成一致意見後，李通立即讓李軼去找劉秀，邀他來府上共商大事。

得知李軼來訪，劉秀心中咯噔一下，當即大門緊閉，避而不見。

這又是為何？

這一切，還要從一段陳年舊事說起。當年李通有個同母弟叫申屠臣，是南陽有名的神醫。有一次，劉縯的朋友生病，派人去請申屠臣，不料申屠臣架子很大，愛搭不理的。劉縯是個脾氣火爆，一時沒忍住，竟失手殺了申屠臣。

殺人償命，劉秀的大哥殺了人家的弟弟，現在對方找上門來，除了尋仇，還能幹嘛？

劉秀當然不見。「還是趕緊收拾包袱，準備跑路吧！」

李軼身負重任來請劉秀，豈肯輕易罷休？劉秀不見他，李軼索性天天守在家門口。劉秀無奈，只得讓他進來。李軼道明來意後，又極言申屠臣之事全是他咎由自取，「李氏族人並未怪過令兄。今天真是有要事相商，你去了就知道了」。

盛情難卻，劉秀最後還是決定接受邀請，登門拜訪。為防不測，他在袖中藏了一把短刀。「萬一出了事，大不了跟他們拼了就是。」

劉秀來到李府後，並沒有見到李通，據說是病了，接待他的是李通的哥哥李條和弟弟李寵、李松。一見面，李松等人就問他：「文叔，你看這天下局勢如何？」

劉秀不疾不徐道：「最近南陽大旱，穀價漲了不少，今冬百姓怕是又要餓肚子了。」

李松急了，說：「如今天下饑民四起，百姓流離失所，各處流民叛亂不斷，王莽亡敗在即，如此大事，文叔難道就沒有什麼想法？」

劉秀答：「沒有想法。」

劉秀不得不有所警惕。「李氏家族在當地也算豪強，家財無數，何以拋家捨業，行此冒險之事？動機在哪裡？這說不通啊！」

李通在內室聽得著急，讓人召劉秀入內議事。

一見面，李通抓住劉秀的手臂，表現出很親熱的樣子。劉秀猝不及防，袖中短刀被抓個正著。

李通問：「文叔何以如此？」

劉秀答：「人在江湖走，哪能不帶刀，倉促間以備不測。」

見劉秀不動聲色，李通繼續道：「文叔一定是在想，我李家財資雄厚，家父又在朝中任職，為何要拋家捨業，幫助劉氏興復漢室？」

劉秀：「正有此疑。」

李通：「我曾聽人說過一件事，宛城蔡少公說過一句話：劉秀當為天子。文叔可曾聽說過？」

劉秀心中突地一跳，但是臉上還是不動聲色，答道：「聽人說過，這說的不正是當朝的國師劉秀嗎？」

見劉秀不承認，李通繼續坦誠道：「家父曾在國師劉歆（秀）門下學習讖緯，曾推算這麼一句話：『劉氏復興，李氏為輔。』我認為，此劉氏便是閣下兄弟，此李氏便是我家兄弟。讖文如此，天意不可違，所以我才邀請你共商大事，共同起兵，挽狂瀾於既倒，扶大廈於將傾！」

李通已經把話挑明了，但是劉秀依然不肯接話。

真正負責任的起義者，不會像阿 Q 先生那樣：造反？有趣，同去同去。起義是要死人的，而且牽扯甚廣，若無必贏把握，貿然向朝廷發出挑戰，後果極其嚴重，搞不好大家一起玩完，哪能被你幾句話就糊弄了？

李通不肯放棄，繼續講道理。

劉秀笑而不語，內心卻在天人交戰。

起義確實會死人，但是李通的勸說也不是全無道理。他想起了南陽宗室的遭遇、在長安遊學時的見聞，以及眼下動盪的形勢。

王莽做事刻板機械，一味復古，新莽政權不得人心，朝綱混亂，再加上近些年天災不斷，民不聊生，起義四起，東有赤眉，南有綠林。

在劉秀看來，王莽這皇位也快到頭了，既然天下即將大亂，自己何不趁機搏一把？

別看他在眾人眼中只是個種田能手，只有他自己知道，這絕不是他想要的生活。當年蔡少公曾預言過，劉秀當為天子，雖然大夥兒都認為此劉秀肯定是國師劉歆，但是對劉秀的內心肯定也是有所觸動的。「誰說這個劉秀一定不是我？」

當然，這個念頭在劉秀的腦海中也只是一閃而過。劉氏宗族中，大哥劉縯才是那個能做大事的人，就算當皇帝，那也應該是大哥來當，而絕不會是自己。

即便如此，劉秀也有自己的理想 —— 推翻王莽，復興漢室！

事實上，這不僅是劉秀的理想，也是南陽劉氏的夢想！

王莽代漢，祖宗基業旁落，這既是國仇，也是家恨。身為高祖皇帝之後，豈能坐視苟安？

這個理想就像一點火星，始終未曾熄滅，如今忽然遇到一陣大風，它又變成了一團火焰。

劉秀進而想到，大哥劉縯很早就開始結交賓客、招攬小弟，將來遲早是要舉大事的；自己這些年雖然躬耕南陽，但是對形勢看得很清楚，在這田園牧歌的背後，正醞釀著一場憤怒和狂躁的風暴，其鋒芒隱隱直指代漢自立的王莽！

既然起事是遲早的事，不如趁此機會與李氏兄弟結盟，共同舉兵！

那一刻，他感覺到，自己的體內有一團熊熊火焰開始燃燒。

於是，劉秀主動問了李通一個問題:「你在宛城，但是你父親人在長安，被王莽攥在手心，一旦起事，你父親怎麼辦？」

李通料到劉秀必有此問，答:「我自有安排。」

隨後詳細陳述了自己的計畫。

劉秀在仔細權衡之後，終於確信了李通的決心和膽略，也下定了決心。天變已成，既然無法做良民，那就做亂世英雄吧！

他決定與李通兄弟共舉義旗，同謀大業。

搏一搏，或許還有一線生機！

與其說是李通說服了劉秀，不如說是劉秀自己說服了自己。

下定決心後，劉秀與李通等人開始商量具體計畫，兩人約定，在立秋這一天綁架前隊大夫甄阜和屬正梁丘賜，然後號令各地流民一同起事。

前隊大夫也就是南陽太守，王莽改革後，南陽叫「前隊」，太守叫「大夫」，南陽太守也就成了「前隊大夫」。

為什麼要選定立秋之日呢？

那是因為立秋在當時是很重要的一個節日。這一天，南陽郡的各級政府官員會親臨校場，看各地的壯丁練兵。擒賊先擒王，如果能綁了甄阜和梁丘賜這兩位，南陽郡就會陷入群龍無首的境地，屆時只要振臂一呼，那些各地徵調來的壯丁就會成為自己的隊伍。

方案制定後，劉秀和李軼一起回春陵，與劉縯共商舉兵事宜。李通則留在宛城，一邊打探消息，一邊祕密購置兵器、馬匹。

劉秀雖然答應了與李家共同舉兵，但是他很清楚，最終決定的人還是自己的大哥。在他心裡，大哥劉縯人脈廣泛，群眾號召力極強，是天生做大事的人。劉縯是天，是地，是劉秀的庇護，是歷史舞臺上的主角，自己只想當他身邊的配角。

關於起兵，劉縯早已準備了很多年，他早就想效仿綠林、赤眉，高舉匡扶漢室的大旗，推翻新莽暴政，但是苦於沒有財力支持。光憑一張嘴可糊弄不了人，他需要錢財，更需要幫手。

更何況，時機也很重要，不能太遲，太遲了，人心已定，機會不再；太早則易為出頭鳥，為王先驅。比如陳勝、吳廣，雖然起兵很早，但卻是為王先驅，落個悲劇的下場。

只要王朝還沒崩潰，只要中央精銳尚存，一旦舉事，那就意味著滅頂之災。

很多時刻，人生沒有選擇，只能等待。

好在劉縯並沒有等太久，弟弟劉秀為他帶來了一個好消息。

這一次，劉秀帶來了和李家聯合起兵的周密計劃，讓劉縯大為振奮，想不到自己的弟弟平日裡寡言少語，關鍵時刻居然拉到了這麼強勁的援助，實在是讓人刮目相看！

平日裡，劉秀給人的印象很柔和、很低調，不太愛說話。可事實上，劉秀的個性是沉穩，處變不驚，有心計，又有城府，他既愛交友，也識大義。

平日裡，劉秀雖然很少附和大哥劉縯「除莽賊，光復漢室」的言論，但是在內心深處，光復漢室早已成為他最大的願望。

劉縯志得意滿，對於起兵的把握頓時就有了七分。他遍撒英雄帖，廣邀南陽各地豪傑，舉辦了一場盛大的聚會。

站在眾人當中，劉縯意氣風發，慷慨激昂，縱論天下大勢，說著朝廷的種種過錯：「王莽篡奪我劉氏江山，天下分崩離析，民眾怨恨，而今枯旱連年，兵革並起，這是老天要滅亡王莽，推翻莽賊，復興漢室，指日可待！」

在酒意的慫恿下，大夥兒群情激動，紛紛拍著胸脯保證自己一定不拖後腿，唯劉縯馬首是瞻！

這之後，劉縯和自己的團隊敲定了具體的細節。同時，他又派人與鄧晨聯繫，讓其在新野起兵響應，以壯聲勢。

劉縯很有信心，只要李通在宛城得手，自己立即舉兵，就可拿下南陽全境！

捨家取義

在劉縯緊鑼密鼓籌備大業時，宛城的李通也沒閒著。除了購置大量兵甲弓弩外，他還做了一件事：派堂兄的兒子李季到長安，把計畫告知父親李守，讓他趕緊跑路，免得被株連。

不巧的是，李季走到半路上病死了。令人難以置信的是，李守不曉得從什麼地方竟然知道了兒子李通的謀反計畫，嚇了一跳。「若是事情暴露，我李家有滅門之災！怎麼辦？」

李守徬徨無措，知道自己不能在長安待下去了，準備逃離長安，回到老家宛城。

李守有一位好朋友，名叫黃顯。黃顯在朝中的官職不低，官拜中郎將，隸屬光祿勳，主管皇宮侍衛，可以說是天子身邊的近臣。李守跟他關係特別好，就把這事告訴了他。

黃顯聽完，嚇了一跳，對李守說：「如今各地的關口把守森嚴，恐怕你還在半路上，舂陵那邊的暴動已經開始了。一旦事發，朝廷必然要畫影圖形通緝你，你的特徵如此突出，怎麼能夠跑得了？」

黃顯說得也有一定道理，李守的體型太特殊了，身高兩百零九公分，無論走到哪裡，都是最扎眼的那一個，很容易被人發現。

李守慌了，忙問：「那怎麼辦？」

黃顯為他出了個主意：「不如留在京城，順便上一份奏疏給王莽，請罪自首。如果在叛亂爆發前告發檢舉，也許能夠免除你的殺身之禍。」

李守思前想後，最終採納了黃顯的意見。他還真的寫了一份奏疏給王莽，檢舉告發兒子李通與劉縯、劉秀兄弟密謀謀反，最後還反覆強調，這些都是兒子做的，自己絕對沒有參與。

奏疏由黃顯轉交王莽，奇怪的是，奏疏交上去後如石沉大海，一點反應都沒有。

李守以為自己沒事了，不料突然有一天，有人舉報李守祕密與家人聯繫，企圖造反。

王莽震怒，立刻逮捕李守，關在大牢裡。

危急關頭，李守趕緊解釋，自己已經對這件事作出了解釋，數日前就寫了奏疏上報。

王莽讓太監去查，這才翻到這份奏疏，看完後，臉色總算是緩和了一些。

黃顯趕緊替李守求情：「李守聽說兒子犯下大逆不道之罪後，不敢逃亡。他為人一向忠義，得知其子犯法謀逆，特向朝廷自首請罪。臣願帶著李守一起東行，勸說其子，如其還是悖逆不法，則令李守北向自刎，以謝大恩！」

王莽見黃顯說得這麼懇切，打算不再深究此事。可偏偏就在這個時候，一份從南陽發來的奏疏送到了長安，放到了王莽面前。

奏疏是南陽太守甄阜發來的，裡面列舉了南陽李氏家族的一系列罪狀：李家籌備造反已經不是一兩天了，他們和劉縯兄弟串聯，私營兵馬，囤積武器和物資，還制定了詳細的造反計畫！

這還得了！

王莽看完，當即氣炸了，下令將李守一家下獄問斬，好友黃顯也受到牽連，一併處死。

接到王莽的旨意，甄阜笑了。李家為南陽豪強，一向跋扈，自己上任以來，一直隱忍，而今是時候清算了！

官兵祕密行動，趁夜包圍了李府，然後強攻。

事起倉促，李家根本來不及應對，被南陽官兵打得落花流水，狼狽不堪。

次日消息傳來，李家上下多數被官府逮捕，數十口人被拉到菜市場砍頭，焚屍於宛城鬧市。連同長安的李守在內，李氏家族六十四人被殺，僅有李軼、李通及李松等寥寥數人僥倖逃得一命。

不僅如此，南陽郡的一把手甄阜和梁丘賜還下令嚴加搜捕李氏餘黨，追查同謀。

消息傳來，劉縯震驚了，李氏一家被滅門覆族，徹底打亂了他的計畫。

他本打算等春陵、宛城、新野三地做好準備，共同起事，宛城那邊可直取郡城，春陵和新野隨後增援，出其不意給南陽郡府致命一擊。只要拿下南陽郡府，南陽各地便群龍無首，接下來的戰事便會容易許多。

可是現在，隨著宛城起義計畫的流產，前期所有謀劃都泡湯了，宛城、新野等地已經開始了加緊盤查，限制出入，官府很快就會查到春陵這邊。弟弟劉秀也被派到宛城購置弓弩等武器，督促李通等人按照原計畫起事，至今杳無音信。

「局勢緊迫，怎麼辦？」

劉縯當機立斷，決定立即發動武裝起義。他將身邊的族人召集起來，慨然道：「王莽凶殘暴虐，天下分崩離析，而今又連年大旱，到處都兵荒馬亂，這是天要亡他之時，也是恢復高祖霸業、建立萬世功勳之時！我，劉縯，身為漢室宗親，自當挑起重任，拯救黎民於水火，死不旋踵！」

不少人被他的話感動了，紛紛擼起袖子，表示願意跟著劉縯一起起義。

劉縯分遣親朋四出，招募部隊，購置軍械，又火速派人去尋找劉秀，讓他立即返回春陵，還派人去聯繫綠林軍。此時的劉秀正帶人在宛城等地招募聯繫義士、購買武器，得知李通案發，見到劉縯派來的信使，立即帶人趕回了春陵。

此時，李通全家六十四口被殺的消息已經在春陵傳開，這個消息在劉氏族人中引起了恐慌。對於起義這件事，劉氏宗親的內部意見其實並不統一，有人支持，也有人反對。不少劉氏子弟聽說劉縯要起事，都說：「伯升這個莽撞鬼，拉我們入夥，怕是要讓我們作擋箭牌啊！」

更有怕死的，一個個哭天搶地，紛紛哀號：「伯升要殺我！伯升要殺我！」

劉氏宗親勸不動劉縯，於是找到劉良，希望老爺子能出面阻止劉縯，不要為南陽劉氏惹來大禍。

當天傍晚，劉良找到劉秀，面色陰沉地問道：「文叔，你大哥是不是真的要造反？」

劉秀賠笑著說道：「叔父，王莽無道，人神共憤，天下有識之士都在準備反莽。」

劉良氣得鬍子都翹起來了，怒氣沖沖道：「文叔，你和你大哥伯升的志向、品德一向不同，你們這樣做，想過後果嗎？聚眾造反，是要被滿門抄斬、滅三族的啊！一旦事敗，劉氏宗族幾百口人還能活得成嗎？你非但不阻止，還與他一同謀造反！真是胡鬧！」

劉縯聽聞消息，過來耐心解釋：「叔父，這不是胡鬧，我們要光復漢室，復興劉氏！」

劉秀也講道理，可是劉良哪裡聽得進去，依然氣鼓鼓地威脅要去告官。

兄弟倆傻眼了。

劉縯一看：「得了，軟的不行，那就來硬的吧！」他找人軟禁劉良，然後送了一桌酒菜。

搞定了劉良，可劉氏宗親依然反對者眾多，每次開會，大夥兒都吵吵嚷嚷，搞得劉縯也很頭痛。

這一日，劉縯再次組織大夥兒開會，反對者還是占多數。在一片吵鬧聲中，劉秀出場了！

只見他頭戴鶡冠，身穿大紅袍子，腰間繫著黑帶，帶上鑲嵌著玉片，帶子的一邊掛著綬帶，另一邊掛著佩劍，精神奕奕，神采飛揚。

大夥兒一看，紛紛張大了嘴巴，這是典型的漢代官服啊！

漢代的官服，講究的是文玄武緋，文官穿玄色官服，也就是黑色官服；

武將穿緋色官服，也就是紅色官服。文官佩戴進賢冠，武官則佩戴鶡冠。

所謂的鶡冠，就是在頭冠上插兩根鶡羽。鶡是一種極其好鬥的鳥，與其他鳥類爭鬥，至死不退縮。漢朝人們在頭冠上插上鶡羽，以示英勇。一直到唐代，依然能在一些人俑上看見鶡冠。

可問題是，眼下是新莽王朝，漢朝已經是過去時了，大夥兒已經很多年未曾見過漢代官服了。此時看到劉秀穿上大漢武將官袍，眾人心中百感交集，淚點低的已經忍不住熱淚盈眶了。

有那麼一瞬間，大夥兒彷彿又回到了漢帝國的鼎盛時期，又回到了那個「明犯強漢者，雖遠必誅」的熱血年代。

天天說要光復高祖大業，光嘴上說有什麼用？只有當你真正穿上了大漢的官服，堂堂正正站在眾人面前，大夥兒才會信服你，這比用嘴喊一萬句都管用。

這一身漢代官服，帶給人們的衝擊力，實在太大了。

平日裡，劉秀給人的印象一直都很低調謹慎，待人溫和，跟大哥劉縯截然相反。面對劉秀這個舉動，宗室子弟紛紛驚異道：「向來穩重的文叔也參與了，還怕什麼！造反有理，同去同去！」

原本對起義一事還持觀望態度，甚至是反對態度的劉氏宗親，此時來了個一百八十度的大轉彎，紛紛應徵入伍。

劉良被關了幾天禁閉，放出來一看，大夥兒拖家帶口，好幾千人蓄勢待發，現在再跑去告官，就不是檢舉揭發，而是到衙門前挑釁了。

劉秀笑道：「叔父還打算去告官嗎？」

劉良苦笑，只好默認了這既定事實。

短短幾天之內，劉縯就召集了兩千餘人，放眼望去，黑壓壓的好大一片。

劉縯一身武將裝束，背後是大紅的披風，威風凜凜，器宇軒昂。望著臺下眾人，熱血沸騰，豪情萬丈，大聲說道：「莽賊代漢，天下大亂，屍殍遍野，民不聊生，當今天下，民心思漢。非常之人，當行非常之事，立非常之功！從今往後，我等將以光復漢室為己任，以復高祖大業為宏志，誅殺莽賊，匡扶漢室，救濟斯民，我們的名字當為柱天都部！」

柱天之意，就是擎天之柱！

眾人紛紛舉起手中的武器，齊聲吶喊：「誅殺莽賊！匡扶漢室！誅殺莽賊！匡扶漢室！」

聲浪直衝雲霄，回音久久不散。

劉秀站在他身邊，望著密集的人群，心潮澎湃。

這一年，是西元 22 年，新莽地皇三年。

這一年，劉秀二十八歲，正式開始了他波瀾壯闊的征戰生涯。

第二章

揮師北上

初遭敗北

想起義，光靠自己的這支隊伍肯定是不夠的，還得擴大隊伍規模。因此，早在制定起義計畫時，劉縯就派出了劉嘉去聯繫綠林軍，商議結盟一事。

那麼此時的綠林軍混得如何呢？

四個字：慘不忍睹！

故事還得從頭說起。在王匡和王鳳的帶領下，綠林軍不斷接納逃難來的流民，短短幾個月的時間裡，綠林軍的人數已經增長到八千多人，勢力範圍越來越大。

王莽得知綠林起義的消息後，立即派了兩萬官兵去鎮壓，不料被綠林軍打得落荒而逃。王莽憂心如焚，綠林軍則趁這次獲勝的時機，又占領了不少地盤，釋放囚犯，開倉放糧，得到了百姓的一致擁護。更多的人投奔綠林，起義軍的人數很快就突破了五萬人。

就在綠林軍隊伍擴張之際，一場可怕的災難降臨到了綠林山。

瘟疫。

縱觀歷史，瘟疫是比戰爭更可怕的災難。這場瘟疫使盤踞綠林山的綠林軍遭受了滅頂之災，短短數日之內，綠林軍因感染瘟疫而死者過半，屍橫遍野。

這個沉重的打擊，使得綠林軍內部產生了分裂，王常、成丹等人率領一部分人馬，向西面的南郡移動，稱為下江兵；王鳳、王匡、馬武等人率領一部分人馬，向北進入南陽，稱新市兵。

在劉嘉的多方聯繫和協調下，新市兵和平林兵同意跟劉縯結盟，共舉大事！

現在綠林軍和柱天軍已經合併，我們將其統稱為漢軍。

再說劉縯這邊，經過初步商議，起義軍決定北上，目標直指南陽首府宛城。

劉縯的這支起義隊伍主要由劉氏宗族、門客及南陽豪傑組成，總人數約有七八千人，其中大部分為老弱婦孺。沒辦法，造反可是誅九族的大罪，這一步邁出去，再無回頭路，把家人留在老家，必死無疑，所以只能拖家帶口，隨軍出征。比如鄧晨，他就是帶著全家老小從新野趕來的。

這樣一來，柱天都部的隊伍看似龐大，可戰鬥人員其實只有兩三千人。

帶著家人隨軍出征，既有好處，也有弊端。

好處是，每一戰，大夥兒都會充分發揮拼命三郎的精神跟官兵硬碰硬，因為一旦戰敗，不僅自己會沒命，身後的家人也難逃厄運。

弊端是，拖家帶口，行軍速度太慢，即便是打了勝仗，對手逃走了，他們也不敢丟下家人，乘勝追擊。

起義軍浩浩蕩蕩出發了，遠遠望去，實在是有些寒酸。部隊既沒有統一的軍裝，也沒有統一的盔甲，一個個都穿著破衣爛衫，補丁上打著補丁。由於趕路匆忙，大夥兒身上滿是塵土，其狀比逃難的流民好不了多少。

再看他們手裡的武器，走在隊伍前面的戰鬥人員，手中還有一桿長矛，可後面的人就沒這待遇了，有的肩上扛著鋤頭，有的腰間別著鐮刀，還有的拎著棍棒、耙子，五花八門。

隊伍中，能騎馬的人掰著指頭都能數過來，即便是劉秀，都沒有戰馬可騎，只能騎著一頭牛趕路。

劉秀騎牛起兵反莽，後來還被傳為了一段佳話。

跟在後面的，則是老弱婦孺等家眷。七八千人拉開了一長串，行軍速度也沒辦法很快。所以長聚雖與舂陵近在咫尺，隊伍也走了好一陣子才抵達。

好在起義軍進展順利，在新市兵和平林兵的協助下，聯軍一路勢如破竹，接連攻克了長聚、唐子鄉、新野、湖陽、棘陽，隊伍也如滾雪球一般越來越大。

每一場戰鬥結束，眾人加緊清理戰場，收集武器、盔甲、輜重，當然，還有最為重要的戰馬。劉秀也終於獲得了一匹馬，有了自己的專屬坐騎。

此時的起義軍在經歷一連串的勝利後，頭腦開始發熱，迫不及待地向宛城出發了。

從棘陽到宛城，要途經一個叫小長安聚的地方。他們不會想到，就在這裡，聯軍將遭遇起義以來的第一場失利。

當起義軍行進到小長安聚時，天色陰沉沉的，遠處一片霧濛濛，劉秀本能地感到了一絲擔憂。

這場霧，剛開始還只是朦朦朧朧的，隨著時間的推移，越來越濃，放眼望去，七八步以外的地方已是白茫茫的一片，什麼都看不清楚。

劉秀想去找大哥劉縯，勸他等霧散了再進軍。不料就在此時，前方霧氣中突然出現一道黑影，前方的士卒還沒看清楚，胸膛已然被一支鋒利的長矛刺穿。緊接著，又有不少黑影從迷霧中出來，披甲執戈，軍裝皆為黑褐色。

「有埋伏！」

劉秀大聲示警，但是此時的隊伍已陷入混亂之中，人人都在想方設法逃命。兩側迷霧中衝出來無數官兵，手持長矛，見人就刺，逢人就殺，尖叫聲、廝殺聲、慘叫聲、哀號聲連成了一片。

戰爭來得如此突然，漢軍毫無防備，與埋伏在小長安聚的新莽大軍來了個激情大碰撞。官兵們橫衝直撞，見人就殺，不管是男是女、是老是幼，只要看到不是自己人，立刻衝上去用長矛刺死。起義軍多是新兵，哪裡是正規軍的對手？

劉秀在砍翻蜂擁而來的幾個官兵後，身子已經麻木了，持劍的手更是抖動個不停。放眼望去，漢軍一敗塗地，必須趕緊突圍！

重重包圍中，劉秀滿身是血，硬是殺出了一條血路。途中劉秀遇到了妹妹劉伯姬，兄妹二人同騎一匹馬，倉皇逃命，沿途又碰到二姐劉元及三個外甥女。

「二姐——」

劉秀探出手臂抓住二姐的衣服，想把她硬拉到馬上，可是已經來不及了，一支長矛刺穿了她的身軀，她的身子軟綿綿地倒了下去。

劉秀厲聲嘶吼，想去救三個外甥女，可四周的官兵又圍攻上來，劉秀左衝右突，還是無法相救，只能眼睜睜看著她們被官兵包圍。

長矛齊舉，噗噗噗地落在三個外甥女身上，血花四濺，染紅了衣裳，也染紅了劉秀的雙眼。

劉秀大吼一聲，噗地噴出一口血。

此時的他，腦中只剩下一個念頭：自己可以死，必須讓小妹活下去！

他麻木地劈砍著周圍的官兵，可是敵人實在太多了，殺了一波，還有一波，猶如潮水一般，看不到盡頭。

正當劉秀和劉伯姬深陷重圍時，一大群柱天都部將士從後面殺了上來，為首的正是大哥劉縯。

「大哥——」

劉伯姬哇的一聲大哭起來，劉秀的身體彷彿已被抽乾，從馬上栽了下來。

看著處於半昏迷狀態，已然變成血人的三弟，再看看早已哭成淚人的小妹，劉縯肝膽欲裂，他很想衝進去大殺一場，卻被周圍人死死拉住，只得向外衝殺，一路收攏漢軍將士和家眷，向南潰逃。

這一戰，劉縯帶領的起義軍輸得很慘，數萬人的隊伍，最後逃回到棘陽的只剩下三千來人，每個人身上都掛了彩，輕者傷口只有兩三處，重者身上傷口一二十處。

柱天都部自起兵反莽以來，一路都非常順利，先取長聚，後下棘陽，無論大仗、小仗，都打得順風順水，根本不知敗為何物。當然，起義軍前期之所以會如此順利，是因為當地守軍不多，根本沒有什麼戰鬥力。聽聞義軍來攻，他們要麼聞風而逃，要麼象徵性地抵抗一下就跑路了。

這一次，遇上了南陽太守甄阜和屬正梁丘賜的正規軍，起義軍缺乏凝聚力和向心力的弊端立刻就暴露了出來，猝臨強敵，所有人都是各自為戰，或者帶自己的家人逃出虎口，根本沒有抱成一團。

柱天都部被打回了原形，敗得一塌糊塗，險些全軍覆沒。劉秀的二哥劉仲、二姐劉元及三位小外甥女、數十位本家叔伯兄弟悉數被殺。

這就是起義的代價！

血淋淋的事實澆醒了劉秀：戰爭是殘酷的，麻痺大意的代價就是死亡！

然而，劉秀不能停下腳步，他只能繼續走下去。這是一條不能回頭的路，要麼功成名就，要麼身敗名裂。這條路上遍地荊棘，會失去很多東西，親情、愛情、友情；會遭遇很多背叛；會徬徨，會無助，但是擦乾眼淚，只能頭也不回地繼續走下去。

沒有為什麼，如果非要問，只有一句話：自己選擇的路，跪著也要走完。

在此之前，劉秀雖然家中遭遇變故，也曾赴長安求學，去宛城賣穀，有過豐富的社會經驗，但是實在算不得勇士。此時此刻，在經歷過戰爭的洗禮後，劉秀才真正體會到戰爭的殘酷和現實的無奈。

起義軍士氣低落，退到了棘陽，來不及悲傷，他們就收到了一個消息：甄阜、梁丘賜集結了南陽郡幾乎所有部隊，共計十餘萬人，準備將義軍連根拔除！

棘陽城內，劉縯焦躁不安。部隊吃了虧，士氣很消沉，更棘手的是，漢軍內部開始鬧分裂了。

前面說過，漢軍主要由劉氏宗族子弟、南陽豪傑和綠林軍組成，雙方雖然暫時結了盟，但是有著本質的區別。

綠林軍基本上是由流民組成，習慣於四處流竄，打一槍換一個地方。他們的目標很簡單，吃飽飯就行，至於打到哪裡，他們並不關心。眼看甄阜、梁丘賜的大軍已經逼近棘陽，王鳳、陳牧等綠林軍首領便打起了自己的小算盤。

在他們看來，劉縯兄弟想的是攻城略地，光復大漢;自己是江湖草莽，想的是嘯聚山林，填飽肚子，雙方根本不是一路人，不如就此散夥，你取你的西經，我回我的高老莊，我們就此別過，各奔前途。

劉縯很頭痛，流民就是流民，沒有一點組織性和紀律性。脆弱的漢軍聯盟眼看便要土崩瓦解，劉縯心急如焚：「怎麼辦？」

部隊絕對不能散，如果分開，大家全部都得完蛋，只有抱成團，才有繼續生存下去的機會。劉縯何嘗不知流民武裝之難伺候？但凡有其他機會，他也絕不會跟這種無組織、無紀律的流民合作，但是眼下實在別無他法，只能委曲求全，安撫流民軍。

緊急關頭，劉縯得知了一個好消息：下江兵首領王常率領五千人馬，眼下正駐紮在宜秋聚。

聽到這個消息，劉縯不禁大喜過望，立即有了主意。

半年前，由於突發瘟疫，綠林軍散夥，分為兩撥：王匡、王鳳等人的新市兵北入南陽，與劉縯結盟；王常、張印率領的下江兵西入南郡。下江兵運氣比較背，遇到王莽手下最得力的大將嚴尤、陳茂的阻擊，大敗。

王常、成丹、張印等人只得收拾殘兵，進入蔞溪打游擊，等王莽的部隊撤了又出來擴張地盤。下江兵約有五千人，雖然人數不算太多，但是王常等人與莽軍打游擊，互有勝負，當時正好駐紮在南陽郡宜秋聚一帶，離棘陽不遠。

劉縯、劉秀、李通三人一合計，如果能前去說服他們入夥，必能增強起義軍的實力，與官兵決一死戰。

情況緊急，三人連夜趕到宜秋聚，與下江軍商議聯合大計。

下江兵有三個首領，其中主事的是王常。王莽末年，王常為了替弟弟報仇，殺人之後亡命江夏，成了一名江洋大盜。此後各地民變四起，王常順利加入綠林軍，很快便成為重要首領。

和其餘目光短淺、只知享樂的流民首領不同，王常性情慷慨豪爽，深諳世事，見識深遠。他早慕南陽劉縯大名，得知劉縯親自登門來訪，主動迎接，熱情款待。

一見面，王常就被劉縯身上的領袖氣質所折服，於是越發傾心，認定劉縯能成大事，可堪託付。

兩人意氣相投，王常當即說道：「王莽殘酷暴虐，百姓思念漢朝，天下豪傑並起。如果劉氏復興，閣下即是真主，我願奮舉義兵，挺身而出，為復興漢室效一份力！」

王常如此坦誠，劉縯也深受感動：「如果將來大功告成，我劉伯升豈敢獨自享受？願與將軍共富貴！」

屋外天寒地凍，屋內雙方把酒言歡。

這一幕都被站在一旁的劉秀看在眼裡、記在心中。多年以後，劉秀稱帝，王常帶著妻子兒女來到洛陽投奔他，重情重義的劉秀激動地對他說：「我經常想起從前和你一起經歷的艱險，無一日敢忘！」

劉縯等人乘興而歸。

王常雖然是大當家，但是身邊還有成丹與張卬，這兩人對投奔劉縯並不買帳。他們認為，大丈夫既然起事，就應該自己說了算，為何要跑去受別人的控制？

王常從容地說服他們：「王莽為政苛刻殘暴，百姓流離失所，人心日喪，其滅亡指日可待。百姓思念漢朝，已經不是一天兩天的事了，正因為如此，我們才能趁機迅速崛起。民心怨恨的，上天一定會將其剷除；民心盼望的，上天一定會賜予福氣。要做大事，就必須上合天意，下順民心，才能大功告成，如果總是覺得自己的勢力大而感情用事、為所欲為，將來即便能夠奪得天下，又怎麼守得住？」

成丹、張卬聽罷，還是不以為然。

王常繼續侃侃而談：「昔日的大秦王朝如何？西楚霸王項羽又如何？他們比我們的勢力如何？他們那麼強大，尚且灰飛煙滅，更何況是我們？而今我們這些流民在山林水澤聚整合群，如果為非作歹，肆意亂來，那是自取滅亡啊！

而今南陽劉伯升已經全族起兵，他乃天下英雄，四方豪傑歸心，新市兵和平林兵皆已投奔其帳下。依我看，他和這次來的幾位都是人中英傑，有王者之氣。與他們合作，日後漢軍得了天下，我們就是元老，是開國功臣，兩位還是想不通嗎？」

在王常的勸說下，兩人最終同意合作：「無王將軍，吾屬幾陷於不義，願敬受教！」

棘陽城內，漢軍還在鬧分裂，聽聞下江兵前來會合，立即出門迎接。半年前，綠林兵還和下江兵是一家人，雙方並肩作戰，只是因為瘟疫，才不得不各奔前途。今日重逢，將士們皆是大喜過望，把酒言歡。

內部矛盾搞定，下面該一致對外，準備迎敵了。

綠林密議

地皇三年（西元 22 年）十二月，甄阜、梁丘賜在打敗漢軍後，將繳獲來的大量糧食、輜重安頓在藍鄉，只留下少數士兵看管，然後帶領精兵十萬南渡黃淳水，抵達沘水岸邊，在兩水之間紮營布防，準備進攻棘陽。

對於這一戰，甄阜和梁丘賜信心十足，兩人還做了一件事，那就是下令拆除黃淳水上的橋梁，以示破釜沉舟之意，意欲盡滅起義軍。

兩人的想法很簡單，置之死地而後生，只有讓大夥兒身處絕境，才能激發他們的潛能，奮勇殺敵！

對手已經陳兵沘水，磨刀霍霍，劉縯等人又會如何排兵布陣呢？

大帳內，起義軍的各路首領正在召開軍事會議。在彙總了各類情報後，劉縯等人發現了對手的一個命門——糧草。

兵馬未動，糧草先行，這是自古以來用兵的老規矩。甄阜和梁丘賜將大軍糧草放在遠離戰場的藍鄉，且只派了少部分兵力防守，顯然是沒把起義軍放在眼裡。既然如此，起義軍何不先攻藍鄉，斷了他們的糧草？

想到這裡，大夥兒立即有了主意。為了便於指揮，劉縯、王常把全軍分為六路，分別下達作戰任務。

十二月三十日，夜，天降大雪。

棘陽城門被輕輕開了一個縫，一支漢軍出了城，於雪夜中緩緩前行。士兵皆沉默不語，整個隊伍靜得可怕，只聞沙沙行走之聲，聽不到一絲人語，他們的目標是藍鄉。

夜半三刻，藍鄉守軍早已入睡。

北風凜冽，藍鄉的哨兵蜷縮在樓上，裹著厚厚的棉衣，點燃火堆取暖，根本沒有留意到近前的漢軍。等他們反應過來，還未及鳴鐘示警，就被漢軍一箭取了性命。

漢軍轉瞬已至營前，衝破營門，與守軍正面相遇。營中官兵睡得正酣，忽被喊殺聲驚醒，急忙起身抽刀迎敵，可倉促之間根本不知道對方有多少人。漢軍一陣衝鋒，不少守軍便被砍翻在地，膽小的直接棄了兵器，轉身便逃。漢軍一路橫衝直撞，遇人便砍，逢帳便燒。軍帳被火引燃，不少驚恐的守軍轉眼葬身火海，淒厲的慘叫之聲響徹夜幕。

漢軍奇襲告捷，繳獲了對手的糧草、給養等大批輜重，盡數裝車運回棘陽，無法裝車運回的盡數焚毀。

藍鄉失守的消息傳來，甄阜和梁丘賜都傻眼了！

十萬大軍的全部物資，就這樣被漢軍拿走了，仗還沒開打，將士們就要餓肚子了。

來不及憤怒，甄阜和梁丘賜又接到了一個消息：漢軍全線出擊！

寒冬臘月，北風凜冽，滴水成冰。

漢軍分為兩部，劉縯率部自西南攻甄阜，下江兵自東南攻梁丘賜。

官兵倉促應戰，然而此時，藍鄉糧草被燒的消息早已傳播開來，部隊軍心渙散，大都不肯死戰，根本抵擋不了多久。

漢軍氣勢如虹，莽軍則心存怯意，兵刃撞擊，鏗鏘作響，血濺五步，飄散如雨，灑在雪白的大地上，異常顯眼。久旱的大地貪婪地吮吸著汩汩鮮血，吞噬著沒落王朝垂死的獻祭。

很快，梁丘賜的陣營崩潰了，士兵如鳥獸四散，各自逃命。甄阜大軍見梁丘賜大敗，心理防線徹底瓦解，四散而逃。

「咚咚咚……」

隨著擂鼓聲起，漢軍將士列好戰陣。前排是清一色的盾兵，盾兵的後面依次是長矛兵、長戟兵，遠遠看去，就像一隻巨大的鋼鐵刺蝟。

「前進！前進！」

漢軍組成的鋼鐵牆壁向前推進，彷彿巨大的絞肉機。外面的莽軍被刺翻在地，有些人當場斃命，有些人摔倒，再沒有爬起來的機會。

撕心裂肺的慘叫聲撕扯著戰場上每一個人。

在漢軍的戰陣面前，官兵已毫無陣型可言，只能後退，再後退。

可是，身後就是黃淳水，退路早已被截斷，哪裡有多餘的空間讓他們後退？

前線官兵要麼強渡黃淳水，要麼成群地向漢軍投降，戰線已呈現全面瓦解的趨勢。

看著周圍一張張驚慌失措的臉孔，甄阜徹底傻眼了。

當年項羽在鉅鹿破釜沉舟，以五萬人擊破四十萬秦軍；韓信在井陘關背水紮營，以數萬新兵擊敗對面趙國二十萬強敵。可是，到了自己這裡，同樣是破釜沉舟，同樣是背水一戰，為什麼打不過區區數萬的反軍？

為什麼？

甄阜，我來告訴你。

「背水一戰」確實是絕招，可那也得分情況，一旦用不好就是大麻煩，我們不妨拿韓信舉個例子。

韓信之所以敢做出背水一戰的抉擇，首要前提是情報到位，做到知己知彼。

戰爭還沒開始，趙軍主將陳餘與謀士李左車的密談內容就已經傳到了韓信的耳朵裡。陳餘不聽李左車的建言，一意孤行，韓信這才下定決心，選擇背水一戰。

戰爭開始後，韓信也沒有與對方血拼，他分了兩步：首先，擺開背水一戰的架勢，讓趙國大軍輕敵，脫離大營發起追擊；其次才是最關鍵的，韓信事前布置了兩千人的特種部隊，趁夜從小路上山，待趙軍離開大營，立即襲占大營，斷其後路。

這樣的戰術布置，並非僅僅是依託河水決死一搏，而是留了後手。於是，雙方開打後，整個過程都在韓信的掌控之中：大軍在發起進攻後，假裝兵敗，將趙軍主力引到河邊。無路可走的新兵們爆發出了驚人的能量，轉過身與趙軍展開血戰。

這時，早就埋伏好的特種部隊迅速出動，將戰旗插上趙軍大營。趙軍主力見身後紅旗飄飄，以為大營早已被攻破，頓時軍心大亂，二十萬趙國大軍隨即崩潰。

奇蹟，就此被締造。

這樣的奇蹟，哪裡是背靠河水碰運氣？相反是步步為營的謀劃，對士兵心理的精準把握，才有了這次經典戰例。單純複製背水一戰，不顧具體條件，不過是學到皮毛，弄巧成拙也就不可避免。

這一戰，十萬莽軍全線崩潰，被殺死、淹死的多達兩萬人，沘水和黃淳水之間屍橫遍野，血流成河，甄阜和梁丘賜慘死在亂軍之中。

這一戰，漢軍徹底打出了自己的名號，聲勢大震，光是接收的降兵就有數萬之眾，各地前來投奔者不計其數。

面對新莽王朝大廈將傾，各線的新莽部隊已經不能做到像之前那般擁有極其堅定的意志，大多數地方豪傑及有志之士在得知末日將近，無力回天的情況下，紛紛選擇了效仿同僚，退守家鄉或者乾脆舉手投降。

一時間，漢軍的實力突飛猛進，聲勢浩大。

只有一地例外：宛城。

宛城是南陽郡的首府，更是當時天下最重要的六大城市之一。新莽時做經濟改革，在全國六大城市設立了五均官，宛城就是其中之一，其餘還包括長安、洛陽、邯鄲、臨淄及成都。由此可見，在當時，宛城已經是和首都長安比肩的大都市。

漢軍磨刀霍霍，下一個目標就是宛城。

消息傳到長安，王莽坐不住了。

此時，六城中邯鄲、臨淄基本上已經處在銅馬、赤眉起義軍的騷擾和實際控制範圍之內，洛陽也受到威脅，宛城的重要性更加突顯，不容有失。

十萬大軍，被一群流寇擊敗，而且敗得如此之慘，轉眼間灰飛煙滅，讓王莽不得不認真應對這支部隊。這一次，他派出了最信任的納言將軍嚴尤、秩宗將軍陳茂，率軍支援宛城。

嚴尤這個人前面已經有出場過，他是王莽的同學，時任大司馬一職，熟讀兵法，著有《三將》，常自比白起、樂毅。

得知嚴尤帶著大軍來攻，劉縯打起了十二分精神，這個人不好惹，他必須小心應對。鋪開地圖，劉縯看了半天，目光落在一個地方 —— 淯陽。

嚴尤自出征以來，勝多敗少，如果等他進入宛城和守軍會合，那自己就處於被動地位了。為此，必須在半路將其截殺！

漢軍的動作很快，在淯陽埋伏，截住了嚴尤的部隊。一番廝殺，莽軍不敵，部隊遭到了重創，漢軍斬首三千餘級。

經此一役，劉縯的名字再一次傳遍海內，聞名歸附者絡繹不絕。一時之間，前來投奔的人達到了十餘萬，漢軍聲威大振。

嚴尤、陳茂狼狽逃走，劉縯包圍宛城。

王莽慌了。

他很清楚，自己的統治基礎很薄弱，漢朝的支持者和同情者依然遍布天下，他們都在等一個合適的漢室後裔出現。而如今，南陽劉縯風頭正盛，正是他們所期待的漢室後裔！

王莽感覺到了真正的威脅。

為了除掉劉縯，王莽發出了懸賞令，賞格高得嚇人：「不論是誰，只要殺掉劉縯，賜采邑五萬戶，黃金十萬斤，位封上公！」

這個懸賞到底有多重呢？我來做個對比。

楚漢相爭時，被劉邦視為心腹大患的霸王項羽，按照他自己的說法，劉邦為他開出的懸賞不過是千金和萬戶侯。

沒辦法比。

漢初三傑中，蕭何先被封為侯，食邑八千戶，後來又加封兩千戶，才湊成了萬戶侯。張良運籌帷幄之中，決勝千里之外，劉邦打算封張良三萬戶，不過張良不敢要，只要了留城，被封為留侯。

武帝時，衛青七次帶兵進擊匈奴，斬殺、俘獲匈奴五萬餘人，封邑也不過一萬六千三百戶；霍去病六次出擊匈奴，斬殺、俘獲匈奴十一萬人，封邑最後也只有一萬七千七百戶。

就連王莽本人，在篡位之前，加封安漢公的時候，也不過封邑兩萬八千戶。

想必你已經看出來了，這些功臣名將奮鬥一生的封賞，還比不上劉縯的一顆人頭。

為了除掉劉縯，王莽也真是下了血本了。

不僅如此，王莽還下令，長安城官署及天下各地的鄉亭，都要在堂上畫上劉縯的畫像。所有公務員，早晨起來第一件事就是先射這個畫像一箭。

能想出這種辦法，可見王莽已經無計可施了。

另一邊，隨著漢軍的節節勝利，大夥兒野心膨脹，皆認為己方已經具備了與新莽朝廷分庭抗禮的實力。

表面上看，漢軍勇猛無敵，然而表面看似風平浪靜，實則是暗潮洶湧，已然到了權力之爭的關鍵點上。

此時的漢軍已增至十多萬人，由四支力量組成：新市兵、平林兵、下江兵，以及劉縯、劉秀所率的南陽豪傑及劉氏宗族。之前部隊規模不大，聽誰的無所謂，眼下壯大了，就不能各行其是了，必須確立一個老大，統一發號施令。

大夥兒認為，在反莽這件事上，劉氏子弟才是正統，漢室後裔這個身分是其他人遠遠無法相比的。人心思漢乃是大勢所趨，既然打出了「復興漢室」的口號，那這個皇帝還得是劉家的。

但是這個後裔卻並非是呼聲很高的劉縯。

漢軍內部分歧很大。

新市兵和平林兵是流民出身，一向放縱慣了，而劉縯對部隊的軍紀要求非常嚴格，張口就是「紀律」，閉口就是「規定」，這就使得他們感覺處處受制，不得自由。

此外，劉縯在漢軍，乃至在整個南陽郡的威望太高，個人能力太強，聚攏了很多人心，根本不是綠林系能拿捏得住的，就連有些綠林系的將領也都成了劉縯的鐵粉。劉縯顯然已經成了漢軍的一桿大旗，而王匡、王鳳等人的存在感卻越來越低。如果劉縯做了皇帝，將來分蛋糕，綠林系只得靠邊站了。

對南陽豪傑及劉氏宗親來說，皇帝的人選只能有一個：劉縯，根本沒有其他選項。從戰功、威望等各方面的表現來看，劉縯無疑是最搶眼的。這也很容易理解，劉縯是帶著他們造反的人，不推舉劉縯，還能推舉誰？

下江兵中，王常倒是希望立劉縯，但是下江兵中也並非王常一個人說了算。

各方都有自己的小心思。問題在於，漢軍中大部分屬於綠林系，新市、平林的實力比下江和劉氏兄弟要大得多。劉縯是很有威望，可這威望也並不等同於實力，誰有實力，誰才有最後的拍板權。

王匡、王鳳二人是綠林軍的創立者，地位穩固，誰當皇帝對他們來說都無所謂，反對最激烈的是次一級的朱鮪、張卬及李軼。

這一日，朱鮪和李軼來找王匡及王鳳。

幾人閒坐，互相客套幾句後，朱鮪問道：「現今柱天大將軍如日中天，漢軍平定南陽指日可待，未知王將軍作何感想？」

王匡一愣，不知朱鮪何意，只得謹慎言道：「自是追隨劉縯建功立業，成就一番大事。」

朱鮪冷笑：「王將軍倒是忠義，可劉縯未必視王將軍如手足。」

王匡臉色拉了下來：「你這是何意？」

朱鮪一拱手：「將軍息怒，非是朱某狂妄，實乃肺腑之言。劉縯兄弟不過是借重新市、平林之勢，卻未必對諸將真心相待。」

見王匡面露疑惑，朱鮪接著道：「劉縯在南陽名聲如日中天，絕非久居人下之輩。眼下劉縯雖與綠林軍合作，但也只是權宜之計，待其羽翼豐滿，還會待諸位將軍友善如初嗎？自舉事以來，新市、平林多因劫掠所獲諸事與劉縯兄弟不和，當日他兄弟忍耐，可待柱天都部的勢力大過新市兵、平林兵，豈能不翻舊帳？朱鮪心中不平，還望諸位將軍三思。」

王匡眉頭緊皺，朱鮪的這番話顯然戳中了他的心思。

綠林軍是草莽之輩，沒有什麼遠大的政治理想。起兵之初，綠林並未對漢軍前景過於看好，能搶一把是一把，打一槍換一個地方。即便漢軍最後敗了，綠林也可渾水摸魚，大發橫財，故而與南陽劉氏在瓜分財貨上多有爭鬧。將來如果劉縯大權在握，以此舊事責難綠林諸部，也確實有此可能。

想至此處，王匡心中焦躁，不住地嘆氣。

李軼看王匡面色陰沉，繼續加了一把火：「王將軍，此事不可不防，還當早作打算，以防有變。」

王匡抬頭看向朱鮪：「你有什麼想法？」

朱鮪道：「只是有個小小的不成熟的建議，還請諸位將軍詳加考慮，就怕王將軍捨不得這綠林頭把交椅。」

王匡不滿道：「王某豈是貪戀權勢之人？若你有辦法，助我綠林成就大業，這頭把交椅由你來坐又有何妨？」

朱鮪笑道：「我可不敢和王將軍爭位。劉縯依託漢室宗親的聲譽，頗具威望，在綠林軍中也不甘人下。依我來看，雖然眼下新市兵、平林兵與柱天都部勢均力敵，但是不可用強。當下首要任務乃推出漢室宗親為綠林魁首，以正綠林名分。人心思漢，『漢室復興』之說早已廣為流傳，可從未說復興者一定是劉縯。只要我們尊崇漢室，扶持一位劉氏宗親上位，劉縯也無話可說。」

朱鮪的意思很簡單，先下手為強，扶持一位候選人上位，造成既定事實，這樣一來，劉縯只能被迫承認。什麼？你不認可？那你就是破壞大局！

綠林大哥們選擇的這個時機也很巧妙，此時劉縯等人正在率軍圍攻宛城。

機會稍縱即逝！

王鳳又問：「只是推舉何人呢？綠林軍中雖然有不少劉氏後人，但是多與劉縯相親，料難從我等之願。」

李軼等的就是這句話，他提出了一個人選：「王將軍可曾記得我軍中的安集掾劉玄？劉玄頗識時務，又是綠林中人，必願從我等共創大業！」

擁立新主

會談到此結束，那麼問題來了，這個劉玄到底是何人？

劉玄，字聖公，是長沙王劉發的後人，算起來是劉秀的族兄。說起來，劉玄也是個胸懷大志的人，他的弟弟被人殺害，劉玄為了替弟弟報仇，結交了一幫英雄豪傑。

有一次，劉玄在家宴請這幫人，席間有一位游徼，也就是基層的捕盜幹部。結果有人喝多了，即興編了一段說唱：「今天一早蒸了倆都尉，游徼來得晚，燉成醒酒湯。」

游徼很生氣，後果很嚴重。

他把這哥們兒五花大綁，狠狠抽了一頓鞭子，然後打算找劉玄算帳。劉玄見勢不妙，果斷選擇了跑路。

劉玄跑了，可他老爸還在家裡，官府找不到劉玄，就把他老爸劉子張扔監獄去了。劉玄聽說後，詐死，找人回家報喪，還派人將靈柩送回春陵，大概劉玄家裡人也沒少打點，官府於是放了劉子張。

金蟬脫殼後，劉玄開始踏上了流浪之旅。

那一年，南方發生饑荒，百姓成群湧入野澤之中，挖荸薺吃。平林人陳牧等人趁機聚了一幫人馬，號稱平林兵，響應綠林。劉玄投奔陳牧，做了安集掾，主要做一些安撫、穩定部隊等後勤工作。

地皇四年（西元 23 年）一月，綠林軍大破甄阜、梁丘賜部，大夥兒論功行賞，劉玄被任命為更始將軍。

綠林大哥們認為：「劉玄出身南陽劉氏，在平林兵中地位也不高，容易控制，就他了！」

對這些人而言，皇帝有沒有能力不重要，只要他能站在自己這一邊，聽自己的話，為自己做事，那就夠了。

很顯然，劉玄只是綠林系推到前臺的木偶，綠林大哥們才是背後的那個提線人。

得知自己被選為皇帝，劉玄既擔心又欣喜。他雖然出身南陽劉氏，但是從來都不敢想過當老大，在南陽劉氏心中，老大只能有一個，那就是劉縯！

如果自己搶了本屬於劉縯的皇位，那自己以後還怎麼混？劉縯會不會收拾自己？

然而，朱鮪和張印似乎也沒有耐心跟劉玄解釋。

「本來沒打算讓你同意，就是通知你一下。」

劉玄心動了。

過去，他只是龍套、路人甲，在綠林軍中存在感很低。他如果被推為皇帝，固然會陷入危險當中，可也會獲得一個大機緣，有了更進一步的可能。

若是機遇得當，龍套也會崛起，成為主角。

想到這裡，劉玄向眾人深深一拜：「劉某何德何能，敢居於眾位將軍之上？各位領袖但有吩咐，劉某赴湯蹈火，在所不辭。諸位將軍如此抬舉劉某，劉某只得從命。若劉某果應天命，定不負眾位將軍厚愛。」

再說劉縯攻打宛城，本以為自己這邊人多，拿下宛城不成問題，不料卻遇上了硬骨頭，戰事陷入了膠著狀態。就在劉縯繼續圍城之際，有使者自淯陽而來，請劉縯回去議事。

劉縯有點不耐煩地說：「前方戰事正緊，有什麼大事非要回去商量？」

但是經不住使者的一再催促，劉縯只得帶劉秀、劉稷等人返回淯陽。

一到大本營，劉縯就感覺氣氛有些不對。來到議事廳，綠林系各位大哥都在，顯然已靜候多時。

朱鮪首先開口：「我等經過深思熟慮，決定擁立更始將軍劉玄為天子。」

劉縯心中咯噔一聲，可再一看王匡、王鳳等人的面色，顯然這是他們早已商量好了的。

「怎麼辦？要不要翻臉？」

那一瞬間，劉縯的腦海中閃過無數念頭。

論威望，沒有人能跟劉縯相提並論，可論實力，綠林系顯然占優。如果翻臉火併，劉縯並沒有把握能全身而退，而且這樣一來，好不容易拉起的隊伍就得解散，怎麼實現自己推翻新莽王朝、恢復漢室江山的理想？

忍，這口氣必須忍！

劉縯站起身來，環視全場，揚聲說道：「各位將軍要尊立劉姓皇族，這是對我們的厚愛。然而現在赤眉軍在青州、徐州一帶，已經聚集了數十萬人馬，如果他們聽說我們立了皇帝，恐怕也會擁立一位劉姓皇族。這樣，王莽還沒消滅，反莽隊伍內部卻鬥起來了，也恐不妥。

更何況，從歷史上看，最先獲得稱號的基本上也都最先完蛋，陳勝、項羽都是現成的例子。我們現在倉促間立個皇帝，就會成為天下反對的目標，也恐不妥。

依我看，不如暫且稱王以發號施令，如果赤眉擁立的人賢能，我們一起前去投奔他們；如果他們沒有立皇帝，等我們消滅王莽，收服赤眉，到那時再稱帝也不晚，還請大家仔細考慮。」

劉縯所言，聽起來深思熟慮，句句在理，當然，這其中也包含著私心：讓劉玄當老大，不稱皇帝而稱王，將來自己也稱王，他們又可以站到同一個起點。

大家紛紛點頭贊成。

眼看會議的方向被劉縯帶偏了，新市兵將領張印火了，他拔出劍，用力砍在地上，嚷嚷道：「這麼三心二意的，能成什麼大事？今天的事就這麼決定了，誰都不許提反對意見！」

大有「誰不同意，今天就走不出去了」之意。

事情到了這一步，劉縯知道自己繼續硬撐也沒有意義了。

於是，劉玄成為大漢皇帝的決議，就這麼順利通過了。

劉縯這關一過，劉玄稱帝再無障礙。

更始元年（西元 23 年）二月初一，淯水河畔。

天地剛剛解凍，萬物尚未復甦。綠林軍首領們早早在沙灘上築好了高壇，準備好儀仗，只等劉玄到來。

在眾人的簇擁下，劉玄玄衣纁裳，戴通天冠，拾級而上，祭天告地。眾人拜倒，山呼萬歲。

劉玄成了大漢皇帝，可他依然覺得這一切不可思議。前幾天，他還只是個在綠林軍中默默無聞的小角色，如今，他卻成了萬人之上的皇帝。面對這份從天而降的驚喜，劉玄的內心並無狂喜，反而是惶恐，是戰戰兢兢，是如履薄冰。

所有人都知道，劉玄只是一個綠林系扶持的傀儡。他自己也深知，這些綠林系的大哥都是大爺，自己一個都惹不起。

看著眼前嘩啦啦跪倒的一大片，劉玄抬起手，想要說點什麼，大家也都盼著他說點什麼。然而，劉玄的喉結滾動了半天，始終沒能發出一個字。

登基大典草草結束，隨後劉玄宣詔大赦天下，改年號，將新朝的地皇四年改為更始元年。

接下來就是大夥兒排排坐，分蛋糕了。那些扶他上位的綠林軍好漢，等的就是這個時刻。

我們來看一下這次利益分配的結果：

國三老：劉良，劉秀的叔父。

定國上公：王匡，原新市兵將領。

成國上公：王鳳，原新市兵將領。

大司馬：朱鮪，原新市兵將領。

大司徒：劉縯。

大司空：陳牧，原平林兵將領。

其他將領都任九卿或將軍，劉秀為太常偏將軍。

仔細分析一下不難看出，這次分封，下江兵和劉氏宗族完敗，從皇帝到三公，幾乎全是新市兵和平林兵。劉縯只混了個大司徒，劉秀更慘，只混了個偏將軍。

劉縯和劉秀被排斥在權力核心之外，遭到了無情的拋棄與背叛。辛辛苦苦打下來的江山，就這樣被陰謀移花接木，劉氏兄弟大權旁落，實權落入了綠林系手中。

對於這個結果，劉縯的內心只有兩個字：呵呵。

無論劉縯有多不滿，他都必須面對眼前的現實。當你的實力配不上你的野心時，你能做的只有等待，在等待中積蓄力量。

推翻王莽、恢復漢室是劉縯的終極理想，為了達成這個目的，所有的一切他都可以割捨，都可以犧牲。

典禮結束後，劉縯一刻也沒有多留，帶著沮喪和恥辱返回了宛城前線。軍情緊急，在那裡，還有一場更加艱難的戰役在等待著他。

危急受任

長安城內，王莽面對各地的流民起義，內心備受煎熬。

翻開地圖，荊州有綠林，揚州有瓜田儀，冀、幽二州有銅馬，徐、兗二州有赤眉，中原大地烽火連天。

面對這種形勢，王莽要求各州郡出兵進剿，卻又不放心把兵符交給將領，要求他們出兵之前必須先請示朝廷，得到允許後才能拿到兵符調集軍隊。

比如，王莽遣納言大將軍嚴尤、秩宗大將軍陳茂出擊荊州，卻只給了他們一百多人，讓他們到轄區招集士兵。嚴尤跟陳茂吐槽：「遣將卻不給兵符，一定要請示而後才能行動，這好比把名犬『韓盧』（戰國時代韓國著名的獵狗）捆著，卻要牠去捕獸，哪有這樣做的？」

朝廷不讓安撫流民，又不給地方兵權，各州郡太守無所適從，只能欺上瞞下。

山東翼平有個叫田況的官員，在工作中頗有擔當精神。赤眉入境時，他武裝起郡內十八歲以上壯丁四萬餘人，不僅保住了翼平地界的安寧，還帶人替鄰近州縣出頭，所向披靡。

因為州郡沒有擅自調兵的權力，田況主動上奏彈劾自己。王莽雖然責備了田況，但是見他對付盜賊頗有成效，表示暫不追究罪責，還讓他擔任青、徐兩州的州牧。

田況工作很積極，他主動寫了一份工作總結給王莽，彙報自己的剿匪心得：

「盜賊剛起時，力量薄弱，擒獲他們並不難。那為什麼會變成當前這個狀況？原因其實很簡單：各級官員都不在意，縣裡騙郡裡，郡裡騙朝廷，明明盜賊有百人，卻謊稱只有十人；明明是千人，卻說是百人。朝廷因此疏忽，沒有嚴令督察，以致盜賊迅速發展，達到連州跨郡的地步，直到此時才派人督導。

郡縣盡力討好、巴結上司，巧言應對各種詰問，好酒好肉齊備，把上司伺候得好好的，以開脫自己的死罪，哪裡還有時間和精力去擔憂盜賊、處理公務？而將帥又不能身先士卒，為官兵作表率，逢打必輸，毫無士氣，徒費民力。

不久前，朝廷下了赦令，不少盜賊打算解散，有人竟攔擊他們，盜賊們驚慌失措，逃進山谷相互轉告，這樣一來，各地打算歸降的盜賊更加驚恐，他們擔心被朝廷誘騙消滅。處在饑荒中的人很容易被煽動，於是他們在十天之內又聚集了十餘萬人，這就是盜賊很多的原因。

我見詔書上說，近期將派出太師和更始將軍鎮壓盜賊，這兩人是朝廷重臣，是皇上的左右手，如果多帶隨員，這一路上財力空竭，根本無法接待；如果隨員太少，又不足以宣示聖威。

因此，當前朝廷應該迅速選擇州牧、大尹以下官員，明定賞罰，讓他們將殘破的鄉村中的居民集中起來，把沒有城郭的諸侯封地的老弱者遷移到大城市安頓，儲存糧食，堅守城池。盜賊攻不下城，所到之處又找不到糧食，勢必難以成群而聚。這樣一來，朝廷要降便降，要滅即滅。

現在派大量將帥都是做無用功，郡縣為此煩惱，這反而比盜賊還要可怕。應將各路使者全部召回，讓郡縣得以安寧，如果把平定二州盜賊的使命交給我，我保證完成任務！」

田況好心好意提建議給王莽，主張剿、撫並重，卻讓王莽很不爽。王莽派人接管了他的兵權，一紙調令將他調回長安。

田況一走，齊地遂敗。

在王莽的瞎指揮下，關東地區亂成一團，大大小小的流民達數十萬。

王莽不敢再小瞧這幫流民，他們雖然沒有文書、旌旗、編制、號令，可如果放任他們發展下去，必定會成為心頭大患。為此，他派出了太師府祕書長景尚、更始將軍護軍王黨，率大軍征剿青州和徐州的流民。

很可惜，政府軍小覷了流民武裝的實力，景尚被流民首領樊崇斬殺。

兩個月後，王莽派出太師王匡和更始將軍廉丹，踏上了東征之路。

廉丹是趙國名將廉頗之後，身經百戰，功勳顯赫，不過此時的廉丹已老；王匡是王莽之姪，初出茅廬，資歷尚淺。王莽弄了這個組合，很顯然是想讓自己的姪兒在戰場上歷練歷練。

流民軍首領樊崇得知，這一次政府軍人數多達十餘萬人，擔心部眾跟政府軍混戰時難以辨別敵我，下令用硃砂將眉毛塗紅，號稱赤眉軍。

王匡和廉丹帶著十幾萬大軍出發了。由於軍紀渙散，一路上士兵胡作非為，姦淫、擄掠、燒殺，無惡不作，所過之處猶如蝗蟲過境一般。百姓苦不堪言，編了一首歌謠：「寧逢赤眉，不逢太師！太師尚可，更始殺我！」

古人有一句話：「寧做太平犬，不做亂世人。」在那個人命如草芥的時代，百姓就像韭菜，被土匪割，又被官兵割。廉丹雖然也是一員老將，但是對部下放縱濫殺一事卻是默許的。

一切皆如田況所言。

不讓招安，又沒有吃的，起義軍只能困獸猶鬥，廉丹使出了吃奶的力氣，盜匪還是越剿越多。部隊走到定陶時，性急的王莽下了一道催命符：

「倉廩盡矣，府庫空矣，可以怒矣，可以戰矣！你身受國家委託的重任，不捐身於荒野，如何對得起國家？」

廉丹惶恐，夜裡召見馮衍，給他看詔書。

馮衍是馮奉世的曾孫，對眼下的局勢看得很清楚，他提出了自己的意見：

「張良五代相韓，所以才有博浪沙的驚天一擊；將軍的祖輩是漢朝的忠臣，新朝興起後，天下人心中多不服。現在天下大亂，百姓對漢朝的思念超過周朝百姓對召公的思念。為將軍計，不如率軍駐在一個大郡，安撫官員，延攬英雄豪傑之士，詢問忠智之謀，興社稷之利，除萬人之害。如此一來，將軍的功勳必定會永垂史冊，何必為不值得效死的君王，跟昏聵的主帥在此作戰？萬一身死草野之中，豈不是功敗名裂，辱及祖先？」

廉丹不聽。

無鹽縣的索盧恢舉兵反叛，廉丹和王匡大軍東進，擊敗索盧恢，斬首一萬多級。這一戰後，王莽將廉丹和王匡晉升為公爵，其他十幾個有功人員也都加官晉爵。

赤眉軍一部在董憲的率領下在梁郡活動，王匡準備進攻董憲，廉丹則認為士兵遠道而來，大夥兒都很疲憊，應當原地休整，再做打算。

王匡發現廉丹越老膽子越小，道：「您老人家如果害怕了，就在後方待著，我自己收拾反賊夠了。」

然後，王匡引兵單獨出發，廉丹無奈，只得隨後。兩人在成昌遭遇赤眉軍，大敗，王匡逃走。廉丹派手下把自己的印綬和符節帶給王匡，說：「小子可以逃走，我不能走！」

之後，廉丹衝入敵陣戰死，手下二十多名將領聽聞此事，都說「廉公已死，我還為誰活著」，於是紛紛驅馬衝向赤眉。

新莽十萬大軍，死傷大半。

王莽聞老將廉丹陣亡，大為傷感，賜諡「果公」，厚贈其家屬。

廉丹死後，戰爭還在繼續。

國將哀章主動請纓，王莽讓他領五萬兵馬，馳援青、徐二州，與王匡併力剿滅赤眉。

眼下，南方的綠林軍還成立了自己的政權。王莽不得不重視這支農民軍，可放眼望去，還能指望誰呢？

有人推薦了一個人：王邑。

王邑，王莽的從弟、成都侯王商的次子，新朝大司空，也是為數不多的最能打的將領之一。

既然朝中還有這麼能打的人，為何王莽之前沒有搬出來？

這就要說起一段陳年往事了。

時間回到十六年前，那時的王莽還沒有篡位，只是攝皇帝，不過離真皇帝也不遠了。眼看國將不國，東郡太守翟義第一個站了出來，擁立劉信為天子，起兵十萬討伐王莽。

有人帶頭，大夥兒紛紛支持翟義，義軍很快就逼近長安。

首都岌岌可危，王莽慌了，對於軍事他是一竅不通，也找不到能獨當一面的將領。最危急的時候，他甚至想到了把權力交出來，保全自己。

就在王莽坐立不安之時，有一個人站了出來，替王莽扛住了起義軍的進攻。

這人便是時任虎牙將軍的王邑，當時只有二十三歲，他玩了一出「圍魏救趙」的計謀，東至陳留，大破翟義的軍隊，然後一路追擊，斬翟義於野，大勝而歸。

隨後，王邑率軍一鼓作氣，擊潰其餘叛軍，平息了這場叛亂。

當時的境況有多凶險，只有王莽自己知道。毫無疑問，王邑是王莽的救命恩人，如果不是他勇敢地站出來力挽狂瀾，王莽哪有機會登基稱帝？又怎麼可能建立新朝？

搞定叛軍後，王莽舉行了一場盛大的慶功宴，犒勞有功之人。

宴會上觥籌交錯，氣氛一片和諧。也許是王莽想維護一下自己的尊嚴，他對王邑說了這樣一句話：「王將軍這次反擊確實精采，不過仍有遺憾，怎麼就讓劉信成了漏網之魚呢？」

這本是一句無心的責備，但是王邑這人生性驕傲，聽完就受不了了。自己在前線為你賣命，你不給點表示，反而錙銖必較，當著這麼多人的面挖苦我，什麼意思？

憤怒的王邑當即起身道：「臣無能，理當以死謝罪！」隨即，他拔出佩劍，對著自己的脖子抹了下去。

血光四濺，王莽當時就慌了，大喊救人，身邊的侍從連忙圍上去，奪下了王邑手中的劍，醫者也趕忙為其止血救治。也許是王邑命不該絕，他居然又奇蹟般地被救活了，只是脖子上留下了一道怵目驚心的傷疤。

事後，王莽自責不已，為王邑加官晉爵，各種賠禮道歉。然而，王邑的心早已被傷透，任憑王莽怎麼示好，王邑就是不願見他。

王莽稱帝後，封王邑為大司空，拜隆新公。然而，王邑還是不領王莽的情，請了長期病假，不上朝。

兩個人就這樣陷入了冷戰，一晃就是十多年。

眼下，全國各地流民四起，劉玄在南方稱帝，不斷蠶食帝國的地盤，王莽遭遇了人生中最大的危機。王邑，這位昔日的英雄，自己的從弟，他會站出來幫自己一把嗎？

王莽不知道，但是他決定試一試。

出乎他意料的是，王邑並沒有讓他吃閉門羹。

我們不知道當時彼刻，王邑的內心經歷了怎樣的波瀾，或許是危急之時，同是王家人的王邑不忍心看到自己辛辛苦苦為之奮鬥並扶持的江山就這樣垮掉，也不願意看到王莽這位理想主義者走向覆亡。國難思良將，時艱念諍臣，只有在危急時刻，才能真正看清一個人的本性。

王莽已經老了，而王邑自己也早已不復當年的雄姿英發，但是他還是決定放下往日的恩怨，掛帥親征。

為了這次出征，王莽幾乎下了血本，他傾全國之兵，共計四十二萬，號稱百萬雄師，全部交由王邑指揮；又徵調六十三家兵法的在世傳人，組成了一個強大無比的軍事顧問團；國庫的各類物資，任由王邑調配；州郡各選精兵，由州牧太守率領，向王邑的指揮中心洛陽聚集。

不僅如此，王莽還配了一個副手給他，同為三公的大司徒王尋。

於是，在長安通往宛城的官道上，最轟動的一幕出現了。

大軍浩浩蕩蕩地向宛城出發，前不見首，後不見尾，人馬輜重千里不絕。在這支大軍中，不僅有各州郡選派精兵，還有猛虎、豹子、犀牛、大象等各種猛獸助戰。如果仔細看，還會發現一位奇人：巨毋霸。

這個人擁有和他名字一樣威猛的外形，身高一丈，腰大十圍，車裝不下，馬拉不動，號稱新朝第一勇士，力大無比，睡覺的時候用戰鼓做枕頭，連吃飯都得用特製的鐵筷子才能進食。

《後漢書》中說，自秦、漢以來，朝廷從未集結過如此大規模的部隊，可見軍容之盛。

這年五月，王尋、王邑帶著大軍離開潁川，與嚴尤、陳茂的殘部會合。

黑雲壓頂

再說漢軍這邊，劉玄稱帝後，劉縯依然主攻宛城，其餘將軍則繼續四處攻城略地，擴張地盤。

此時，防守宛城的是岑彭和嚴說。

對於岑彭這個人，劉縯印象深刻。岑彭是南陽棘陽人，當過棘陽縣長，曾在小長安聚大敗劉縯、劉秀兄弟。綠林軍攻克棘陽後，岑彭帶著一家老小投奔了南陽太守甄阜。甄阜怪他不能固守城邑，拘禁他的母親和妻子，讓他戴罪立功，岑彭只好奮力作戰。後來甄阜戰死，岑彭亦身受重創，逃到了宛城，與南陽副太守嚴說共同守城。

宛城遲遲無法攻下，朱鮪又從前線抽走了劉秀，跟隨王鳳、王常等人前往潁川郡攻城略地。

接到調令，劉秀心中有種不祥的預感。他知道自己的大哥劉縯鋒芒太盛，與綠林軍隔閡太深，劉玄等人對劉縯頗為忌憚，自己一離開，綠林軍的那些陰謀家恐怕會對大哥不利。

劉秀說出了自己的憂慮，可大哥劉縯卻哈哈一笑，對此不甚在意。革命尚未成功，同志仍需努力，以自己在軍中的威望，他不相信那些藏在暗處的野心家會對自己動手。

論帶兵打仗的意氣風發、快意恩仇，劉秀比不上他大哥，但是劉秀的韜光養晦、深謀遠慮，卻又是劉縯拍馬也趕不上的。

劉秀知道自己勸不動大哥，黯然一嘆，只得辭行。

潁川之戰，漢軍的攻勢異常順利，昆陽、定陵、郾城先後或降或破。劉秀在這一路的征戰中也吸引了不少人才：攻潁陽時，王霸率眾來投；攻襄城時，傅俊以亭長迎軍；攻郟城時，馬成率眾來投。這些人都將是他今後征戰天下的班底。

在收割人才的同時，劉秀也先後繳獲了大量牛、馬、糧食等輜重，清點完畢後，他將所有物資悉數轉運回宛城前線，支援大哥劉縯。

漢軍剛剛攻下昆陽，屁股都沒坐熱呢，就聽說老將王邑的四十二萬大軍正在趕來的路上，馬上就抵達戰場。

這個消息猶如一顆重磅炸彈，在更始軍的頭頂上炸響。

「什麼？四十二萬？」

眼下駐守昆陽的只有八千多人，如何抵擋得住四十二萬正規軍的猛烈進攻？

劉秀也很無語。「對付漢軍，根本用不了如此多的兵力，簡直是殺雞用牛刀！」

何止是殺雞用牛刀？簡直是殺雞用「屠龍刀」！

不少更始軍將領腿肚子打顫，心中慌了，紛紛主張放棄昆陽，回到原來的據點固守。不少人已經偷偷收拾東西，準備跑路了。

這一天，大夥兒在昆陽城內再次召開軍事會議，絕大多數人認為，自己這點兵力都不夠當莽軍的開胃菜，堅持要撤離。

劉秀堅決反對，斥責眾人：「目前我軍兵少糧缺，城外又有強敵。如果我們團結一致，集中力量抗擊敵人，還有取勝的可能；如果分散，各自回去，勢必都不能保全。況且我大哥還在攻打宛城，尚未得手，昆陽若是失守，所有人都得完蛋！此刻我們理當同心協力，存亡與共。你們何以貪生怕死，只顧自己的妻子和財物？」

被劉秀劈頭蓋臉一頓訓斥後，大夥兒有點沒面子了。「你一個小小的太常偏將軍，讓你參會是旁聽，誰讓你發言了？」

劉秀搖了搖頭，準備離開。

就在這時，負責偵察的斥候來報：「莽軍已逼近昆陽城北，軍陣綿延數百里，一眼望不到邊！」

眾人大驚，趕緊登上城頭一看，頓時有一種想哭的衝動。前方的地平線上騰起一陣塵霧，漸漸地，那塵霧越來越清晰，隱約可見莽軍的旗幟。

隨著莽軍越來越近，眾人也更加緊張了，仔細看去，莽軍中還有個兩百多公分高的大個子，驅趕著一群虎豹象犀，大地震顫，塵煙彌天，令人心驚膽裂。

四十二萬人馬急速行軍，終於按王邑的要求準時抵達昆陽城外。漫山遍野的兵馬看似亂糟糟，但是這亂中其實是很有序的：步兵先行抵達，在城外空地上圍欄紮下營寨；數千名士兵正在整理出一片平坦的地面，以供停放後續抵達的攻城器械。

好嘛，這下想跑也跑不了了。

主將王鳳等人也顧不得剛才大夥兒還一起埋怨了劉秀，趕緊叫道：「快，請劉文叔進來，商議破敵之策！」

面對敵強我弱的嚴峻形勢，劉秀提出了兩點意見：

「首先，昆陽城的地理位置非常重要，是從洛陽、許昌等北方策略要地進入南陽盆地的門戶所在，必須死守昆陽城，阻止莽軍前去宛城解圍。

其次，昆陽城中兵少糧缺，無法與莽軍長期對峙，必須尋求外援，才有一線希望。」

那麼問題來了，誰去搬救兵呢？

劉秀自告奮勇：「我願往！」

當夜，眾人商議停當，成國上公王鳳、廷尉王常率領主力堅守昆陽城，劉秀挑選驃騎大將軍宗佻、五威將軍李軼等十三人，趁著夜色從南門殺出。

此時，莽軍已陸續到達戰場，昆陽北門已被堵死，南門也有相當多的莽軍正在合圍。劉秀橫下一條心，率領十三人猶如疾風迅雷一般殺入莽軍陣中。夜色籠罩之下，莽軍分辨不清殺出城的到底有多少人，一時之間陷入混亂之中。不少莽軍士兵開弓放矢，卻發現，這點箭根本對這夥人構不成任何威脅，因為他們身上穿了重重甲冑，有人身中數箭卻依然策馬奔馳，因為箭都卡在了鐵甲縫隙裡。

劉秀策馬奔騰，他能感受到，箭矢如同一粒粒冰雹砸到身上，除了撞擊讓他差點失去平衡，一切都還好。他手中握有一桿長矛，在洶湧而至的人潮中左衝右突，帶著十三個弟兄浴血拼鬥，終於殺開一條血路，奇蹟般地衝出了包圍圈。

而且，沒有折損一人！

接到有人突圍的消息，主帥王邑根本沒放在心上。在他看來，區區十來個人，翻不起什麼大浪，眼下的任務是攻克昆陽。

主將王鳳等人日夜在城頭堅守，覺得後背發涼，心也涼颼颼的。放眼望去，城外黑壓壓一片，莽軍把昆陽團團包圍，包圍圈至少有十重，周邊密密麻麻有一百多座軍營，軍旗遍野。如果仔細看還會發現，不少莽軍正在打造攻城器械。

王鳳等人的心也沉了下去。

「沒什麼好說的，封城吧！」

城內的部隊集結起來，用夯土、石頭將城門堵死，無數的石頭、火油開始送上城牆，步弓手就位，大夥兒各司其職。

莽軍在城下紮營之後，主將王邑並沒有著急進攻，而是傳令全軍休整，做好警戒。他知道，自己這四十二萬人馬一到，昆陽城中的守軍便如驚弓之鳥。

王邑要的便是他們擔驚受怕，他很清楚，充足的休息對於士兵們恢復體力的重要性，他也知道一次半夢半醒、擔驚受怕的睡眠會對士兵產生怎樣的影響。

「咚咚咚——」

攻城大戰在黎明時分開始，隨著悶雷般的鼓聲響徹山野，昆陽城迎來了最危急的時刻。

進攻開始了！

黑壓壓的新莽士兵向前推進，大地在震顫。城頭響起低沉的號角之聲，所有守軍立刻各自就位，刀出鞘，箭上弦，做好迎擊的準備。

為了這次圍城，莽軍做了充足的準備，空中有雲車，地面有衝輣，地底又挖道地，所有的攻城手段輪番上陣，猛衝猛打昆陽城。無數機弩集結起來，向城內狂轟濫射，箭矢就像瓢潑大雨，傾瀉到昆陽城中。城中軍民死傷慘重，就連外出打水也要頭頂門板，以防中箭。

攻城戰進入了白熱化，數百架雲梯陸續成為進攻城頭的通道，士兵冒死攀爬而上。城頭守軍在頂住數輪密集的箭雨後，開始將滾木、礌石往城下亂砸，一鍋鍋滾燙的熱水和熱油也往下澆去。盾牌抵擋不住高空砸下的巨大滾木和礌石，城下哀號一片，上面的士兵從空中摔落，摔得筋斷骨折。

經過莽軍連續數日的攻城，昆陽城已是滿目瘡痍，搖搖欲墜。城牆外百步，有幾條深深的塹壕，眼下已被莽軍用沙土填平，只是一切進攻皆在城牆前碰了壁。木梯、盾牌甚至屍體，雜亂無章地散布牆外，這是幾次進攻失敗的殘骸。空氣中瀰漫著血腥和焦臭的氣息，熏得人胃中翻湧，陣陣作嘔。

傍晚的夕陽裡，主將王鳳、王常等人站在城樓上，看著如潮水一般退去的莽軍，滿面愁雲。莽軍初圍昆陽時，王鳳還覺得壓力不大，擊退了莽軍的數次試探，可隨著莽軍的後續部隊陸續集結城下，將城池徹底困死，王鳳心中湧出一絲絕望。

莽軍仗著人多，有恃無恐，一波一波、日夜不停地輪流衝擊小小昆陽。身後，城內忙碌的士兵和百姓正在加固城牆，準備迎接接下來的又一波進攻。雖然白天一戰，漢軍勉強守住了昆陽城，但是所有人都明白，這只是開始。

昆陽城陷入了最緊張的狀態，無數軍民輪流在各門防守，而城外，越來越多的高臺被莽軍搭建起來，每座高臺之上都配有臂力強勁的弩手。無數箭矢在天空劃下弧線，以至於城上的守軍不敢冒出頭來，而城上的步弓手，亦是仰角射擊，每時每刻都有人中箭倒下，那沉悶的戰鼓聲、刀兵相交的金屬撞擊聲以及刀箭刺入肉體的慘叫聲，考驗著每一個人的神經。

莽軍的攻擊一浪接一浪，連綿不絕，無休無止，漢軍無論精神還是肉體，都已經接近崩潰，對生死也早已麻木。

傷亡人數越來越多，王邑看著喊殺聲如潮的戰場，卻是一臉的雲淡風輕。他的自信不僅來自多年來豐富的作戰經驗、未嘗敗績的自傲，同時也源於自己手中所握的兵馬。

昆陽城中只有不到一萬守軍，而自己這邊有四十二萬人。在絕對實力面前，任何技巧都失去了意義，直接打就是了！

莽軍將領嚴尤卻憂心忡忡，他向王邑獻策說：「昆陽城小而堅固，裡面不過數千守軍，就算攻下來也意義不大。偽帝劉玄現在正攻宛城，如果我們前去援助宛城，偽帝必定奔逃，如此一來，昆陽城裡的賊軍也會不戰自敗。」

嚴尤的這個建議可謂十分中肯，不料王邑卻搖了搖頭，道：「想當年，我以虎牙將軍的身分奉命討伐翟義，雖然戰而勝之，卻因沒有捉住劉信而被聖上嚴詞責問，幾乎被治罪。如今我帶百萬之眾，遇昆陽小城而不能攻下，何以顯示軍威？怎麼向聖上解釋？

兵法云，十則圍之，五則攻之。我軍何止數十倍於敵？百萬之師，所過之處，皆當覆滅。蹀血而進，前歌后舞，以震懾敵眾，方可先聲奪人，去敵軍士氣。士氣一旦受挫，敵軍必敗！」

嚴尤勸不動王邑，莽軍繼續猛攻昆陽。

在莽軍的猛烈進攻下，王鳳終於扛不住了。漢軍傷亡不斷加大，糧食供應也即將告罄，昆陽城實在是守不住了。

王鳳嘆了口氣，找來王常商量：「事已至此，我們也算對得住更始朝廷了，不如……降了吧！」

王常默默不語，昆陽已為漢軍抵擋朝廷百萬之師十餘日，也算盡忠了，破城不過瞬息之間。劉秀讓他們死守此城，自己出去募兵，至今不見一兵一卒，怕是早已逃之夭夭了。既然看不到希望，何不降了莽軍？

王常心中悲苦，轉過身去，說了一句：「去吧！」

王鳳派了使者出城，表示願意投降。

中軍大營內，王邑、王尋正在商議對策，得知漢軍請降，臉色卻沒有想像中的欣喜。王邑認為攻克昆陽指日可待，不許王鳳投降，非要踏平昆陽不可。

開玩笑，四十二萬大軍，如果連一個小小的昆陽城都拿不下，自己的臉面往哪兒擱？回去後怎麼向皇帝邀功？

嚴尤都看呆了，還有這樣子的？

他站出來道：「敵軍已降，你為何還要斬盡殺絕？這不是逼得城中拚死抵抗嗎？」

王邑一揮手，打斷了他：「主帥議事，你有何資格妄加評論？你還真當軍中無你便攻不下小小昆陽不成？」

嚴尤被轟出了大帳。

與此同時，王鳳、王常卻陷入絕望之中。

投降無望，棄城逃跑更沒戲，被逼到絕路上的全體昆陽守軍只剩下了一條路：死守！

王鳳和王常召集眾人，分析了目前的形勢，然後告訴眾人：「眼下投降無望，突圍也是死，與其屈辱死去，不如放手搏一把！殺一個保本，殺一雙就賺！」

士氣低落的將士們被逼無奈，再一次煥發了昂揚鬥志，王鳳、王常親冒矢石，與莽軍展開了最後的殊死抗爭。

生與死，全憑運氣。

恰好就在此時，老天爺也來湊熱鬧，夜裡有流星落在莽軍營地上，火光照天，大地為之戰慄。白天又有黑雲自空中籠罩而下，方圓數十里不見陽光，莽軍士兵們神經高度緊張，趴在地上不敢抬頭。

部隊中人心惶惶，有人卜了一卦，卦辭上說：「雲如壞山，其下覆軍殺將，血流千里。」

如此一來，莽軍軍心動盪，流言四起，都認為這裡是不祥之地。

嚴尤看到昆陽短期內難以攻下，又建議王邑說：「兵法講圍城要留一面，我們應當留給昆陽城一個口子，給他們機會逃跑，讓他們將失敗的消息傳到宛城，我軍正好攻破昆陽，殺敵於曠野之中。」

這個建議非常毒辣，但是王邑等依仗自己兵多糧足，占據絕對優勢地位，又一次拒絕了嚴尤的建議，繼續在昆陽城下硬碰硬。

更始元年（西元 23 年）五月，時令已入初夏，天氣格外燥熱。

城外，是黑壓壓、一眼望不到邊的莽軍。

城內，是刀鈍箭盡、不足萬人的漢軍。

如果說還有最後的希望，那就是突圍的劉秀和他的十三位勇士。劉秀外出募兵已近十日，至今仍無消息傳回。

所有人都在痴痴地望著東方，期盼著劉秀的歸來……

他會帶著希望回來嗎？

昆陽廝殺

且說劉秀率十三騎自昆陽南門突圍之後，一刻也不敢耽擱，轉而向東，直奔郾城和定陵。見到劉秀一行風塵僕僕地趕來，郾城和定陵的守將們熱情迎接，不過臉上的笑容卻有些勉強。他們知道劉秀此行的目的，也早已統一了口徑。

劉秀定是要鼓動他們去救援昆陽，可問題在於，漢軍和莽軍的人數相差太過懸殊，貿然去救昆陽，和送死有何區別？

更何況，眼下這些綠林好漢在一路的征戰中早已搶了個盆滿缽滿，過上了小康生活。生活狀況變好了，進取心自然也就淡了，這個時候再讓他們冒風險，難度可想而知！

劉秀卻是個不會輕易放棄的人，你們不是貪財好利嗎？好，那我就以利誘之：「諸位將軍，昆陽城危在旦夕，如果諸位去救昆陽，大功告成之後，獲得的財物與現在相比，何止是千倍萬倍！如果昆陽失陷，我軍必然全面潰敗，到那個時候，連命都保不住，還談什麼財物？請諸位三思！」

劉秀這話一出，大夥兒都沉默了。這話說得沒錯，起義軍本是一體，莽軍是他們共同的敵人。郾城和定陵與昆陽近在咫尺，如果連昆陽都守不住，自己的地盤能守得住嗎？皮之不存，毛將焉附？錢財是個好東西，可那也得有命花！

「革命尚未成功，同志們，繼續努力吧！」

在劉秀的鼓動下，郾城和定陵的將領們終於合兵一處，約有萬餘人，急奔昆陽。

六月初一，天微微亮時，劉秀帶著他的承諾，帶著從郾城、定陵搬來的援兵，出現在昆陽城外。

東漢開國史上最震撼的昆陽大戰即將打響。

昆陽城還在堅守，可城外的莽軍鋪滿大地，旗幟蔽野，自己只有幾千人馬，這仗怎麼打？

為了迅速打破僵局，劉秀親率一千先鋒部隊飛馳疾進，在距離新莽大軍營盤外四五里處停了下來。

那裡已經能看清楚莽軍前營了，營盤之中兵丁往來奔走，卻不出戰，緊張地望向這邊，只有弓箭手列於營前，隨時準備攔截漢軍攻勢。

王邑、王尋顯然也注意到了這支人數不多的援軍，只派了幾千人前來應戰，主力部隊原地不動。在他倆看來，這點援軍頂多算甜點，連主菜都算不上。

援軍人數不多，劉秀在陣前高聲誓軍：「將士們，對面便是莽軍大營所在。我知道大家心裡都很怕，我也一樣，人皆有畏死之心，不為恥也。誰無父母兄弟？誰無妻子兒女？可對面敵軍會讓我等歸家團聚，以享安樂嗎？不會！我劉秀願意帶領眾兄弟出戰，與昆陽城中的王鳳將軍裡應外合，殺盡官兵，盡取其財，分予眾位兄弟！這一戰，我們輸了一起扛，贏了一起狂！」

被劉秀的這番話一激，漢軍明顯沒了先前那種慌亂，一個個昂起了頭，胸中熱血翻湧，大呼：「必勝！必勝！」

眼見敵軍漸漸離了大營，劉秀高呼一聲：「眾軍隨我來！」他一馬當先衝了出去。劉秀深知，話說得再漂亮，如果不能打出氣勢，震懾莽軍，那麼漢軍剛剛激起的士氣就會轉瞬瓦解。

漢軍跟在劉秀身後，嗷嗷叫著衝向莽軍。劉秀左劈右砍，臧宮等人更是身手不凡，勇猛無敵，逼得莽軍連連後退，四處躲閃，唯恐被這幾個煞神盯上。

在此之前，劉秀一直跟在大哥劉縯身後，為人沉穩，做事謹慎，在戰場上並無亮眼的成績。而從舂陵起兵至今，在歷經小長安聚慘敗、棘陽孤絕和沘水惡戰後，劉秀一路拚殺，已經算得上是從死人堆中鑽出來的赳赳老兵。

只這一輪衝鋒，莽軍陣腳即被衝亂，漢軍斬殺莽軍數十人。

漢軍首戰告捷，膽氣陡壯，諸部將領紛紛稱讚劉秀：「劉將軍遇到小股敵人總是謹慎，今日面對強敵卻能奮不顧身，拚死而戰，令人刮目相看！讓我們來助劉將軍一臂之力吧！」

劉秀笑而不語。這些援軍各懷心思，如果自己在首戰中不起帶頭作用，還怎麼指望他們奮勇殺敵？

縱觀劉秀的征戰生涯，他都是身先士卒，激勵部下的口號永遠都是「跟我上」，而不是「給我上」。一字之差，天壤之別，人心向背，勝負立判。

與此同時，劉秀拉來的後續援兵七八千人已陸續到達戰場。一邊是赳赳赴死、士氣高漲之兵，一邊是連番攻城、身心疲乏之眾，在漢軍的猛打猛衝下，莽軍支撐不住，陣形散亂，開始潰退。本來還有些畏敵怯戰的援軍在前鋒部隊的鼓舞下，無不膽氣倍增，越戰越勇，以一當百。

莽軍一再受挫，士氣萎靡，只有王邑、王尋兩個人還自我感覺良好。

在進行軍事進攻的同時，劉秀也使了一出攻心計，他假造書信，聲稱漢軍已經攻破了宛城，派細作攜帶書信，上寫「宛城兵到」，送到昆陽城中，並讓他們故意丟給莽軍一些書信。

城中的將士們看到書信後大受鼓舞，信心倍增，王鳳、王常喜上眉梢，十餘日苦守終有回應，絕境逢生之情難以言表。而城外的王邑看到書信後，大驚失色，莽軍見城外援兵趕到，又知宛城被攻破，漢軍即將馳援昆陽，大軍隨時可至，皆惶惶不安。

城中只有不到一萬的叛軍，他們連攻十餘日都未攻陷，如果宛城十萬援軍趕來增援，自己這邊又能有多少勝算？人群又悄聲議論起前些日子流星墜營一事，那場邪乎的大火莫不是凶兆，預示官兵敗局？

另一邊，劉秀帶來的援軍與莽軍多次交手，屢屢獲勝，士氣逐漸高漲起來。可即便如此，他要面對的是四十多萬的對手，小規模的勝利根本動搖不了大局。

如何才能擊敗這個龐大的巨人呢？

在冷靜分析了戰場局勢後，劉秀的目光落在了一個地方：城西。

昆陽城地處兩水之間，城北為滍水，城南為昆水，地形十分狹窄，不利於大兵團作戰。王邑和王尋把所有的部隊全擺在這裡，導致軍陣擁擠不堪，無從發揮戰鬥力，或者說根本動不了。而城西是新莽軍隊的中軍陣地，如果能把這個陣地滅了，莽軍沒了指揮部，必定會陣腳大亂。到時候城內、城外一夾擊，莽軍必敗無疑！

果斷是劉秀一貫的作風，在制定作戰方案後，他挑選了三千人組成敢死隊，悄悄繞到城西，從城西藉助水勢而下，向莽軍發起突襲。

王邑、王尋在遭到劉秀的突然襲擊後，擔心部隊的調動引起混亂，下令各營不得輕舉妄動，親自率領中軍一萬餘人與劉秀展開了廝殺。

就在雙方廝殺的時候，昆陽城內的守軍也出手了。

王鳳、王常見城外打得熱鬧，迅速將城內的部隊集結起來，開啟城門，鼓譟殺出，喊殺聲震天動地。

內外夾擊之下，王邑的中軍陣腳大亂，三千精兵一鼓作氣擊潰了莽軍，斬殺了大司徒王尋。

王尋是此次出征的副帥，他一死，中軍頓時大亂。

與此同時，戰場上發生了罕見的一幕：在整個過程中，附近營壘內的官軍都堅決閉門不出，眼睜睜看著主將的直屬部隊被對手斬殺殆盡。

而那個身高兩百公分的巨毋霸看著唬人，實際上戰鬥力很差，遠遠地就被射死了。

中軍一亂，莽軍開始慌了。

就在這時，老天爺也來幫忙，天空烏雲密布，電閃雷鳴，颳來一陣狂風。緊接著，一陣震耳欲聾的雷聲震天動地，瓢潑大雨傾瀉而下，帳篷、旗幟漫天飛舞。

大雨如注，滍川河水暴漲，莽軍軍營裡的那些老虎、獅子、豹子、犀牛、大象等猛獸一個個嚇得直打哆嗦，開始四散奔逃，莽軍陣形在大雨和猛獸的衝擊下開始潰散。漢軍士兵則爭先恐後，嗷嗷叫著奮勇衝殺，向莽軍發洩壓抑已久的怒火。恐慌如同病毒一樣迅速蔓延，新莽軍隊潰不成軍，士兵藉機大肆出逃，人馬互相踩踏，以最為混亂不堪的方式各自逃亡。

王邑和嚴尤連殺數人，想要穩住陣形，可所有人都像一群受驚的動物四散奔逃，哪裡還穩得住？

莽軍士兵們已經無法思考，也不會思考，只能麻木地跟著前面的人逃，即使前方是暴漲的滍川河水，也毫不猶豫縱身跳下，想要游過去。河中淹死的人不計其數，屍體堵塞住河道，以至於滍川河水都為之斷流。

這場大雨來得急，去得也快。雨霽之時，天才放亮。昆陽城被洗刷一番，濛濛雨霧顯得晦暗不明，彷彿在暗示著天下詭譎的局勢。

敗了，全都敗了！

亂軍之中，護衛回過頭，面容焦慮地勸王邑離開，雖然軍陣已潰，但是他們好歹有戰車，只要驅車而走，肯定能比漢軍的兩條腿跑得快。王邑看著逃散的士兵，心中萬念俱灰，撫劍嘆息道：「我驕縱而傲，不加防備，如今全軍覆沒，還有何臉面去見聖上？」

王邑拔出了自己的佩劍，卻被一旁的護衛死死拉住強行推上馬背。護衛在人群中殺出一條血路，簇擁著他向洛陽撤退。

劉秀掃視四周，屍體鋪滿了整個城郊，有己方的，也有對手的，數量還未清點出來。而向著四周潰逃的莽軍已成了小黑點，漢軍沒有去追擊的欲望，也不怕他們重整旗鼓殺回來。

昆陽大捷！

漢軍繳獲了莽軍的全部物資，各種軍需堆積如山，應有盡有，漢軍一連搬了一個多月，這批物資徹底將漢軍的硬體更新換代。

這一戰，漢軍以不足兩萬人擊敗四十二萬新莽軍隊，威震天下。

這一戰，新莽帝國的軍力喪失殆盡，從此只能被動防禦，再無力主動進攻。

這一戰，劉秀在風起雲湧的亂世中脫穎而出，他的名字開始響徹中原大地。

這場奇蹟被很多人認為是冷兵器時代以少勝多的絕佳案例。但是當我回過頭，仔細審視這一戰時，卻發現這場戰爭並沒有背水一戰、破釜沉舟那樣的高技術含量。

先來說新莽軍隊人數問題。

很多人認為，這一戰，王邑集結了四十二萬軍隊，號稱百萬，但是其實這個數字很值得推敲。

我仔細對比了相關史料，發現「四十二萬大軍」的說法是《漢書》提出來的，《後漢書》中說是莽軍到城下者有十萬，《資治通鑑》中說是四十三萬，《東觀漢記》中的說法是已到五六萬，《論衡》中的說法是三萬人。

那麼到底誰的說法更準確呢？

《後漢書》是南朝宋時期的歷史學家范曄的作品，《資治通鑑》是北宋司馬光的代表作，兩部書都非東漢出品，暫且忽略；《漢書》、《東觀漢記》、《論衡》都是在東漢時期完成的，準確度更高。

劉秀等人三月拿下昆陽等地，五月，王邑的大軍出潁川，以當時關中餓殍遍野的現狀，王邑根本不可能在短短兩個月的時間內集結四十多萬大軍。

結合東漢的相關史料，不難看出，東漢學界認為新莽軍隊人數大致是三到六萬，三五萬應該是先到昆陽城下的人數，十萬應該是軍隊的總人數。

也就是說，劉秀所面對的新莽軍隊人數，很有可能只有十萬人。

即便如此，那也是以少勝多，那麼劉秀為何最後會勝出呢？

我們大可以從劉秀的作戰指揮中挑出不少亮點，比如，以自己的身先士卒保證初戰的勝利，提振將士們的信心；以心理攻勢摧毀莽軍的鬥志，為城內被圍困的漢軍注入強心劑；巧妙利用地形，摧毀了莽軍指揮中樞，諸如此類。

我不否認劉秀卓越的軍事才能，不過在我看來，這場戰爭之所以勝利，除了劉秀指揮若定，還有一個重要原因：他遇上了千載難逢的「豬對手」。

而且似乎「豬對手」的比重更大一些。

王邑、王尋最大的優勢就是兵多將廣，他們的目標是剿滅新成立不久的更始政權，卻因王邑盲目固執，非要硬碰硬昆陽，導致大軍擁在昆陽城下，無從發揮優勢。而南方的岑彭死守宛城數月，餓得快吃人了，就是等不到援軍的到來。

其次，當劉秀率三千人直搗莽軍指揮部時，王邑為了防止各營出現混亂，竟然下令各營嚴格管束自己的部隊，沒有他的命令，誰也不許來幫忙。

他認為對付劉秀的這點人馬，自己的警衛部隊足夠了。

這成了本場戰役最關鍵的一次命令！

十萬主力就這樣成了「啦啦隊」，在場下眼睜睜看著三千漢軍將莽軍警衛部隊追得屁滾尿流、哭爹喊娘。

與其說是劉秀打敗了王邑，不如說是傲慢打敗了他。

新莽政權的喪鐘，從這一刻正式敲響！

王莽的「理想國」也被正式判了死刑。

第三章

潛龍伏淵

伯升殞命

昆陽大戰落下大幕，讓我們將鏡頭南移，對準南陽首府宛城。

當莽軍將昆陽團團圍住之時，宛城也被劉縯圍住了。

前面說過，宛城守將是岑彭，他能征慣戰、能攻善守。劉縯被綠林系坑了之後，化憤怒為力量，帶著十萬主力猛攻宛城。

然而，宛城畢竟是南陽首府，城防堅固，又有岑彭這樣出色的將領，短時間內根本拿不下來。每一次，漢軍的前鋒部隊如潮水一般湧來，在守城將士的奮力阻擊下，只能留下一地屍體，然後如潮水一般退去。

在經歷了一輪又一輪失敗後，劉縯索性下定決心：圍城。

打不過你，那就困死你！

沒了外援，出不了城，宛城的糧食供應很快就出現了問題。一開始，城中士兵每天只能吃一勺米，或者殺馬充飢。後來，馬都殺完了，大夥兒只能剝樹皮煮了吃。到最後，能吃的都被搜刮完了，連樹皮、老鼠都找不見了。

岑彭每日都在城頭眺望北方，期盼著王邑的大軍能揮師南下，救援宛城，然而日盼夜盼，就是看不到援軍的身影。

岑彭絕望了。

圍城的日子一天天過去，宛城士兵有的漸漸餓死，而活著的人也早已沒了力氣。

沒辦法，只能吃人。

先吃婦人，然後是老人和孩子。

古代戰爭，打下城池後屠城的並不少見，但是像宛城這樣，為了守城以人為食的，卻鮮有。

戰況之慘，可見一斑。

在堅持了四個多月後，岑彭終於扛不住了，宛城已然山窮水盡，等不到黎明的那束光了。

就在昆陽黑雲崩塌的次日，岑彭開啟宛城城門，向劉縯無條件投降。宛城的居民被漢軍從家中驅趕出來，戰戰兢兢地站在門邊，一邊望著親朋的屍首，一邊等待著劉縯的入城儀式。

漢軍諸將群情洶湧，紛紛要求砍了岑彭。「為了拿下宛城，大夥兒吃盡了苦頭，如今你扛不住了，雙手一舉就想投降了事？」

好在劉縯是個明事理的人，他愛惜岑彭是個人才，為人又忠義，勸住了大家：「岑彭守宛城的時候，我們雙方是仇敵，當然得各盡所能。岑彭能讓我們吃這麼大的苦頭，說明他是個人才啊，這樣的人正是我們急需的。我們不但不應該殺他，還應該向皇帝申請，對他予以加封。只有這樣，才能有更多的人才來投奔我們。」

隨後，岑彭被封為歸德侯，成了劉縯的部下。

岑彭後來加入了劉秀的創業團隊，成為「雲台二十八將」之一。

劉縯占領宛城後不久，更始帝劉玄進入宛城，將宛城定為大漢的都城，然後大封宗室及諸將，光列侯就封了一百多個。反正只是個虛名，不用花錢。

再說劉秀。昆陽大捷後，劉秀向潁川一帶攻城略地，附近郡縣無不望風而降，但是在父城卻遇到了強硬抵抗。

劉秀知道，自己遇上對手了。經過打聽才得知，父城的守將叫馮異，自己帳下的馮孝正是馮異的堂兄，而部下丁綝、呂晏等人都是馮異的老鄉。

知己知彼，百戰不殆。要想擊敗對手，首先得了解你的對手。

馮孝告訴劉秀，馮異是潁川郡父城縣人，少年時喜好讀書，通曉《春秋》、《孫子兵法》，精通軍事。劉氏兄弟起事時，馮異正以郡掾的身分替王莽監管五個縣，與父城縣的長官苗萌共守縣城。

大夥兒都對馮異讚不絕口，這讓劉秀頗為頭痛，怎麼才能拿下父城呢？

馮孝說：「我倒是有個主意，只須如此這般。」

次日，劉秀將部隊撤到巾車鄉，佯攻其他縣。馮異得知漢軍離開，準備出一趟門。沒辦法，他當時的職位是潁川郡掾，管著五個縣，父城只是其中之一。

馮異喬裝打扮，悄悄出門，準備到管轄的屬縣巡察，不料剛走到半路，就被劉秀的暗哨抓了。

漢兵將馮異五花大綁，送到劉秀面前。劉秀親自為他解開繩索，邀請他入夥，一起做大事，堂兄馮孝及同郡的丁綝、呂晏也從堂後出來熱情迎接。

在眾人的拉攏下，馮異答應跟隨劉秀，但是他也提出了自己的想法：「以我馮異一人微薄之力，不足以影響您的強弱。我的老母尚在父城中，我想回去幫助您繼續據守五縣，報答您的恩德。」

如果換作一般人，心裡肯定會有狐疑：「這小子難不成是要跑路？」

劉秀卻很大度，痛快地答應了馮異的要求。

馮異回去後，對父城縣令說：「當今諸將都是行伍出身，大多暴虐專橫，只有劉將軍所到之處秋毫無犯，在民間聲譽不錯。我看他言談舉止，絕非碌碌無為之輩，是個可以信賴、共成大事的人。我想投奔劉文叔，不知你意下如何？」

苗萌素來敬重馮異之才，一向唯他馬首是瞻。眼見馮異有投奔劉秀之意，便道：「我與您生死與共，您說怎麼做，我跟著您就是了！」

自此，馮異就成了劉秀的盟友，為他駐守五城。後來劉玄曾多次派兵要求馮異開城投降，馮異卻緊閉城門，堅決不許劉玄的人入城。

當劉秀在潁川一帶攻城略地時，大哥劉縯卻陷入了一場陰謀中。

隨著劉縯、劉秀陸續攻破宛城和昆陽，劉氏兄弟的威望如日中天，這讓綠林系的大哥們非常不爽。劉玄每次與劉縯出去視察部隊，將士們歡呼萬歲，可劉玄知道，這歡呼多半是衝著劉縯來的。在萬眾矚目下，劉縯意氣風發，很有主角的氣場，反觀自己卻像個配角，這讓劉玄內心感到了一種深深的失落。

本來就視劉縯為最大威脅的朱鮪等人更加坐臥不安，殺心大起，他屢屢找到劉玄，提議找個機會除掉劉縯。

劉玄搖搖頭：「劉縯是南陽豪傑和劉氏宗室的領袖，在軍隊中威望頗高。更何況，劉縯的兄弟劉秀剛剛在戰場上立下大功，威震天下，貿然動手，怕會引發動亂吧？」

朱鮪告訴他：「劉縯就像一匹脫韁的野馬，不是陛下能駕馭得了的。陛下不殺劉縯，他日必為劉縯所殺。」

劉玄還是下不了決心，揮了揮手說：「此事須從長計議。」

朱鮪道：「事不宜遲，只要陛下默許，這事我來安排！」

這天晚上，皇帝劉玄召集眾首領聚餐，新封列侯百餘人悉數出席，劉縯也在應邀之列。

眾將雲集，大家飲酒作樂，扎堆敘舊，熱鬧非凡。誰也想不到，這其實是一個早就設計好的鴻門宴。

酒過三巡，劉玄突然對劉縯說：「我看大司徒的佩劍不錯，能否借我看看？」

劉縯二話不說，解下佩劍遞與劉玄。

正當劉玄裝模作樣審視、把玩劉縯的佩劍時，早就安排好的繡衣御史申屠建瞅準機會，向劉玄獻上了一塊玉玦。

劉縯的舅父樊宏大驚。「玦者，決也，舉玉珮為殺人暗號，這也太似曾相識了吧，這不是當年項羽的亞父范增做的事嗎？申屠建此舉，分明是在催促劉玄早點動手！這是一場陰謀！」

所有人的目光望向皇帝劉玄。

綠林系的諸位大哥目光熾熱，神情激動，反觀劉氏宗親及南陽豪傑，神經高度緊張，驚出了一身冷汗。

劉玄把玩著佩劍，又撫摸著那塊精美的玉玦，面上從容淡定，內心卻在進行激烈的天人交戰。

借佩劍欣賞，以玉玦為號，一舉擊殺劉縯，這本是劉玄與綠林系商量好的計畫，然而事到臨頭，他卻退縮了。

朱鮪見劉玄舉棋不定，心中很是焦急：「大哥，還等什麼呢？之前我們說好了的，你舉起玉玦，外面的武士一擁而上，立即誅殺劉縯，你還猶豫什麼呢？」

朱鮪很著急，但是他著急也沒有用，劉玄雖然是綠林系的傀儡，但是畢竟還是明面上的皇帝，他不可能越過皇帝，直接安排武士動手。

不知是劉玄膽小害怕，還是劉縯威勢太盛，直到酒宴結束，劉玄也沒有舉起玉玦。

這場精心設計的謀殺就這麼不了了之。

劉縯對危險毫無察覺，舅父樊宏卻驚出了一身冷汗，他第一時間找到劉縯，用「鴻門宴」的典故提醒他：「當年鴻門宴上，范增曾經舉起玉玦，示意項羽下決心殺掉高祖劉邦，如今申屠建也獻玉玦給皇帝，恐怕不懷好意吧？」

對於舅父的提醒，劉縯卻一笑置之：「舅父多慮了吧？我不信這幫無賴敢殺我。再說，我要是死了，誰能帶領漢軍定洛陽、取長安？」

職場學問很深，劉縯卻不願意仔細思索，他總覺得這是浪費時間。男子漢大丈夫，就該豪情萬丈，大碗喝酒，大塊吃肉，何必費盡心思去思索人心？

劉縯對人不設防，但是朱鮪絕不是善罷甘休之人，他還有一個幫手：李軼。

李軼是李通的堂兄弟。你一定還記得，當初李通說服劉秀舉大事後，李軼代表宛城李家去春陵，和劉縯謀劃共同起兵，跟劉縯兄弟關係極為親密。

按理說，李軼跟劉縯兄弟應該是一夥兒的，但是他是個投機分子，看到綠林系占了上風，轉而投靠了朱鮪、張卬等人。

當局者迷，旁觀者清，細心的劉秀從種種跡象中敏銳地察覺到了危險。他早就看出李軼是個投機分子，不止一次提醒大哥要提防綠林系的人耍陰謀詭計，也曾暗示過李軼這個人不能再信任了！

然而，劉縯卻不以為意，繼續把李軼當自家兄弟。鴻門宴後，劉縯回了自己的軍營，這讓朱鮪、李軼等人頗為苦惱，怎麼才能引出劉縯？

時隔不久，兩人又找到了一個突破口：劉縯的部將，劉稷。

劉稷和劉縯是同宗兄弟，也是一員猛將，自起兵以來跟著劉縯出生入死，立下了赫赫戰功，勇冠三軍。更難得的是，無論漢軍各系如何爭權，劉稷一直都是劉縯最衷心的手下，唯他馬首是瞻。

劉稷一直瞧不起劉玄，當初劉玄被立為皇帝時，劉稷正在指揮軍隊進攻魯陽。聽聞劉玄被立為皇帝，劉稷頓時大怒：「帶領大家起兵反莽，要做一番大事業的是劉縯。你劉玄算什麼東西？也配當皇帝？」

劉稷是個心直口快之人，他不光心裡這麼想，還多次在公眾場合明確反對劉玄做皇帝。他的牢騷傳到劉玄耳朵裡，讓劉玄很生氣，但是又心懷忌憚。

為了整治一下這個人，劉玄封劉稷做了將軍，不過封號很有意思：抗威將軍。

這就明顯是在侮辱人了。

火爆脾氣的劉稷拒絕接受這個任命，劉玄這下可算找到藉口了。「你敢抗命不遵，那就別怪我不客氣！」

在朱鮪和李軼等人的慫恿下，劉玄親自帶著手下將領和數千士卒，闖入劉稷的大營之中，將其五花大綁，逮回宛城下獄治罪。

劉稷不服，大聲叫嚷：「你憑什麼抓我？」

劉玄微微一笑道：「抓你不是目的，釣劉縯上鉤才是目的。」

劉稷一聽，一顆心猶如沉到了水底。

得知劉稷被抓，性命危在旦夕，劉縯很著急，帶了幾個人匆匆去找皇帝說情，據理力爭。劉稷是他一起出生入死的兄弟，他不能見死不救。

劉玄等的就是劉縯。

一進去，就有數百武士將劉縯等人團團圍住，繳了他們的武器。

朱鮪、李軼跳出來，指責劉縯說：「劉稷之所以抗命不遵，背後主謀就是你劉縯，你應該和劉稷同罪！」

劉縯面不改色，目光平靜地看向劉玄：「我問你，這是你的主意嗎？」

劉玄不敢看劉縯，轉過身，事已至此，多說何益？

他一揮手，武士將劉縯等人五花大綁，立即處死。此時，距離劉縯起兵只過了八個月，距離他攻陷宛城只過了十幾天。

《後漢書》中，關於劉縯之死寫得很簡略，只有一句話。我們不知道那一刻劉縯的內心想法，也不知道他有沒有留下什麼遺言，這就是歷史的遺憾之處。

《史記》中，太史公用近一千字的篇幅，詳細描摹了項羽最後的悲壯，字裡行間滿是對項羽的敬佩，對英雄悲壯逝去的惋惜。「力拔山兮氣蓋世，時不利兮騅不逝；騅不逝兮可奈何，虞兮虞兮奈若何！」一首訣別詩，讓後世詠嘆了兩千多年。反觀劉縯之死，這位酷似西楚霸王的一代英豪，臨死之時，在史書上只有區區一行字。

不得不說，項羽之所以能在後世引發無數人的懷念，離不開太史公的求真精神和如椽巨筆。反觀東漢開國史，劉縯、劉秀、「雲台二十八將」這些風雲人物，之所以在後世的歷史舞臺上沒有什麼存在感，與相關史料文字的殘缺與枯燥有著很大的關係。

可嘆劉縯，這位天生的領袖，這位義薄雲天的帶頭大哥，這位志向高遠的豪傑，這位在戰場上一往無前的勇者，這位讓王莽寢食不安的一代英豪，沒有死於戰場，卻慘死於自己人手中，死在了一場政治陰謀中。

同室操戈，相煎何急！

英雄離去，山河嗚咽，天地同悲！

日暮途窮

劉縯遇害的消息如風一樣吹到了父城。

聽聞噩耗，劉秀五雷轟頂。

當朱祐和鄧晨跌跌撞撞地跑進來，準備彙報這個噩耗時，他們看到了劉秀通紅的雙眼。將士們聽聞噩耗，全都湧了進來，一個個怒髮衝冠，手按刀柄，他們都是跟隨劉縯兄弟一起出生入死的同袍。

所有人都在等，他們已經準備好了，只要劉秀一聲令下，他們便立即舉刀而起，以全軍之力為劉縯報仇。

然而，劉秀只說了一句話：「你們有我悲痛嗎？」

然後他揮了揮手，轉過身去，再也不說一句話。

眾將面面相覷，悄悄退了出去。

待眾人離開，劉秀已是淚流滿面。

劉縯比劉秀大十歲，由於父親早亡，在劉秀心中，劉縯這個大哥亦兄亦父，是少年劉秀的偶像，也是青年劉秀的靠山和引路人。他威武、豪爽、義薄雲天、胸懷大志，南陽地界無人不知、無人不服，提起舂陵劉縯，所有人都會豎起大拇指。王莽代漢自立後，南陽劉氏不敢出聲，只有他招納賓客，立志要恢復大漢江山。

劉縯就是劉秀的天，如果沒有大哥帶頭，劉秀絕對不會走上起義的道路。南陽起兵之後，兄弟二人互相依靠，互相支持，兩人經歷過小長安聚的慘敗，也曾有過宛城大戰和昆陽大戰的輝煌。無數次屢敗屢戰，無數次死裡逃生，他一心跟著大哥努力奮鬥打天下，從沒想過創業才剛剛開始，大哥竟然壯志未酬，遭此大難！

而現在，天塌了！

「怎麼辦？要不要復仇？」

劉秀的內心陷入了激烈的天人交戰。

一個聲音告訴他：「那是你大哥，是你最大的依靠，如今他慘死在自己人手上，你怎麼能做到無動於衷？弟兄們早已磨好了刀，就等著你一聲令下，直奔宛城！有仇不報非君子，這仇必須報！」

另一個聲音說：「不能輕舉妄動！如果你現在起兵為大哥報仇，就是和綠林軍公開決裂。以你現在的實力，遠遠沒有到可以和綠林軍分庭抗禮的時候。推翻王莽、恢復漢室是你大哥的理想，你忘了嗎？如果你死了，誰來實現這個理想？」

無數個聲音在他的腦海中激烈爭鋒，劉秀頭痛欲裂，心在滴血！

兩天後，劉秀出門了，紅著眼告訴眾人：「我要回宛城。」

眾人一陣激動，紛紛叫嚷：「是該回宛城為伯升報仇！」

劉秀搖搖頭：「不是報仇，是謝罪。」

面對眾人不解的目光，劉秀也不過多解釋，他收拾行囊，帶領少數隨從從父城出發，南下直奔宛城。

一進城，劉秀沒有先去府上奔喪，而是先去求見更始帝劉玄。君臣相見，劉秀沒有流露出怨憤之色，只是伏地叩首：「我大哥違抗君命，今已伏法，我特來向陛下請罪。」

望著伏在地上的劉秀，劉玄一時間沒了主意。「該怎麼處置他呢？殺了他？可就這麼放他走，朱鮪等人會答應嗎？」無論怎麼解釋，劉縯死在自己的手上，這是不爭的事實，劉秀會放過他嗎？劉氏子弟和南陽豪傑會寬恕他嗎？

劉玄不知道。

無論如何，此事先得和朱鮪等人商量後再做決斷。計較已定，他扶起劉秀，讓他先回家休息。

劉縯的舊部聽說劉秀回來了，早早就出門列隊迎接，每個人的臉上都有不平之色，大夥兒都等著劉秀拿主意，或是說句話。然而他們失望了，劉秀的臉上沒有絲毫悲戚之色，反而顯得異常冷靜，冷靜得讓人望而生畏。

有人不甘心，想讓劉秀說點什麼，但是他只管前行，根本無意與他們閒聊。

劉悲戚下葬後，按照規矩，劉秀必須為大哥服喪。然而，讓大夥兒跌破眼鏡的是，劉秀拒行居喪之禮，在人前照樣喝酒吃肉，歡聲笑語，就跟平常一樣。

毫無意外，劉秀再一次被憤怒的洪水所淹沒。

對於劉秀而言，宛城是另外一個戰場，那些野心家和陰謀家就躲在不遠處，虎視眈眈地盯著他，一旦他流露出任何不滿或悲戚的模樣，那些人必定會從陰暗處跳出來，然後將他撲倒。

劉秀明白，他必須活下去，只有活著，才有希望為大哥報仇。而在此之前，他必須夾緊尾巴做人，表現出一副若無其事的樣子，對大哥之死漠不關心。

大夥兒失望了，失望又演變為憤怒。「原本指望著劉秀來當大家的主心骨，想不到你卻如此膽小！這是赤裸裸的背叛！」

沒有人知道，在劉秀言笑如常的背後，他的心在滴血。

劉秀主動到宛城請罪，這倒是讓朱鮪等人始料未及。從內心深處講，他們根本不相信劉秀會對劉縯之死無動於衷，然而他們拿著放大鏡找來找去，又實在挑不出劉秀的毛病，這讓他們有一種深深的挫敗感。

平庸，才能被人輕視。

在政治對決中，讓敵人輕視你，你才會永遠占便宜。在沒有高調的資格前，要盡量低調。

劉秀的表現令人無可挑剔，劉玄見他如此謙恭，反而有些慚愧，畢竟劉秀兩兄弟立有大功，於是下詔封劉秀為破虜大將軍，加封武信侯。

封侯後的劉秀離開權力中心，回了趟老家。他要去辦一件大事——迎娶陰麗華。

劉秀自幼鍾情於陰麗華，多年前在長安上學時，他就立下過一個目標：娶妻當娶陰麗華。只是這個理想在當時看來是個不著邊際的空想，南陽劉氏早已失去貴族的身分，論財富與聲望，劉家遠遠比不上陰家。

陰麗華有個哥哥叫陰識，劉縯兄弟起兵後，陰識率宗族子弟和賓客千餘人響應，加入了劉縯的隊伍。早些年，劉縯曾到過陰府敘談，暗示其弟劉秀有意陰麗華之事。陰識知道劉秀喜歡自己的妹妹陰麗華，也鼓勵他上門提親。

按理說，自己的大哥剛剛被人害死，這個時候就想著結婚，怎麼看都有點沒心沒肺。

劉秀不介意這些，他要繼續麻痺朱鮪等人，塑造自己胸無大志的形象。

對於這門婚事，陰家一口應承，還主動幫忙料理婚事。

就這樣，劉縯去世沒多久，劉秀就迫不及待地舉行婚禮，正式迎娶了自己的女神。

漢朝的婚禮相當繁雜，要準備的婚俗六儀一樣少不了，成婚的時候男女雙方要穿黑色的衣裳，任憑長輩和禮官擺弄。當劉秀做完各種拜揖流程，抬起腰時，終於看到了朝他款款行禮的陰麗華。

那一瞬間，劉秀有些發怔，時隔多年，她已經是十九歲的曼妙少女，卻依然如初見時一樣讓他驚豔，「兩鬢何窈窕，一世良所無」。只可惜她手裡持著一把羽扇，遮住了面容，只有一對好似會說話的眼睛看向劉秀，露出了笑意。

這讓劉秀心中一暖。

古人講人生有四大樂事：久旱逢甘霖，他鄉遇故知，洞房花燭夜，金榜題名時。然而此時的劉秀雖然強顏歡笑，內心卻滿是痛苦。他深愛著眼前的這個女子，他期待著和她再次相見的那一天，也曾無數次幻想過和她的婚禮，但絕不是今天這樣！

劉秀垂下了頭，他不敢看陰麗華那雙眼睛，心中滿是愧疚。「對不起，我利用了妳，可我依然深愛著妳，這算不算對愛情的褻瀆？」

古時候舉行婚禮，有個規矩是「婚禮不賀」，有嫁女之家三夜不熄燭、娶婦之家三日不舉樂的傳統。到了大漢，漢代婚禮一改先秦婚禮的冷清，變得極為熱鬧，主人要大擺宴席款待賓客。

比如，此時此刻，劉秀的家中就極為熱鬧，門口車馬絡繹不絕，受邀的賓客在庭院中飲酒說笑，僕人、婢女則忙著傳菜。劉秀看著府中這「嘉賓僚黨，祈祈雲聚，車服照路，驂騑如舞」的場面，心中卻湧起一股難言的悲涼。

那一夜，綠林軍中的各位大哥藉著劉秀的喜事歡聚一堂，將劉縯之死拋在腦後，在推杯換盞中和好如初。

那一夜，劉秀來者不拒，喝得酩酊大醉。

劉秀就這樣在宛城蟄伏下來，過起了普通人的日子，誓將低調進行到底。綠林系的大哥們則忙著四處攻城略地，擴張地盤，只有劉秀似乎已被遺忘。

與此同時，長安城內，王莽卻正經歷著人生中最艱難的時刻。

前面說過，新莽末年，天下連年大旱，大旱之後又產生了蝗災，密密麻麻的蝗蟲鋪天蓋地而來，所過之處寸草不生，赤地千里，農民辛苦一年的血汗被盡數糟蹋。

在歷史上，蝗災與水災、旱災並稱為三大災害，由於蝗群可移動，其危害比起水旱災，有過之而無不及。根據統計，秦漢之時蝗災基本上每九年就會發生一次，而王莽的運氣更差，在他執政的最後那幾年裡，旱災和蝗災的頻率尤其高，根本不給百姓喘息的機會。

饑荒蔓延，數十萬流民為了活下去，拋棄了世代廝守的鄉土，懷揣著最後一線希望，成群結隊前往長安。

長安城內谷價猛漲、流民四起，不過王莽並不擔心，因為他早有預案。王莽的改革方案中有一項叫五均政策，當糧食價格處於低位時，由政府從市場購買糧食作為儲備，當市場上谷價大幅上漲時，政府拋售儲備糧，以平抑糧價。

這一次，王莽不慌不忙，他安排宦官王業為養贍官，負責開倉放糧，賑濟流民。

然而，王莽還是把事情想簡單了。王業乘機將賑濟的糧米據為己有，中飽私囊，大發國難之財，以致十之七八的災民都餓死了。

有人看不下去，告到了王莽這裡。王莽找來王業問話：「朝廷不是安排救濟了嗎？怎麼還有餓死人的事情發生？」

王業答：「都是流民而已，陛下不用擔心。」

緊接著，王業偷偷買了一些粱飯、肉羹，拿給王莽看說：「你看，這就是長安百姓的日常食物。」

王莽居然信了。

更有甚者，為了應對饑荒，王莽還弄些發明創造，弄出一種「煮草木為酪」的方法，讓人廣為傳播，抵禦饑荒。草木煮出來的糊狀物當然不能吃，只能白白增添民間的煩擾。

另外，隨著劉秀在昆陽一戰成名，新朝的主力部隊徹底被打殘，朝廷威嚴掃地。各地聽說漢軍在昆陽大捷的消息，群情振奮，海內豪傑趁勢而起，皆殺其牧守，自稱將軍，旬月之間，戰火遍於天下。

王莽陷入了極度的恐慌之中，他想不明白，為什麼自己夙興夜寐、兢兢業業，到頭來百姓還要造自己的反。

海內鼎沸，自長安放眼望去，西北，隗囂自稱上將軍，勒兵十萬，攻占涼州大部。

西南，公孫述以成都為中心，以響應漢軍之名，割據蜀郡，國號「成家」。

東方，漢軍、赤眉、銅馬及各路流民相繼起義，已是四面合圍之勢。

這一年，新莽王朝的進度條已接近尾聲。

王莽坐困長安城，屬於他的時代即將結束。

新莽末路

很自然地，有些人就動起了歪腦筋，比如道士西門君惠。

西門君惠，衛將軍王涉的門下賓客，精通讖緯之術。他見新朝大勢已去，找到王涉說：「讖文說劉氏當復興，劉秀當為天子。以我之見，此劉秀必為國師！」

王涉動心了，找來大司馬董忠商議。兩人都位極人臣，前者是王莽的堂弟，後者身為大司馬，掌管兵權。在經過初步試探後，兩人一拍即合，決定除掉王莽，擁立國師劉歆為帝。

兩人以請教星相為名，登門拜訪劉歆，不料劉歆卻不置可否。王涉又找了個時間單獨登門，對劉歆來了個真情告白：「我之所以擁戴您稱帝，就是想要保全我們兩個宗族，您為何不肯信呢？」

劉歆猶豫了。

他和王莽曾經是無話不說的朋友，後來兩人分道揚鑣。更何況，劉歆的兩個兒子，加上一個最寵愛的女兒，都因王莽而死，說他心裡沒有怨憤，那是不可能的。

王涉繼續道：「王莽之父病痿，王莽之母又嗜酒淫逸，我懷疑王莽根本就不是我王氏子弟。如今大司馬董忠執掌中軍精兵，我執掌宮廷警衛部隊，您的兒子劉疊執掌殿中警衛。如果我們幾個同心合謀，一起劫持皇帝，向南陽的更始政府投降，必定可以保全家族，要不然會有殺身之禍！」

劉歆見王涉態度真誠，決定和他們賭一把。但是同時，作為一個相當喜愛讖緯學的人，劉歆也指出，此事須應天時而動，待到東方太白星出，大功方可成。

王涉拍著胸脯保證沒問題。為確保政變成功，王涉又把起武侯孫伋也拉入了團夥中，讓孫伋嚇得要死。

「這可是謀反啊，成功了固然好，萬一失敗了呢？自己人頭不保，還得連累全家人跟著遭殃。」

回家之後，孫伋面色蒼白，吃不下飯，睡不著覺，妻子問他怎麼回事，孫伋據實相告。孫伋的妻子也是個藏不住話的人，回頭就把這事告訴了自己的弟弟陳邯。陳邯大喜，迫不及待地拉著孫伋，跑去向王莽告密。

王莽聽了之後，震怒異常。「敢在我眼皮子底下造反，這還得了？」他遣使者宣董忠、劉歆、王涉入宮，只說有事相商。劉歆和王涉不知密謀已敗露，被順利騙入宮中。

此時的董忠正在練兵，使者前來宣召，護軍王咸生性警覺，覺得董忠謀劃了這麼久卻還沒動手，恐怕已走漏了風聲，不如斬殺使者，帶兵入宮。

董忠不聽，隨使者入宮。

三人一入宮中，立即被武士擒獲，這才知道密謀已被洩漏。劉歆、王涉自知難逃一死，先後自殺，王莽念兩人是舊臣，對兩人之死祕而不宣，對其家屬也不予追究。

董忠就比較慘了，王莽一心要拿董忠之死來震懾天下，命虎賁勇士將董忠剁碎挫爛，放在竹器之中，遊街示眾，又逮捕了董忠的宗族，推入坑中活埋。

主謀被殺了，作為這場密謀的發起者，西門君惠也沒被落下，他被押往刑場斬首。

說起來，西門君惠也是一個圖讖學的忠實信徒，即便被押上了刑場，依舊對自己的推演結果沒有絲毫懷疑。面對前來圍觀行刑的百姓，西門君惠留下了最後的遺言：「我研究的圖讖絕對不會有錯，劉秀就是你們的皇帝，要錯就是我把劉秀搞錯了！」

此時的王莽在經歷多重打擊後，心灰意冷，成了道地道地的孤家寡人。傾國之力派出的大軍在昆陽城慘敗，朝中大臣也一個個棄他而去，就連最信任的劉歆也背叛了自己，這是何等的絕望！

王莽蒼老了許多，彷彿就在一夜之間，歲月剝蝕了他的身體，在他的肌膚上刻上了深深的烙印。這烙印是生命歷程的標記，任誰也不能想擁有就擁有，也不是誰想躲避就能躲避的，他的目光越發呆滯，行動也愈加遲緩。

宮門之外，不斷有各種消息傳來：原漢宗室鍾武侯劉望在汝南反了，隴西成紀人隗囂、隗崔、隗義反了，公孫述在蜀郡獨立了……

王莽憂愁憤懣，吃不下飯，也不近女色。食色，性也。這是馬斯洛（Abraham Maslow）需求理論的最底層。然而此時，王莽對吃飯也失去了興趣，每天只靠喝幾杯酒、嚼幾口鰒魚乾度日。

那些曾被他奉為圭臬的儒家經典也被扔到一旁，他轉而讀起了兵書。書讀累了，就靠在几案上小睡片刻。

眼看王莽日漸頹廢，大司空崔發提醒他：「何不召回王邑？」

王莽一聽，如夢初醒：「對啊，怎麼忘了他？」

昆陽一戰後，大司徒王尋戰死沙場，大司空王邑帶著嚴尤、陳茂等少數人僥倖逃回洛陽，眼下正在洛陽窩著。無論承不承認，王邑都是朝中最能打的人，沒有之一。

想到這裡，王莽立即下發通知，調王邑回長安，任大司馬一職，留下太師王匡、國將哀章共同鎮守洛陽。

再說漢軍這邊，劉玄看新莽勢力衰微，海內豪傑響應，認為總攻的時機到了，於是兵分兩路：一路由定國上公王匡率領，北上攻取洛陽；一路由西屏大將軍申屠建、丞相司直李松率領，向西直取武關。

此時的漢軍在昆陽一戰後，早已威震天下。得知漢軍長驅直入，京兆府、左馮翊、右扶風三輔震動，人心惶恐。

與此同時，析縣豪傑鄧曄、於匡也起兵響應漢軍，鄧曄自稱輔漢左將軍，於匡自稱輔漢右將軍。兩人組織起數千人，先後攻下析縣、丹水，進逼武關。

武關都尉是朱萌，他知道自己守不住，索性帶著守軍投降。接著，鄧曄、於匡又率軍擊敗右隊大夫宋綱，大敗莽軍，攻下湖縣。

丟了湖縣，就意味著切斷了關中與關東的連繫。

工莽知道，該來的終究還是來了。

大司空崔出了個主意：「《周禮》和《春秋》說過，國有大災時，可以用哭聲消解，所以《易經》上才有『先嚎啕大哭，然後歡笑』之語。我認為朝廷應該組織一場集體痛哭，哀求上天的救助。」

面對這種荒唐的建議，王莽竟然信了，還親率眾臣跑到南郊，聲嘶力竭地大哭了一場：「老天爺，你既然已經將天命賜給我，為何不助我消滅盜賊？如果我王莽哪裡做得不對，那就用雷霆把我劈死！」

王莽捶胸大哭，他提供便當給那些主動參與演戲的儒生和百姓，並把哭得入戲的人全部封官。

隨後，長安城陷入一片哭聲之中，有乾嚎的，有哭訴的，也有抽泣的。

世界已經荒誕至此，要麼放聲大笑，要麼痛哭一場吧！

然而，長安不相信眼淚，要想守住這座城，唯一的辦法只有戰爭。

王莽封了九個將軍，稱之為「九虎」，帶著最後的數萬人迎戰漢軍。不過，王莽對於這些人並不放心，擔心他們叛變，便將其家屬扣在宮中作為人質。

與此同時，王莽還大發慈悲，發給每人四千錢，鼓勵他們盡忠。在當時的通貨膨脹條件下，這四千錢連半石米都買不到。

王莽這麼小氣，是不是因為他沒錢呢？恰恰相反，當時國庫中還有黃金六十多萬斤，其他財物不計其數。

如此吝嗇，怎能指望前線將士們為他賣命？

果然，九虎率部駐守華陰縣，與鄧曄、於匡交戰，士兵缺乏鬥志，一戰即敗，防線轉眼崩潰，四頭虎落荒而逃，不知去向；兩頭虎逃回長安，被王莽一頓責罵，只得自殺；三頭虎收拾散卒，撤退至渭口，守衛京師倉。

京師倉，顧名思義，是都城長安的糧食儲備庫，位於黃河與渭河交會處附近，這個地方要是丟了，都城人民就得餓肚子了。

鄧曄大敗九虎，適逢申屠建、李松趕來，雙方合兵一處，共攻京師倉，不料啃了半天卻啃不動。

鄧曄便以弘農人王憲為校尉，領數百人北渡渭水，進入左馮翊，攻城略地。李松則遣偏將軍韓臣領兵西進，為漢軍探路。

李松和鄧曄攻擊受挫，但是王憲、韓臣這兩個探路兵卻所向披靡。

王憲北至左馮翊，沒費多少工夫，各縣豪傑已紛紛歸降。長安周圍各郡縣也爭相起事，部隊很快就開到了長安城外的渭水河邊。

韓臣西進至新豐，正遇新朝的波水將軍竇融。漢軍火力全開，竇融大敗而逃，韓臣在後一路猛追，一抬頭，長安城已是遙遙在望。

此時的長安城猶如汪洋大海中的一葉小舟，隨時都有可能被外面的起義軍淹沒。

無奈之下，王莽只得赦免長安城中的囚犯，發給他們武器，由老丈人更始將軍史諶統領，出城迎戰。臨行前，王莽親自勞軍，殺豬飲血，勒令囚徒們立誓：「絕對效忠王莽，否則厲鬼都不會放過他們！」

結果，王莽再一次被打臉，喝了生豬血的武裝囚犯們剛出了長安城，就一哄而散，只剩下史諶一個光桿司令。

漢軍很快聚集到長安城下，由於人員混雜，大夥兒都陷入了狂歡中，有人挖開了城外王莽祖父、父親、妻子、兒子的墳墓，掠走隨葬財物，焚燒棺槨；有人在城外的九廟、明堂、辟雍放了一把火，將這些代表著帝國尊嚴的代表性建築付之一炬。

熊熊火光升騰而起，映著一張張泛出酒氣的赤紅面孔。濃煙飄過天際，籠罩在長安城上空。

九月初一，宣平門率先告破，漢軍如潮水般湧進長安城，見人就殺。昔日繁華的長安鬧市頓時變成了一片血海，無數百姓被亂兵所殺。城內年輕人朱弟、張魚等人怕遭到亂兵劫掠，積極響應漢軍，為對方帶路，朝著宮殿方向殺去，放火燒門，高聲大呼：「反虜王莽，何不出降？」

後面的故事你已經知道了，王莽退至漸臺，被亂兵所殺。

巍巍長安，化作人間地獄。

此時，李松、鄧曄、申屠建等漢軍將領正馬不停蹄地趕往長安。

漢軍校尉王憲攻入長安城，來到了蒼龍闕。

眼前就是未央宮，這裡的每一塊磚，每一片瓦，每一根柱，每一道梁，都代表著漢帝國的尊嚴和權力。在這樣莊嚴的地方，人不自覺便會生出敬畏。而如今，王憲忽然發現，此時此刻，自己竟然成了長安城權力最大的人！

想到這裡，王憲開始得意了。

頭腦發熱的王憲迅速腐化墮落，他自稱漢大將軍，將長安城中數十萬兵馬都握在自己手裡，白天住在長樂宮中，晚上和王莽的一眾嬪妃肆意淫樂，過起了帝王般的生活。

王憲的好日子只過了三天，李松、鄧曄、趙萌、申屠建等人的軍隊隨後就進入了長安，幾人一看王憲這副模樣，頓時就氣炸了。「這好事，你倒是自己先享受了，該殺！」

幾個人一商量，合夥砍了王憲，然後派人將王莽的腦袋火速送往宛城。

王莽首級送到宛城時，劉玄正在和寵姬韓夫人閒聊。他看著王莽的頭顱，感慨道：「如果王莽不篡漢，他必定會成為第二個霍光，可惜了！」

韓夫人笑道：「如果王莽不這樣做，陛下又如何能成為天子？」

劉玄大悅，令人將王莽的頭顱懸掛於鬧市，讓老百姓參觀。百姓對王莽恨之入骨，有人把王莽的頭拿下來當球踢，拿東西砸，更有膽大的把王莽的舌頭切下來拿回去吃了，也不知味道如何。

漢軍內部相對平靜，外部的革命形勢也一派大好：奮威大將軍劉信擊殺劉望於汝南，新朝將領嚴尤、陳茂被殺，鎮守洛陽的太師王匡、國將哀章投降漢軍，就連東方最強大的赤眉軍也向漢軍臣服。

出走洛陽

劉玄自我感覺良好，既然新莽王朝已滅，下一步就該考慮遷都了。

長安城是漢朝的首都，然而此時關中地區由於連年遭受饑饉、兵燹襲擊，早已殘破，而北邊的洛陽交通便利，離南陽也不遠，作為首都最合適不過。

劉玄與李軼、朱鮪等人開了個會，他們都表示無異議，遷都洛陽的計畫就這麼定了下來。接下來的問題是，該派誰去主持這項工作呢？

劉賜推薦了一個人：劉秀。

劉秀在長安上過學，對官府典章禮儀制度很熟悉，讓他去整修宮府、安撫百姓，為更始政權遷都做前期準備，最合適不過。

這幾個月來，外面的世界天翻地覆，更始政權也一舉擊敗了新莽王朝，成了名義上的天下之主。

然而，這一切都與劉秀無關。

劉縯死後，劉秀被擠出了權力核心，成了邊緣人物。在宛城，他迎娶了自己的女神陰麗華，然後過上了低調樸素的生活，閒看庭前花開花落，漫觀天外雲捲雲舒。

只有劉秀知道，這不是他想要的生活，他想要逃離。

當司隸校尉的職務落到他肩上時，他沒有片刻猶豫，先是祕密將陰麗華送回新野娘家，然後帶著自己的親信踏上了征程。

途經父城時，劉秀遇到了一個老朋友：馮異。

幾個月前，劉秀在潁川郡攻城略地時，收服了父城的守將馮異。馮異一眼就看出劉秀絕非池中之物，兩人約定，馮異為他駐守五縣。此後劉秀趕回宛城請罪，劉玄的部下接替了劉秀，繼續攻打父城，馮異、苗萌率兵堅守，拒絕投降。

他在等一個人。

只降劉秀，不降更始，這是馮異的選擇。

當劉秀出現在父城外時，馮異笑了，他開啟城門，熱情迎接劉秀一行入城。

劉秀率眾入父城，當即委任馮異為主簿。馮異還向劉秀推薦了不少人，如銚期、叔壽、段建、左隆等人。這裡要介紹一下銚期，因為他也是將來光耀雲台的風雲人物。

銚期是潁川郡郟縣人，身材魁梧，容貌威嚴，身高一百九十公分的大漢。父親銚猛曾做過桂陽郡太守，他死後，銚期為父服喪三年，至孝之名聞於四方，贏得了家鄉父老的一致稱讚。

劉秀路過父城縣時，馮異舉薦了銚期，劉秀一看他樣貌威武，便任命他為賊曹掾，負責抓捕盜賊。

進駐洛陽後，劉秀撫慰諸縣、安定百姓，順帶修繕宮殿、整修官府衙門，很短時間內就完成了遷都的前期準備工作。收拾停當後，他回到宛城，迎接劉玄等人入洛陽。

很快，更始帝劉玄帶著大部隊到了洛陽城外，昔日的官員們站在道路兩邊，目送更始朝廷的隊伍入城。然而，當他們看到大部隊從面前走過時，卻不禁啞然失笑。

眼前的這些漢軍將士隊伍散亂，哪裡有半點他們想像中王者之師的模樣？領頭的將軍們為了裝體面，有的居然穿著女人的衣服，頭上紮著平民才戴的幘巾，簡直是不能看！

「這就是我們辛辛苦苦盼來的更始政府？這就是一夥沒文化的土匪啊！」

如果說在這之前，大夥兒對更始政府的期待很高，那麼在這一刻，大夥兒對那些光輝形象的幻想徹底崩塌。

有人偷笑漢軍沐猴而冠，有人嘆息世風日下，人心不古。

就在眾人搖頭之際，只見一隊人馬列隊走來，衣冠堂正，軍容肅穆，一些老吏喜不自勝，激動得老淚縱橫：「不料今日重新看到了漢官威儀！」

再一打聽，原來這是司隸校尉劉秀的隊伍。

從此之後，從「漢官威儀」見到了漢室正統的有識之士對劉秀暗暗傾心。

定都洛陽後，劉玄派出使者到各地去招降起義軍以及地方勢力，開出的條件相當誘人：「先投降的，一律恢復爵位和官職！」

赤眉軍動心了，樊崇聽聞這個優惠條件，留下部眾，帶著二十餘人來到洛陽，準備先占個位置。劉玄沒有食言，將他們全部封侯，但是沒有給地盤。

樊崇感覺自己被擺了一道。「光給名號不給點實際的，有這樣子的嗎？」

劉玄進入洛陽後，劉秀又陷入了無事可做的狀態，每日深居簡出，給人一種胸無大志的感覺。可更始帝和大司馬朱鮪卻感覺劉秀變得更加危險了。朱鮪等人多次出手試探挑釁，就是想讓劉秀露出一絲破綻，可劉秀精明至極，根本挑不出一點毛病。

劉秀知道，對手並未放鬆警惕，殺兄之仇不共戴天，朱鮪不相信劉秀會無動於衷，劉秀也不相信朱鮪會放過自己。

眼前的處境和他在宛城時何其相似？

劉秀知道，唯一的辦法，就是離開洛陽。不是在某個夜深人靜的夜晚悄悄逃離，而是找一個光明正大的藉口，從容離開。

對於更始政府而言，雖然新朝已經覆滅，但是天下卻並不太平。雖然各地州郡陸續向更始政府臣服，但是還有一些州郡依然保持獨立，比如河北。

所謂河北，其實是指黃河以北，這個地方的起義軍相當雜亂，城頭子路、刁子都有部眾六七萬人，流竄於黃濟之間；銅馬軍眾有數十萬，流竄於清陽；尤來、大槍、五幡流竄於山陽、射犬，其餘的小股流民武裝和郡縣豪傑更是不計其數。

劉玄不滿足於名義上的統一，他要實質上的統一，安撫河北，就成了當務之急。

那麼問題來了，誰能完成這個艱鉅的任務？

劉賜再一次站了出來，為劉玄推薦了一個人選：劉秀。

這裡要提一下劉賜。他是劉秀的族兄，祖父劉利曾做過蒼梧太守。劉賜父親早亡，他與哥哥劉顯一起長大，後來劉顯為報仇殺了人，被官府抓捕歸案後處決。

為了替大哥報仇，劉賜與劉顯的兒子劉信變賣了家裡的田產和屋宅，用換來的錢財結交江湖豪客，殺了抓捕劉顯的官吏。殺害朝廷命官是大罪，劉賜叔姪不得不亡命江湖，後來遇到大赦，才返回老家。

劉縯、劉秀兄弟起事後，打出了光復漢室的旗幟，劉賜帶著劉信也加入了舂陵軍，跟隨劉縯參加了攻打南陽諸縣之戰，後隨舂陵軍併入綠林軍。

作為革命元老，劉賜跟劉玄關係不錯，在他面前也能說得上話。劉玄被眾人擁立即位後，冊封百官，劉賜被任命為光祿勳。劉玄定都宛城，大封君臣，宗室將領一百多人被封為列侯，劉賜被封為廣信侯。

劉縯被殺後，劉賜接替了劉縯的位置，當了大司徒。他一直認為，劉縯死後，劉氏宗族中能成大事的只有劉秀。

劉賜告訴劉玄，河北各州郡都在持觀望態度，未曾歸附。赤眉軍在青、徐二州發展迅速，聲勢日益壯大，還有「河北三王」、銅馬、赤眉等割據勢力。宗室各家子弟之中，只有劉秀有能力穩定河北的局勢。

這個建議遭到朱鮪、李軼等人的堅決反對。他們認為，劉秀不得出巡河北，不是他能力不行，而是他能力太出眾了，讓劉秀去河北無異於放虎歸山，將來他必然會割據一方，成為朝廷大害，絕對不能放他走。

大哥被殺，劉秀沒有任何反常的舉動。一個人如此忍辱負重，那他絕非池中之物，一遇風雲必化龍！最好是在他還是泥鰍時就將他除掉！

劉玄猶豫不決。

劉賜沒有放棄，繼續勸說劉玄。劉秀知道是朱鮪在從中作梗，在劉賜的指點下，找到左丞相曹竟，請他出馬為自己說話。

機會！劉秀現在急需一個機會，一個能改變自己處境、改變自己命運的機會！

曹竟，儒生出身，漢朝舊吏。王莽代漢後，曹竟辭官回鄉，以忠義聞名天下。劉玄定都洛陽後，徵召曹竟入朝，拜為左丞相，以勸忠良，號召天下。曹竟的兒子曹詡為尚書，父子兩個手握重權，特別是曹詡，跟劉玄走得特別近。

為了搞定曹竟，劉秀以重金賄賂，說服他去找劉玄。

這一日，曹竟來找劉玄下棋，劉玄幾次都輸了棋，曹竟淡淡道：「不謀全域性者，不足以謀一域，下棋當布局天下，而不只是盯著某個棋子。」

劉玄猛然抬頭，左丞相話裡有話。

曹竟撤下棋盤，道：「如今的河北，各路豪強匯聚，流民軍不斷，北有銅馬、『河北三王』，南有赤眉軍，就像一個泥潭，任誰進入，都會陷入其中不可自拔。讓劉秀撫慰河北，對付赤眉和銅馬等流民軍，陛下也可以藉此機會梳理內政，提拔人才。」

曹竟點到為止，劉玄也是心知肚明。眼下漢軍內部不穩，綠林系一家獨大，架空了他這個皇帝，自己需要穩固根基，徐徐圖之。

在曹竟的鼓動下，劉玄有些動心了。

這一日，他召見劉秀，開門見山：「眼下河北局勢混亂，有銅馬軍，有『河北三王』，各路豪傑匯聚，紛爭不斷。有人向朕建議，說你有能力安定河北，建議讓你撫慰河北，安撫各路豪強。」

劉秀面色平靜，既無歡喜，也無激動。

劉玄接著道：「可有人說，你若是出鎮河北，必然反叛，是放虎歸山，遺禍無窮！」

劉秀開口道：「綠林軍與南陽豪傑殺我長兄劉縯，我能倖存至今，全賴陛下庇護之恩。陛下是天命之主，有沒有我都一樣，重要的不是別人怎麼說，而是陛下怎麼想。」

劉玄沉默了，自己是劉秀的族兄，無論如何，大家終歸是一家人，他不忍步步緊逼。

劉玄道：「當年高祖派韓信征討河北，平定大半天下，願今日文叔如昔日韓信！」

次日，劉玄任命劉秀以破虜將軍行大司馬事，持節北渡黃河，鎮慰河北州郡。

接到消息的那一刻，劉秀那顆懸著的心終於落了下來。他終於可以如願以償地離開洛陽，去開闢另一片天地。

河北流民武裝滋盛，雖然此行困難重重，九死一生，但是如果處理好了，也不失為一個東山再起的機會。

「只是，要是大哥伯升還在，那該多好啊！」

這一次去撫慰河北，劉玄沒有給他一兵一卒，所有的一切都得靠自己從零開始。好在這一路走來，劉秀身邊已經聚集了不少可以倚仗的嫡系，聽說要去河北，這些人沒有任何猶豫，果斷與劉秀站在一起。無論此行是成是敗，是生是死，他們都願意一路追隨，為劉秀赴湯蹈火，肝腦塗地。

看著眼前的馮異、銚期、祭遵、臧宮、王霸等人，劉秀笑了。無須多言，那一刻，他們心意相通。

十月的北方，萬物蕭瑟，黃葉飄零，一片肅穆。

打開地圖不難發現，劉秀持節鎮慰河北州郡，主要指的就是冀州和幽州，其中幽州下轄漁陽郡、上谷郡、右北平郡等十郡國，冀州下轄鉅鹿郡、中山郡、信都郡等十郡國。

當時社會上還流傳著一句話：「諧不諧，在赤眉；得不得，在河北。」意思很簡單，天下坐不坐得穩，要看赤眉軍；天下能不能得到，關鍵在河北！

既然河北如此重要，為什麼劉玄還是派出了劉秀？

很簡單，如果用一個字來形容河北，那就是：亂！

此時的河北早已被大大小小的流民武裝瓜分完畢，往大了說，并州的上谷郡是耿況的勢力範圍，幽州的漁陽郡是彭寵的地盤。在冀州，北部是真定王劉揚的地盤，南部的邯鄲城則是前趙王之子劉林的天下。

往小了說，河北還盤踞著數十支小股雜牌流民軍，僅載於《後漢書》的就有銅馬、大彤、高湖、重連、鐵脛、大槍、尤來、上江、青犢、五校、檀鄉、五幡、五樓、富平、獲索等十幾股義軍。

為什麼河北的流民隊伍會如此之多？

為什麼這些人既非天下知名的海內豪俠，也不是有劉氏血脈的宗親，卻要將腦袋別在褲腰上，斗膽做起這樣驚天動地的營生？

我想，除了王莽的改革一塌糊塗、民眾餓殍遍野，不得不揭竿而起外，還有一個重要原因——

這裡是燕趙之地。

燕趙北邊，是北方游牧民族；南邊是中原農耕民族。夾於胡、漢之間的特殊地理位置，使燕趙之地漢胡雜糅，戰事頻仍，這裡的人逐漸形成了不喜農桑、任俠冶遊、悲歌慷慨的性格。

新朝末年，天下洶洶，一片大亂，揭竿者風起雲湧。一個個呼嘯而來的聲訊，讓那些不安分的靈魂躁動起來，捋起袖子，摩拳擦掌，準備在這亂世中搏一把。

別看雜牌軍人數不多、番號不一，但是全部加起來，也讓人很難應付。各路軍閥和豪傑雖然表面上擁戴更始政權，心中卻各懷私心，都在打著各自的小算盤。

這哪裡是流著奶與蜜的地方，這明明是個火山口！

遷都洛陽後，大夥兒排排坐，分蛋糕，一個個都封了侯，日子過得相當舒服，沒有人願意去河北冒這個險。

除了劉秀。

劉秀頂著一個「破虜將軍兼代行大司馬事」的空頭官銜，帶著自己的少數親信出了城，渡過黃河，來到了群雄割據的河北。在洛陽，他好似籠中鳥，處處受到限制，而如今終於沒有了任何束縛。

這一去，猛虎歸於山林，再回來時，將是千軍萬馬。

面對蒼茫大地，劉秀感慨萬千，前路雖然艱難，但是至少這一次，命運掌握在了自己手裡。很多事，不是看到希望才去做，而是做了才能看到希望。

在陌生的河北，等待他的又將會是什麼？

第四章

艱辛歲月

賢士初聚

平日裡面對其他人，劉秀總是信心百倍，一副智珠在握的樣子，可是一到晚上，他總是睡不著。更始元年（西元 23 年），發生了太多事，每次躺在床上，那些往事便如同電影畫面般在他眼前一一閃過。

二月，劉玄被綠林軍立為皇帝，成立更始政權。

七月，成紀人隗囂起兵稱大將軍，攻占隴右諸郡；公孫述起兵成都，稱輔漢將軍，兼益州牧。

八月，劉望起兵汝南，稱皇帝。

九月，更始軍入長安，王莽被殺於漸臺。

十月，李憲在廬江稱王，自己行大司馬事，撫河北。

他又想起，去年此時，他和大哥劉縯一同起兵，約定推翻王莽，興復漢室。這一路走來，劉秀得到了很多，可失去了更多！他先後失去了母親、二哥、二姐、大哥，生命中的至親逐一離他而去，來不及告別，來不及悲傷，這是怎樣的痛苦！

然而，除非生命消亡，否則無論發生什麼事，劉秀都必須堅定地走下去。他要對自己負責，更要對身邊這群不離不棄的弟兄負責。走上了這條路，就不能再回頭。

王莽已死，劉玄稱帝，漢軍攻破了長安城，中原不少地方勢力紛紛向劉玄臣服。可劉秀卻知道，劉玄的統治基礎薄弱得很，這場戰爭，才剛剛開始！

收回思緒，劉秀的目光望向漆黑的窗外。前方等待他的，又會是什麼呢？

每當心緒雜亂的時候，劉秀總是喜歡一個人獨處，要麼是坐著發呆，要麼是在屋裡睡覺。也只有在這個時候，他才會流露出孤獨和消沉的一面。

但是，這一切，瞞不過機警過人的馮異。

這天晚上，馮異單獨來找劉秀，一見面，撲通一聲跪倒在地。劉秀被馮異的舉動嚇了一跳，連忙問：「你深夜來找我，必定有事，起來說話吧！」

馮異道：「自北上以來，明公食不甘味，夜不能寐。明公如此痛苦，作為下屬卻不能寬慰明公，我覺得很失職，今天特來向明公請罪。」

劉秀一聽馮異話中有話，趕緊制止：「不要瞎說。」

馮異卻毫不顧忌，敞開說道：「自王莽篡漢以來，天下怨恨，無不思念漢室。現在劉玄妄稱天子，手下將領橫行暴虐，禍害一方，百姓生活在水深火熱之中，都盼望有明君來拯救他們。現在明公終於脫離更始皇帝的羈絆，有機會獨攬一方軍政大權，正是您一展抱負之際。唯今之計，時不我待，應該趕快分派官員，巡視郡縣，處理冤案，廣施恩德，收攬人心。」

一句話，人心才是最大的政治！

劉秀頗為感慨：「還是主簿知我。」

一行人到達邯鄲，劉秀隨即派遣馮異和銚期巡視所屬各縣。每到一處，先召見地方官吏及三老，考察他們的政績，該罷免的罷免，該提拔的提拔。同時，劉秀還廢除了王莽時期制定的苛刻政令和那些稀奇古怪的官名，恢復了漢朝的官名和制度。

在理順了吏治之後，馮異和銚期緊接著審查囚犯罪狀，平反冤案，將那些因為不小心犯法而蒙冤入獄的罪犯全部釋放。劉秀還親自深入基層一線，慰問鰥夫、寡婦，開倉賑濟饑民。

初到河北，劉秀沒兵沒權，是光桿司令一枚，只能靠著昆陽大戰累積的名聲，到處打廣告，吸引河北豪強和民眾的注意。事實證明，他成功了。

亂世之中，盜匪橫行，人為刀俎，我為魚肉，百姓無不希望出現一位大英雄，力挽狂瀾，平定亂世。劉秀巡視河北，百姓得到了好處，一時間民心大悅。河北群豪和黎民百姓，皆記住了「劉秀」這個名字。

劉秀昔日的光輝事蹟迅速傳遍河北各地，到處都有百姓在傳播他的事蹟。

路人甲：「你聽說了嗎？南陽劉伯升的弟弟、武信侯劉秀來河北了！」

路人乙：「聽說了，昆陽之戰，劉秀以八千精兵擊潰了百萬敵軍，勇猛無敵！」

路人丙：「有劉秀在，河北安定了！」

路人丁：「不只是河北，有他在，天下可定！」

……

劉秀所到之處，各地民眾爭相帶著酒食前來歡迎、犒勞。對於百姓們的盛情餽贈，劉秀深受觸動，心意領了，禮物一概婉言謝絕。

劉秀作風清廉，贏得了民眾的一致讚譽，王者如此榮耀，英雄都來聯盟，陸續有人前來投奔。

第一位投奔他的，是劉秀當年伐潁川時收的縣吏馬成，如今任郟縣縣令。馬成得知劉秀北渡，毅然掛印棄官，前來投奔。

第二位投奔他的，是跟劉秀一起參加過昆陽之戰的校尉傅俊，他之前因參加漢軍而被新莽政權滅族，後來回家處理喪事。傅俊聽說劉秀去了河北，立刻放棄守喪，一路北上，前來投奔。

此後還有潁川郡吏堅鐔、南陽豪傑杜茂，以及南陽宗室子弟劉隆等故人陸續加入。但是，所有這些人加起來，都比不上接下來這個人的分量重。

正當劉秀在河北各地招攬豪傑、撫慰民心之時，在新野通往鄴縣的路上，有一人正著葛衣、持竹杖，在瑟瑟寒風中大步走來。

來者究竟何許人也？他為何而來，為何要來？

當劉秀看到鄴縣城門外那個熟悉的身影時，他笑了，就好像早就知道對方會來一樣。無須多言，兩個人的手緊緊地握在了一起。

這注定是載入史冊的一天，因為這一天，一位少年英雄正式登上了歷史舞臺。

這注定是被後世牢記的一天，因為這一天風雲際會，在史冊中留下了一段君臣佳話。

來者叫鄧禹，十三歲就以熟讀詩書名滿南陽，有「神童」之稱。兩人當年同在長安太學就讀，劉秀在太學待了三年，隨後回了舂陵老家；鄧禹則繼續留在太學深造，幾年後回了老家新野。

此後天下大亂，群雄並起，各路起義軍都想招他入麾下，更始帝劉玄更是多次派人邀請，但是鄧禹都毫不猶豫地拒絕了。

他在等一個人的消息，那個十年前就被他認定為真命天子的劉秀。良禽擇木而棲，良臣擇主而事，成大事不僅需要跟對人，也需要合適的時機。

十年前，劉秀只是在太學就讀的一個窮學生；十年後，劉秀兄弟毅然起兵，在經歷了一系列挫折、痛苦、磨難後，劉秀終於得到一個機會，以破虜將軍行大司馬事的名義北渡黃河，撫慰河北各州郡。

遠在新野的鄧禹得知這個消息，立即動身。他跋山涉水，杖策北渡，孤身徒步數百里，終於在鄴縣追上了劉秀。

劉秀拍了拍他的肩膀，笑道：「如今我有了任免官員之權，你大老遠趕來投奔我，是不是想混個大官做？」

鄧禹哈哈一笑：「不想。」

劉秀：「那你想做什麼？」

鄧禹正色道：「我只希望明公的威望和恩德廣施天下，我鄧禹可以為您效一點力，跟明公一起名留史冊！」

劉秀肅然起敬。

鄧禹對自己的能力有著清醒的認知，他並非為了偉大而誕生，他只願與偉大同行，成為偉大的一部分。

這個世界上，有人為名而活，有人為利而活，有人為自己而活，可很多人也為理想而活。

尤其是讀書人，還有年輕人。

這一年，劉秀三十歲，鄧禹二十二歲，馮異二十三歲，還有其他將領，多數都是年輕人，他們熱血而勇敢，他們還沒被社會磨去稜角，他們有著強烈的信念，願意為理想而奮不顧身。

每每想到這一幕，兩千年後我都激動得不能自已。

鄧禹雖然在新野隱居多年，但是對天下形勢早已洞若觀火。這一晚，鄧禹向劉秀獻上了「定安策」：

「更始帝劉玄雖然建都關中，但是只有其名，而無其實。現在崤山以東還沒有平定，赤眉、青犢等流民軍動輒數十萬人，三輔地區的很多人也蠢蠢欲動。劉玄既沒有實力平定天下，也不能審時度勢，做出正確的策略部署。他那些所謂的心腹將領都是平庸無能之輩、趨炎附勢之流，起兵造反無非是想渾水摸魚，多搜刮點錢財而已。這些人大多不是忠良明智之士，沒有深謀遠慮，絕非興復漢室、安定天下的人才。

如今天下分崩離析，形勢已經非常清楚，更始必敗，亂世不會止歇。明公雖然在昆陽立下奇功，但是跟隨劉玄，肯定沒有什麼前途。如今之計，不如好好利用河北這個根據地，延攬四方英雄，取悅民心，建高祖之偉業，拯救萬民生命。以明公之大才，足以平定天下！」

雖然馮異之前也跟劉秀表明過同樣的意思，但是遠道而來的鄧禹這麼一梳理，更加堅定了劉秀的目標。

鄧禹不僅對局勢看得很清楚，還有「伯樂」之才，善於識人。劉秀令左右的人稱鄧禹為鄧將軍，聘他為「人力資源主管」，讓他成了核心決策層的一員。

鄧禹如此年輕，又是初來乍到，權位卻凌駕於眾人之上，這讓大夥兒都有些不服。不過很快，鄧禹就展現了自己的全部實力，他能文能武，不僅是謀臣，還是將才。

在後來的歲月裡，鄧禹為劉秀推薦了許多良臣猛將，如吳漢、賈復、伏湛、王丹、桓譚等人，這些人將在接下來的開國戰爭中大放異彩。

劉秀在邯鄲開展招撫工作時，還遇到了一個人：耿純。

耿純出身鉅鹿望族，父親耿艾曾做過新莽政權的定陶太守。耿純早年也曾求學長安，被授官為納言士。所謂納言士，就是尚書屬官，類似現在的祕書。

王莽垮台，更始帝劉玄即位，派舞陰王李軼招撫各郡國，許諾投降者可以原爵錄用。耿純的父親耿艾投降，被任命為濟南太守。

當時，李軼兄弟權傾朝野，前來求官的人絡繹不絕。耿純也想拜訪李軼，混個官做，但是每次都被拒之門外。耿純不放棄，每天在李軼門前蹲守，李軼被耿純糾纏得實在不耐煩，才勉強出來接見他。

耿純對於李軼的怠慢非常不滿，兩人一見面，他就對李軼說：「大王以龍虎之姿，遭遇風雲之時，因而迅速崛起，在短短幾個月的時間裡就成了諸侯王。但是老百姓沒有聽說過您的德行、威信，恩澤也沒有布及百姓。相反，您卻得到了皇上的信任，爵位、俸祿在短期內暴漲，成了炙手可熱的朝廷新貴。暴富暴貴是古代智者所忌諱的，這絕非長久之道！

自古以來的成功人士，無不是兢兢業業，以不能自全聲名、保住性命為憂，這樣才能做到遊刃有餘，永保子孫的富貴。您把自己與古代的賢人比較一下，覺得自己算是一個成功人士嗎？」

李軼知道耿純在發牢騷，不過他覺得這個人氣度不凡、言之有理，而且耿家是鉅鹿郡的大姓望族，於是任命耿純為騎都尉，授以符節，讓他去招撫河北。

耿純持節到邯鄲，聽聞劉秀也在這裡，主動前來拜見。劉秀氣宇恢宏，談吐不凡，兩人一見如故，彼此都很有好感。

亂世之中，不管是官軍還是流民軍，縱兵搶掠、荼毒百姓是常有的事，唯獨劉秀的隊伍不一樣，雖然眼下隊伍人數不多，但是紀律嚴明，所過之處秋毫無犯，這讓耿純對劉秀再一次刮目相看。

他認定劉秀將來必定能成大事，於是有心歸附劉秀。為了表達自己對劉秀的敬仰，耿純隨後還贈送劉秀數百匹駿馬及布帛。

王郎稱帝

在邯鄲城，劉秀還遇到了一個遠房親戚：劉林。

劉林是原趙繆王的兒子，和劉秀一樣，都是漢景帝劉啟那一脈傳下來的。王莽上臺後大肆改革，其中一項就是廢漢諸侯王為庶民，劉林和劉秀一樣，直接被一擼到底，成了普通百姓。

劉林雖然也屬於沒落的劉氏宗族，卻不甘寂寞，年輕時便在河北各地四處流竄，任俠於趙、魏之間，宴飲於漳滏河之濱，結交了一大批強橫狡猾之徒。聽說劉秀來河北後，劉林非常興奮，他覺得自己出人頭地的機會來了。

當時河北有赤眉軍橫行鄉里，劉林聲稱自己有辦法，不費吹灰之力，就可以幫劉秀搞定赤眉軍。

劉秀頓時來了興趣，說：「什麼辦法？」

「兩個字：水淹！」

劉林說：「赤眉大軍雖然聲勢浩大，卻皆在河東低窪之地，您只要掘開黃河大堤，大水一瀉千里，群賊皆為魚蝦矣，又何須勞費您一兵一卒？」

劉林得意揚揚，這是他自己勘察地形，思量許久後想出來的一個辦法，自以為無懈可擊。

不料劉秀聽完，卻搖了搖頭，起身送客。

劉林尷尬無比，只得拜別而去。

為什麼劉秀會對這個建議無動於衷？很簡單，這個主意簡直太缺德了！

掘開黃河大堤，赤眉軍或許會遭殃，但是代價是沿岸的老百姓也將家破人亡、流離失所。自己若能在河北安定下來，那河北便是自己的創業之本，河水洶湧而出，河東之地皆為池沼，那還怎麼在這裡立足？自己好不容易在河北建立起來的一點聲望便會頃刻全無！

這麼喪盡天良的餿主意，以劉秀的性格，他絕對不可能採用。

劉林碰了一鼻子灰，覺得劉秀沒有成大事的果斷和志氣，準備另投明主。

那時的劉秀一定想不到，眼前的這個人將來會掀起滔天巨浪，險些將自己淹沒。

劉秀拒絕劉林後，帶著鄧禹、馮異、王霸等人離開邯鄲北上，前往真定。

投機分子劉林見這個計畫行不通，決定執行另一計畫。他去投奔了另一個人：王郎。

王郎，一個靠幫人看相算命為生的邯鄲人，在當地也算小有名氣，江湖人稱「王半仙」。劉林之所以投奔王郎，是因為王郎提到過一件事——河北有天子氣。

王郎還告訴他：「這個天子之氣，不是指劉秀，正是我。」

劉林將信將疑：「有這麼神奇？」

王郎不慌不忙，講了一段陳年往事給劉林聽。

故事要從十多年前說起，王莽篡位的第二年，長安城的鬧市之中突然來了一個打扮怪異的人，他攔住了立國將軍孫建的馬車，聲稱：「在下就是成帝之子劉子輿，劉氏即將復辟，趕快把宮殿騰出來！」

為了證明自己的身分，他還當眾提出要覲見太皇太后王政君，請求現場勘驗身分。

此事一出，在朝野上下引起了軒然大波，搞得滿城風雨。眾所周知，西漢末年，成帝、哀帝、平帝皆無子，王莽正是鑽了劉氏後繼無人的空子，詭稱應瑞符受命改朝換代的。這個理論是新莽的立國之本，如果這個人是成帝的兒子，王莽往哪裡擺？大新朝怎麼辦？

王莽怕了，他怕有人以此為藉口作亂，於是果斷除掉了這個所謂的劉子輿。

真假劉子輿事件就這樣稀里糊塗地畫上了句號，但是民間一直對這事議論紛紛，說什麼的都有，畢竟趙飛燕姐妹善妒，專寵後宮是人盡皆知的事。

後宮深深，燭影搖紅。誰又能真正了解其間的內幕？

因為無人可以搞清楚，漢成帝的子嗣問題成為西漢最著名的疑案之一。

也正因為這個，才讓江湖騙子有機可乘。

問題在於，事情已經過去了十多年，這跟王郎有什麼關係呢？

別著急，答案即將揭曉。

新莽王朝覆滅後，各地群雄割據，劉子輿事件啟發了王郎，他也想渾水摸魚一把，於是假稱自己才是真的劉子輿。為此，他絞盡腦汁編了一個故事：

「我母親本是成帝身邊的歌女，有一次在宮殿上突然全身僵直，動彈不得。不一會兒，有一股黃氣從天而降圍繞在她身旁，過了半天才散去。不久之後，她便懷了身孕，住進後宮。

當時皇后趙飛燕、婕妤趙合德姐妹獨擅後宮，得知她懷了孕，想加害於她。生下我後，她把我偷偷送出宮，我才得以保全性命。我在十二歲時，被一個叫李曼卿的郎中收養，跟他一起到了蜀地；十七歲時，又到了丹陽；二十歲時，返回長安；之後輾轉到了中山，來往於燕、趙之地，等待時機。」

普通人一眼就能看出來，這是標準的野狐禪。

然而，劉林卻聽傻了。

王郎接著說：「劉玄不過是景帝七世孫、長沙定王之後，血脈與帝室早已疏遠，我有最純正的帝室血統！」

王郎講這個故事，只想證明一件事：「我才是漢朝的真命天子！」

這事有點玄，作為一個經驗豐富的投機分子，劉林對此將信將疑，這年頭假冒皇子的人也太多了，隔沒多久總能冒出來一兩個。劉林身為劉氏之後，對這些早已見怪不怪，當年那個在長安鬧市中招搖過市的人，其實是一長安無賴，名叫武仲，根本不是什麼成帝之子。

時隔多年，眼前的這個人，真的是傳聞中的劉子輿嗎？

那一瞬間，劉林的腦海中閃過無數個念頭，不過仔細一想，他信不信並不重要，關鍵是要讓別人相信。如果世間真有「劉子輿」這麼一號人物，按照血統來算，大漢江山自然非他莫屬。如果能把王郎包裝成傳聞中的劉子輿，登高一呼，南陽的劉玄也得將皇位拱手相讓，俯首稱臣。

這是一本萬利的買賣啊！

劉林心動了，他利用自己的社會關係，找到當地的土豪李育、張參等人，將王郎大肆吹捧一番，信誓旦旦地說王郎就是流落民間的成帝之子劉子輿，提議扶持他當皇帝。

李育和張參一聽：「炒作行銷，這是我們的強項啊！如果這事成了，自己至少也得是個元老，沒什麼可猶豫的，做吧！」

在三人的策劃下，一場炒作王郎的造神運動迅速在邯鄲城掀起，劉林在社會上製造輿論，散布謠言：「赤眉將渡河，應立劉子輿為天子，王郎就是劉子輿！」

一時間城內人心惶惶，王郎充分發揮了自己的專業優勢，搬出洛圖、讖語、龜卜等各種工具，證明自己就是承有天命的皇族子弟。百姓都是盲目的，一傳十，十傳百，很快將信任的目光投向了王郎。

更始元年（西元 23 年）十二月，一個冬日的清晨，劉林等人率領數百車騎，浩浩蕩蕩進入邯鄲城，趕走了原來的太守，擁立王郎為天子，以舊趙王宮殿為皇宮。

王郎也不客氣，戴上了通天冠，正式登基做了皇帝，隨後封劉林為丞相，李育為大司馬，張參為大將軍。緊接著，他派人到北邊各地去招撫，試圖一舉拿下幽、冀二州。

在王郎神祕光環和當地豪族的支持下，河北大部紛紛響應，幽州、冀州的勢力都紛紛表示歸附王郎，曾經的算命先生一躍成為河北一帶最有實權的人物。

坐穩皇位後的王郎以天子名義，向天下各州郡發出了一道檄文，大意如下：

「我乃漢孝成皇帝的兒子劉子輿，過去曾遭趙皇后迫害，後又有王莽篡位，屠戮劉氏宗室，全憑知天命者保我性命，使我能脫身於黃河之濱，隱跡在趙、魏之地。王莽竊得皇位，倒行逆施，天佑漢室，派東郡太守翟義、嚴鄉侯劉信率兵討伐。

天下人都知道我隱匿在民間，南陽劉氏最早起兵，已成為先驅。我仰觀天象，祥瑞之氣升騰，天意要我在此時興起，於是我在趙宮即皇帝位。天下都知道皇位傳遞的規則，子承父業是古今不變的法制。劉玄不知道有我，所以他暫時做了皇帝，諸位劉氏興起義兵，都是為了幫助我，我必將裂土封爵，享祚其子孫。

我已下詔給洛陽劉玄和東郡太守翟義，盡快到邯鄲集合，面聖稱臣。各州郡刺史、兩千石官員，雖是劉玄所封，卻也不必自疑。如今平民百姓飽經瘡痍，死傷恐已過半，我很悲痛，所以派遣使者頒下詔書。」

王郎的這篇檄文虛虛實實、真真假假，讓人無法分辨真偽。他的厲害之處在於大肆宣揚自己的純正血統，聲稱自己是流落民間的皇子劉子輿。有了這個出發點，更始朝廷的合法地位就存疑了，畢竟和劉子輿一比，劉玄的皇位明顯沒有底氣。

不僅如此，他還宣稱劉玄和翟義兩位已經向自己俯首稱臣，正帶著自己的隊伍趕來。有的地方大哥看了王郎的詔書，無從分辨真假，也不敢輕易發兵征討。

地方大哥都搞不清楚，不明就裡的百姓哪裡知道這些呢？

於是，趙國以北，遼東以西，皆從風而靡，紛紛倒向王郎。

幾乎是在一夜之間，這個名不見經傳的王郎，頓時超越更始帝劉玄，成了河北乃至天下矚目的人物。

為什麼劉秀辛辛苦苦打拚的成果這麼快就被王郎竊取呢？

除了王郎的手段外，我覺得還有一個重要原因：主客之爭。

劉秀是南陽人，在河北這塊土地上終究是外人，而王郎則是土著，更容易得到眾多河北豪強的擁戴。出於對形勢的判斷和自身利害的權衡，地方豪強匆匆忙忙把王郎推上皇位，讓他作為凝聚河北豪族勢力的代表，來維護自身的利益。

在招撫四方的同時，王郎也沒有忘記劉秀，他將是自己穩住河北的一塊絆腳石。

為了除掉劉秀，王郎下發了一份懸賞令，賞格極具誘惑力：

「得劉秀首級者，封爵，賜十萬戶！」

當初王莽懸賞劉縯的人頭，開價封邑五萬戶，黃金十萬斤，封爵上公。而如今，王郎開出的價碼更為誘人，整整翻了一倍，簡直稱得上是天價賞格！

逃難之路

再說劉秀這邊，一行人餐風露宿，抵達了盧奴縣。幾乎就在同時，有一個人策馬狂奔至城外，點名要見劉秀。

劉秀出了城，見到眼前的這位年輕人單人獨騎，二十歲上下，面容俊秀，眼神剛毅，眉宇間英氣勃發，一看便知不是普通人。

來者叫耿弇，扶風茂陵人，父親耿況早年曾為上谷郡太守。耿弇在上谷長大，臨近邊地，從小目睹郡尉考選騎士、豎立旗鼓、騎馬射箭之事，對行軍打仗極為痴迷，早早便立下將帥之志，要效仿衛、霍，建立不世功勳。

王莽覆滅後，劉玄建立更始政權，派人招撫四方，有人憑藉權勢撤換了一些郡縣的太守縣令。耿況是王莽任命的官員，擔心劉玄會對付自己，派耿弇去朝見劉玄，打算賄賂權貴，廣通門路，保住自己的烏紗帽。

耿弇時年二十一，在接到父親的指示後，立刻攜厚禮前往長安。途中路過河北境內的宋子縣時，適逢王郎假冒劉子輿在邯鄲稱帝的消息傳來。耿弇的兩個隨從孫倉、衛包見王郎聲勢浩大，跟耿弇商議：「劉子輿是成帝之子，天命所歸，與其去長安投奔冒牌皇帝劉玄，不如就近去邯鄲，投奔劉子輿。」

耿弇一聽大怒，訓斥二人道：「王郎就是個算命的，欺世盜名之徒而已，遲早會成為階下囚。我到長安，是為了向皇上介紹漁陽、上谷兩郡兵馬的情況，回來發突騎橫掃王郎等烏合之眾，你們如此短視，遲早會有滅族之災！」

隨從假裝虛心接受責備，卻在第二天便帶著禮物逃之夭夭。用腳指頭都能猜出來，他們一定是跑去投靠了王郎。

長安是去不了了，此時此刻，放眼天下，他能去哪兒呢？

一路上，他從百姓口中聽說了劉秀的很多優秀事蹟，也了解到劉玄和他部下的作為。昆陽一戰，劉秀以三千人大破王邑百萬雄師，威震天下，這不就是自己的偶像嗎？

經過一番權衡，耿弇果斷做出了決定：長安不去了，去河北找劉秀！

耿弇太渴望建功立業、太希望找到一個明主了。為了這一天，他準備了很久，就像被關在籠子裡的獅子一樣，他太需要在草原上馳騁，在月光下長嘯。

耿弇打馬北上，不日便抵達中山郡盧奴城，於是便有了前面的一幕。

劉秀熱情接待，耿弇申請回上谷，發兵攻取邯鄲，不料劉秀聽完笑道：「想不到你小小年紀，竟有如此大志！」

劉秀勢單力薄，只能三十六計走為上策。一行人離開中山郡，繼續北上，到了幽州的薊縣，即今天的北京。

剛入城，劉秀就得知了一個消息，王郎開出天價賞格，求購他的項上人頭。

劉秀一下子傻眼了，之前好不容易說服的地方大哥轉眼間就倒向了王郎，大好局面瞬間被王郎和劉林逆轉。

自己的這點隊伍實在有點寒酸，要想生存下去，必須擴大革命隊伍。

於是，招兵的任務落在了王霸的肩上。

王霸，潁川潁陽人，從小就喜歡法律，父親在潁川郡當個小官。王霸長大後，父親為他在郡中安排了個工作，擔任獄吏。

獄吏也算個公務員、鐵飯碗，可王霸不滿意。

漢軍起事時，劉秀路過潁陽，王霸帶門客去投奔，道：「將軍興義兵，我不自量力，仰慕您的威信、品德，願意在您軍中當兵，為您效力！」

有賢士來投奔，劉秀自然敞開懷抱歡迎：「我做夢都想與賢士共成功業，如今終於得償所願。」

此後，王霸跟隨劉秀在昆陽之戰中打敗王尋、王邑，後來劉秀去了宛城請罪，王霸也回了老家。劉秀被派往河北，再次路過潁陽，王霸請示父親，想跟劉秀去河北。父親說：「我老了，適應不了軍營生活，你去吧，好好努力！」

王霸辭別父親，跟隨劉秀到了河北。劉秀北上後，跟王霸一起投奔劉秀的幾十個門客覺得前途渺茫，一個接一個地離去，唯獨王霸對劉秀不拋棄不放棄。劉秀拍著王霸的肩膀，對他說了一句話：「潁川人跟著我的都走了，唯有你留了下來。努力！疾風知勁草！」

這一次，王霸奉劉秀的指示，去市集募兵。

劉秀眼下的處境堪憂，身邊只有幾十個弟兄，外面還有王郎的高額賞格。薊縣百姓都不是傻子，沒捆你去領賞都算客氣的了，你還想招攬大夥兒一起陪你去送死？這哪是徵兵，這明明是要命啊！

不出所料，王霸在市集待了一天，一個兵都沒徵來，自己卻被圍觀的百姓指指點點，成了全城的笑柄。

沒辦法，他只得去找劉秀覆命。

與此同時，已故廣陽王劉嘉的兒子劉接，貪圖王郎的懸賞，準備在薊縣起兵策應王郎。

人生真是辛酸啊！

薊縣人心惶惶，大家紛傳邯鄲使者即將到達薊縣，兩千石以下官員皆出城迎接。薊縣是不能待了，怎麼辦？

耿弇再一次向劉秀提出建議：「目前王郎的主力都在河北南部，我們可以選擇向北轉移，暫避鋒芒。漁陽太守彭寵是您的同鄉，上谷太守是我的父親，這兩處的騎兵天下聞名，剽悍無比，我願回去說服彭寵和我父親，率軍來滅王郎。」

耿弇的建議讓劉秀眼前一亮。幽州北與匈奴、烏桓、鮮卑等少數民族地區接壤，南臨洛陽，民風彪悍，民眾身體素質極強。早在秦代，幽州的上谷、漁陽等地就已經是北方的軍事重鎮。終西漢一代，幽州的上谷、漁陽、右北平、遼東、遼西諸郡的鎮守都是一代名將，比如，李廣曾先後出任過上谷太守、右北平太守等。武帝時另一名將韓安國曾先後屯兵漁陽、右北平，霍去病手下大將路博德也曾以右北平太守的身分從征匈奴。

經過與匈奴等北方民族的長期戰爭磨練，幽州漁陽、上谷兩郡的騎兵已經揚威海內，在戰場上的作用堪比突擊兵。

初到河北的劉秀勢單力薄，而且隨時受到邯鄲王郎的威脅。如果能將幽州突騎拉攏過來，必定可以站穩腳跟，讓王郎寢食難安。

然而，耿弇的建議遭到了大部分人的反對。這也不難理解，劉秀的這些部下大部分都是南陽人，漁陽、上谷靠近北方邊境，太過偏遠，誰都不想到陌生的地方去。

賈復、銚期等人慷慨激昂地表示：「死也要頭朝南方，不願向北去苟且偷生！」

北上還是南下，大夥兒爭論不休，劉秀一時也無法做出決斷，只得暫時觀望。不過，他還是對耿弇頗為讚賞，指著他對眾人說道：「你們不要小看他，以後他就是我們的北道之主！」

正當劉秀等人召開祕密會議時，劉接已搶先動手，準備抓捕劉秀向王郎邀賞。為了堵住劉秀的退路，他還發動城中百姓湧上街頭，當然這其中有不少是看戲群眾。沒辦法，湊熱鬧是我們的一項光榮傳統，兩千年前也不例外。

劉秀出門一看，外面人山人海，想死的心都有了。抓捕的人眼看就要擠到跟前了，怎麼突出重圍？

就在這緊要關頭，有個人騎馬奮戟趕來，瞪著大眼對著混亂的人群大吼了一聲：「蹕！」

「蹕」是在皇帝出巡時，左右開道發出的響聲。圍觀的百姓一看，馬上這人身材魁梧、凶神惡煞，揮舞著手中的大戟開路。有膽大的想攔一下，卻被大戟揮倒在地。

劉秀心中暗讚一聲：「銚期厲害！」

銚期突然出現，人群一下子陷入了混亂之中，劉秀一行在人群中奮力擠出一條路。到南城門時，城門已經關閉，劉秀等人強攻而出，狼狽逃出了薊縣。

出了城，劉秀喘了口氣才發現，耿弇不見了。

眼下時局紛亂，大夥兒只能自求多福了。以耿弇的本事，想必是逃出來走散了，若有緣，日後自會再見。

此時此刻，劉秀來不及感傷，只能帶著部眾一路向南狂奔。王郎的勢力擴張得很快，冀州、幽州大半已向他臣服，各處縣城的外牆上貼滿了對劉秀的通緝令。

縱觀劉秀的逃亡之旅，他惶惶如喪家之犬，這一路的艱辛悲慘和逃難已無差別。為了隱蔽行蹤，劉秀不敢走大路，只能走偏僻的小路，遇城不入，繞城而過，吃飯、睡覺都是在荒郊野地裡將就。

逃亡，無休無止的逃亡，每天都過著顛沛流離的生活，河北的高山、大川、草澤都留下了他沉重而疲憊的腳步。

劉秀不敢停，也不能停，追兵就在身後，四周隨時都有可能冒出敵人，他只有不停地跑。

冬日的天空，高遠悲愴；空曠荒涼的野外，風的經過無所阻擋。零星的雪花，隨風舞動，預示著一場大雪即將降臨。

一行人逃到了饒陽東北的蕪蔞亭，累得氣喘吁吁，實在走不動了。

人困馬乏，只能原地休息。外面天寒地凍，四野肅穆一片。此情此景，劉秀也不禁心覺悲涼，他抖擻肩膀，似感到一陣蕭索的寒意。

好在還有眼前的這幫兄弟。從春陵起兵以來，這些人陸續加入了自己的隊伍，無論是略地潁川還是撫慰河北，他們都堅定地站在自己身邊，從來沒有絲毫猶豫。對於每一個人，劉秀的心底都是滿滿的感恩，畢竟不是每個人都能為了理想而拋家捨業，這需要勇氣，需要毅力，更需要執著不悔的奉獻精神。

一個更嚴重的問題擺在眼前，一行人從薊縣逃出時，僅有的一點乾糧已被吃完，眼下已經斷炊了。馮異出去化緣，然而附近的村落早已十室九空，根本看不到一丁點人煙。馮異去了很久，只勉強找回來一點豆子，熬成豆粥，呈於劉秀。

第二天，劉秀見眾人，感慨道：「昨天晚上吃了一罐馮異給的豆粥，飢寒俱解。革命尚未成功，同志們，繼續努力吧！」

此時，眾人已經斷炊兩天了，一個個餓得頭暈。「怎麼辦？難道就這樣餓著肚子繼續逃亡？」

大夥兒都把目光投向了劉秀，等著他的下一步安排。

劉秀知道，隊伍士氣低落，作為團隊的主心骨，自己是時候發揮作用了。

他對大家一揮手：「走！跟我到縣城裡吃飯去，大碗喝酒，大塊吃肉！」

大家一聽此言，大驚失色：「如今各地都在通緝我們，如果我們現在進縣城，豈不是自投羅網？」

劉秀笑道：「這個你們不用擔心，我自有安排。」

天生謹慎的劉秀決定冒一次險，帶大家去饒陽傳舍，也就是官府招待所裡騙吃騙喝。這事當然很危險，但是劉秀有出色的演技，又有如假包換的道具 —— 節杖。

所謂的節杖，其實就是一根竹棍，長八尺，頂上束三重犛牛尾旄，這是他僅有的倚仗。

劉秀拿著更始朝廷發的節杖，冒充邯鄲派來的使者，領著大夥兒大搖大擺地進了饒陽官府招待所，坐下後拍案道：「上酒，切肉！」

傳吏一看對方手中的節杖，心中有點狐疑，卻也不敢怠慢，趕緊弄了一桌子酒菜上來，在旁笑臉相陪。

酒肉剛上桌，大夥兒立刻兩眼放光，狼吞虎嚥地吃起來，瞬間將一桌菜搶了個精光，完全是一副餓死鬼投胎的模樣。有幾個人還不斷地叫嚷：「肉不夠，再來點！」

劉秀看著山填海塞、滿嘴油光的一眾弟兄，心中暗自著急：「你們如此不顧斯文，豈不是要露餡了？」

這些人衣衫襤褸、蓬頭垢面，吃東西很快，竟然還搶著吃，怎麼看也不像官府工作人員。如今官府正在四處通緝反賊劉秀，抓住他的賞十萬戶侯，不會就是這夥人吧？

服務生心生一計，讓人在招待所門口擂鼓，同時高呼：「邯鄲將軍到！」

這一聲喊，如同炸雷一般，將劉秀及其手下人驚住了，一個個嚇得面無人色，本能地跳了起來。

劉秀也嚇了一跳，正準備扔下碗走人，剛抬起腳，心中即閃過一個念頭：「不對！」

只見劉秀坐了下來，慢條斯理道：「既然邯鄲將軍來了，我等總應見個面，怎麼能不打聲招呼就走呢？」

接著，在眾人一片目瞪口呆中，劉秀從容地喚來服務生，道：「請邯鄲將軍入見！」

這下輪到服務生傻眼了。

劉秀一看對方目瞪口呆的樣子，就知道自己賭贏了，他索性把心放回肚子裡，繼續招呼眾人吃飯。只是這一次，大夥兒的吃相斯文了許多。

又等了一會兒，始終沒有人進來。劉秀問道：「邯鄲將軍怎麼還沒來？」

服務生只好傻笑圓謊：「邯鄲將軍剛入城，尚未安頓，需要休息片刻，馬上就到，馬上就到。」

劉秀大笑：「不妨，那我多等他片刻。」

於是，雙方又各懷鬼胎地等了十幾分鐘。

待眾人吃飽喝足抹完嘴，劉秀嘆道：「想是邯鄲將軍旅途勞頓，不能與我等見面了。既如此，我等也不便久待了，代我向邯鄲將軍問好，我先告辭，往後邯鄲再聚。」

說完領著一幫弟兄揚長而去。

留下服務生目瞪口呆。

劉秀等人雖成功脫身，但是如此一來，行蹤卻是暴露了。王郎的追兵很快就查到了他們的行蹤，緊追不捨。

劉秀等人不敢停留，日夜兼程，繼續南逃。

此時天降大雪，道路白茫茫一片，凜冽的北風呼嘯而來，像刀子一樣割在臉上，生疼無比；大雪隨風飛舞，直往脖領裡灌。由於天氣寒冷，劉秀及部眾的臉都被凍破了，一個個悽慘無比。

即便如此，他們也不敢停下腳步，只能冒著寒霜、迎著大雪趕路。

劉秀南下的必經之路上有一條河叫滹沱河。據前方探路的人回報，滹沱河河水湍急，波浪翻滾，根本找不到船。

劉秀沉思片刻，讓王霸再去河邊找渡船。王霸到了河邊，只見河水緩緩流淌，河邊覆蓋著厚厚的一層雪，眼前白茫茫一片，哪裡有船的影子？

回到隊伍中，王霸看到眾人期待的眼神，深吸一口氣，朗聲道：「前方河水已結冰，可以過！」

這段對話值得玩味，劉秀知道王霸在撒謊嗎？史書上沒有說。但是我認為劉秀是知道的，他肯定知道第一個派去打探情況的人不會撒謊，前方確實沒有船。

既然這樣，他為什麼還要再派王霸去看？想必王霸自己也清楚，劉秀想借他穩定軍心。至於怎麼過河，等到了河邊再說。

剛剛探過路的隨從笑而不語：「你就編吧，看你到時候怎麼解釋！」

眾人大喜，一路疾行來到河邊，眼前的一幕讓王霸驚呆了 ——

不久前還流動的河水，這一刻竟然結冰了，上面覆蓋著一層冰雪！

王霸和那名隨從互相看了一眼，眼神中都寫滿了驚訝：「這怎麼可能？」

既然河水已經結成冰，趕緊渡河才是正事。冰面光滑，馬腿很容易滑倒，王霸讓人將沙土灑在冰面上，形成一條通道。一行人戰戰兢兢過了河，剛抵達對岸，冰面就崩塌了，有幾個人還落入了水中。

劉秀對王霸說了一句意味深長的話：「我們之所以倖免於難，全都是你的功勞啊！」

王霸答：「明公至德，有神靈保佑。以屬下看來，當年周武王白魚之應也不過如此。」

所謂「白魚之應」，是指武王伐紂時，在孟津渡黃河，及至中流，忽然有白魚躍入舟中，武王將其捉住，燒魚祭天，後來被認為是祥瑞。

劉秀笑道：「王霸說河水結冰，不過是權宜行事。但是河水果真結冰了，這是上天為我們降下的祥瑞啊！」

過了滹沱河，劉秀等人呵著白氣，冒著嚴寒繼續前行。剛到南宮地界，忽然狂風大作，暴雨如注，眾人又餓又冷，躲進了一處廢棄的房屋。劉秀看著大夥兒疲憊的眼神和低沉的情緒，心中萬分愧疚。

馮異出去不久，回來時懷中多了一捆柴火，鄧禹生火，劉秀對著火堆烘烤溼衣。馮異又埋鍋造飯，很快，一碗熱騰騰的麥飯呈到了劉秀面前，也不知這大雨天，馮異是從哪兒弄來的柴火和食物。

劉秀大為感動：「大事不成，愧對諸公啊！這一份患難之情，真可比當年晉文公重耳君臣矣！」

次日一早，一行人收拾行囊，馬不停蹄繼續趕路。

這一日，劉秀等人到了下博城西。眼前出現一條岔路，眾人都不知道該往哪兒走，把目光投向了劉秀。

放眼望去，遼闊的華北平原了無生機，就連平日隨處可見的矯健跳躍的兔子也沒了蹤影，人在其中如滄海一粟。

劉秀也迷茫了，此情此景，他也迷了路。

立足信都

就在此時，一個白衣老者飄然而至。他站在路邊，伸手一指道：「努力！信都郡為長安守，去此八十里。」

劉秀大喜，帶著部眾縱馬飛馳，直奔信都。

當時信都郡的太守叫任光，是南陽郡宛縣人，為人忠厚，受到鄉里人的稱讚。成年後，任光先後擔任了鄉嗇夫、郡縣吏等基層公務員。

王莽末年，天下大亂，綠林、赤眉相繼起義，劉縯、劉秀等漢室宗族也加入了反對王莽的鬥爭中。更始元年（西元 23 年），劉縯率部圍攻宛城，很不幸，當時的任光正在宛城中。

在堅持了幾個月後，守將岑彭因城中無糧，獻城投降。

城門大開後，漢軍湧入城中，開始了肆無忌憚的搶劫。一名士兵看見任光衣著光鮮，像個有錢人，準備扒他的衣服。任光堅決不從，雙方扭打起來，正在此時，劉縯的部下、光祿勳劉賜從此經過，見任光長得相貌堂堂，一表人才，出面救了他。

此後，任光開始跟隨劉賜，被任命為安集掾。後經劉賜推薦，劉玄拜任光為偏將軍。昆陽大戰時，任光作戰勇猛，立有戰功，成為劉秀最早的嫡系。更始帝劉玄遷都洛陽之後，拜任光為信都太守。王郎在邯鄲稱帝後，河北境內各郡國紛紛歸降，唯有任光忠心耿耿，與都尉李忠、信都令萬脩固守信都。

王郎派了使者持檄書前來招降，任光召集全城百姓，將招撫使者當街處斬，徵集了四千人守城。

然而，河北大部早已投降王郎，任光固守孤城，宛如汪洋中的一片孤島，也不知自己能撐多久。

劉秀帶人一路飛馳至信都。聽聞劉秀到來，任光大喜過望，當年昆陽一戰，劉秀積極奔走，以三千援軍大破圍城百萬雄師，名震天下，自己有幸參與了這場大戰，與有榮焉。如今這位傳奇人物到來，相信都有救了！

民眾得知指揮昆陽大戰的那位英雄已到城下，紛紛奔走相告，聚集到城門口圍觀。任光大開城門，百姓自發出迎，高呼萬歲，迎接他們心目中的英雄進城。

此情此景，讓劉秀一行恍如隔世，驚喜莫名。

從薊縣出來後，大夥兒餐風露宿、東躲西藏，一路上經歷了千難萬險，日子過得很苦。而如今，在經歷了十多天的逃亡後，大夥兒終於找到了落腳點。信都城裡，迎接他們的是掌聲，是鮮花，是眾人的擁戴！

回首過去，宛如做了一個長長的噩夢。

入城之後，劉秀等人做的第一件事是大吃一頓，然後換身乾淨衣裳，這才跟任光召開了一次座談會。

任光告訴他：「眼下河北大部早已倒向王郎，只有信都及和戎兩地還在堅守。」

劉秀：「既然如此，事不宜遲，我們立即派人去聯繫和戎。」

任光：「得知大司馬蒞臨信都，我已派人前往和戎，命和戎太守邳彤前來拜謁。」

沒過幾天，邳彤果然帶著兩千人前來投奔。

邳彤到信都後，劉秀組織眾領袖召開了一次軍事會議。眼下他雖然得到了信都、和戎二郡的支持，但是二郡兵力有限，加起來統共也只有六千人，而且部隊分散駐守，沒有集中起來。

圍繞「去哪兒」的問題，大夥兒展開了激烈辯論。不少人認為，王郎的勢力太大，不如由信都郡派遣部隊，護送劉秀西歸長安。

劉秀從薊縣逃出後，一路上歷盡艱險，多次死裡逃生，如今好不容易喘了口氣，聽大夥兒這麼一說，有點動心了。

邳彤一聽，坐不住了，他起身大聲道：「我反對！」

劉秀微微一笑：「說出你的理由。」

邳彤侃侃而談：「新莽無道，黎民百姓深受其害，思念漢朝久矣。正因為這樣，更始皇帝即位後，天下群起響應，長安三輔的官吏、百姓自發修繕宮殿、修整道路，翹首夾道歡迎。一個人舉戟大呼，千里之將無不棄城而逃，賊虜匍匐請降。自上古以來，未有感動萬民其如此者也。

如今在邯鄲稱孤道寡、不可一世的王郎，根本不是什麼劉子輿。他的底細我再清楚不過，其實就是一算命先生。這個出身微賤的假號之賊，表面上看起來氣勢洶洶，勢力很大，其實不過是小人得志，糾集了一幫烏合之眾盤踞在燕、趙之地而已。以明公之威，奮二郡之兵，揚響應之威，攻則何城不克，戰則何軍不服？」

一席話，說得劉秀頻頻點頭。

邳彤接著道：「如果放棄眼前的大好形勢而歸，不但空失河北，而且更驚動三輔，有損您的威名，我覺得不妥。若明公並無征伐之意，執意要以這六千兵護送，我可以負責任地說，這六千兵絕不會聽命於明公。

至於要問為何？原因其實很簡單，明公可以西歸長安，這六千兵離不開河北，他們的父母兄弟都在這裡，憑什麼背井離鄉，千里護送明公？」

邳彤話說得很直接，卻讓劉秀一下子明白了一件事。這裡是河北，這六千將士多是河北人，他們死守不降，苦苦支撐至今，好不容易盼來了救星，如果自己不放一槍就拍拍屁股走人，這些人怎麼辦？信都、和戎二郡怎麼辦？

想到這裡，劉秀環顧左右，道：「若無邳彤，今天我恐怕就要鑄成大錯了。」

既然選擇留在河北，那就得考慮怎麼跟王郎硬碰硬了。在任光等人的協助下，劉秀暫時在河北站住了腳，但是手下只有六千人，靠這點兵力去跟王郎較量，即便再加上一個零，也不夠當對方的下酒菜的。

正當劉秀在信都謀劃著下一步計畫時，一個老朋友帶著自己的部眾前來投奔。

他叫鄧晨，是劉秀的姐夫，也是劉秀的鐵粉。

那一年，鄧晨與劉秀及其大哥劉縯一起到宛城，和穰縣蔡少公等一幫朋友宴飲閒談。酒酣飯飽後，蔡少公說了這麼一句話：「劉秀當為天子。」

有人就問：「是做國師的那個劉秀嗎？」

劉秀不露聲色地開玩笑說：「怎麼就知道不是我這個劉秀呢？」

眾人大笑，都說他是痴人說夢，唯獨鄧晨深信不疑。從那時起，鄧晨就堅定了追隨劉秀的決心。

綠林、赤眉起義後，劉秀與大哥劉縯順勢起兵，加入了綠林軍。鄧晨毫不猶豫，立即率領賓客來到棘陽，與劉縯、劉秀會師，義無反顧地加入了劉秀的隊伍。

劉縯、劉秀兄弟的征戰並不順利，小長安聚一戰，眾人的家屬多有失亡，劉秀一路被追兵追趕，眼睜睜看著劉元和她的三個女兒都遇難。

漢軍只好退守棘陽，新野被莽軍占據，新野縣令知道鄧晨參與造反，一把火燒毀了鄧晨家的宅院，還將鄧家祖墓付之一炬。

鄧氏家族的人都很憤怒，埋怨鄧晨：「我們鄧家好歹也算小康之家，你為什麼要追隨老婆家的人去遭受湯鑊（用開水煮）極刑？」

鄧氏宗族的人都為他感到不值，但是鄧晨沒有一句怨言，繼續追隨劉秀，即使撞上南牆也不回頭。

我不去想是否能夠成功，既然選擇了遠方，便只顧風雨兼程。

劉玄登基後，任命鄧晨為偏將軍，隨劉秀一起進擊潁川。王莽派重兵鎮壓，圍攻昆陽，困於昆陽城內的劉秀，率領鄧晨等十三人拚死突圍，引兵救援，以三千精兵突擊莽軍指揮部，大破王尋、王邑，鄧晨也算得上是昆陽大戰的功臣。

更始帝劉玄移駕洛陽後，任鄧晨為常山太守。

這一次，鄧晨得知劉秀到了信都，立即帶著自己的隊伍從小路前來，主動申請跟隨大部隊攻打邯鄲。

對於鄧晨的不離不棄，劉秀感動莫名，但是他沒有立即答應鄧晨的請求，而是安排給他另外一項重要任務：「你一個人跟隨我，不如以一個郡做我的北道之主。」

劉秀的意思是：「我不缺為我征戰的大將，缺的是能坐鎮後方提供有力支持的保障者。」鄧晨在常山郡有一定的基礎，讓他守好大後方，比到前線更有意義。

鄧晨聽從劉秀的安排，又回到了常山郡，靜觀其變。

眼下，劉秀的當務之急仍然是擴張地盤，擴大隊伍。

劉秀和任光商量：「我想向城頭子路、刁子都借兵，你看怎樣？」

他們都是流民軍首領，城頭子路的部眾有二十多萬，主要活動在黃河、濟水之間；刁子都的部眾也有六七萬，主要活動在徐州、兗州境內。

兩人在河北一帶名聲很大，劉玄稱帝之後，招撫四方，城頭子路被封為東萊郡太守，刁子都被封為徐州牧。兩人雖然名義上接受了更始政府的任命，但是聽調不聽宣，實際上還是獨立軍閥。

在劉秀看來，他們現在離信都不遠，大家都是起義軍，既然接受了更始朝廷的冊封，名義上也可算是自己人。如今王郎勢大，利用流民軍與之對抗，更有利於革命的開展。

任光卻攔住了他：「城頭子路、刁子都雖然兵多，但是部隊軍紀非常差，你忘了綠林軍的教訓了？」

劉秀立時醒悟過來，當初起義時，自己和大哥拉攏了綠林軍，雙方結盟共舉大事。結果革命工作剛有起色，就遭到了綠林軍的暗算，自己的大哥也被綠林軍害死，教訓不可謂不深！

與此同時，劉秀接到了一個消息：城頭子路的部隊內亂，首領被殺，部隊被劉詡兼併，而劉詡被劉玄封為助國侯，兼併的部隊全部解散。

這下好了，想結盟也結不成了。

既然結盟沒戲，那就只有招兵了。可問題在於，眼下劉秀在河北實力太弱，幾個月前就在薊縣試過招兵，根本行不通，一個兵都沒招來，反而被圍觀群眾狠狠地嘲笑了一番。

每每想起這事，王霸總覺得面上無光。

任光搖搖頭，說道：「你們那樣招兵不行，必須換種方式。」他提議招奔命兵。

什麼叫奔命兵？

奔命兵其實就是僱傭軍。依漢朝軍制，朝廷每年都會讓各郡國推薦一些比較能打的材官、騎士，由國家養著。國家一旦有難，或是發生緊急事件，就把這些人召集起來為國效力。

這些人既然是職業軍人，戰鬥力自然是沒得挑的。問題在於，劉秀在河北一路被人追殺，哪裡有錢發薪資給他們？

任光說：「不用撥錢，只要我們承諾凡攻城池，若該城拒絕投降，城破之後任由他們搜刮擄掠，必定會有人踴躍參軍。」

隨後，劉秀宣布了新的人事任命：「任光為左大將軍，封武成侯；邳彤為後大將軍；信都都尉李忠為右大將軍；信都令萬脩為偏將軍，令四人帶領本部人馬出城招募奔命兵。」

果然，徵兵策略一改變，效果立竿見影，大夥兒紛紛搶著報名，人數很快就突破了四千人，加上原有的六千人，合計一萬。

無論如何，自己總算拉起了一支隊伍。劉秀估算了一下，雖然這點兵力仍然算不上多，但是跟王郎打游擊戰，周旋一下還是可以的。

接下來，劉秀作了如下部署：

以鄧禹、銚期為一部，授兵兩千，向西北進軍，穿過鉅鹿郡、真定國，向樂陽城出發。

以馮異為一部，授兵一千，向東北進軍，入河間郡，攻城略地。

以同鄉宗廣為信都太守，鎮守信都城，然後自己帶著剩下的七千兵馬，攻鉅鹿郡。

第五章
龍騰河北

真定聯姻

在進行軍事部署的同時，輿論宣傳也在同步進行。昆陽大戰時，王邑、王尋對外號稱握有百萬大軍，王郎謊稱他是劉子輿，那自己是不是也可以模仿一下？

很快，鉅鹿郡內忽然出現了很多帖子，說劉秀帶著城頭子路、刁子都的百萬大軍，要討伐王郎叛軍，反抗者殺無赦。

這些帖子甫一發出，官民爭相「評論、轉發」，百萬大軍啊，領頭的還是在昆陽大戰中一戰成名的南陽劉秀，要拿下小小的鉅鹿郡，還不是「談笑間，檣櫓灰飛煙滅」？一時之間，鉅鹿郡人心震動，鉅鹿守軍更是惶惶不可終日。

緊接著，任光帶領一支部隊來到鉅鹿郡附近的堂陽縣，在縣城外點燃草木，讓士兵焚燒高大的樹木，頓時濃煙翻滾，火光沖天；又派出隊伍手持火炬，在野外沼澤間列隊行進。

一時間，堂陽縣外火光熊熊，喧譁鼓譟，帶給城中守兵極大的心理壓力。城內外流言四起：「完了完了，這肯定是城頭子路、刁子都的大部隊到了！」

「還打什麼呀？開城投降吧！」

堂陽既下，接著到了昌城，這裡是劉植的地盤。王郎起事後，劉植和弟弟劉喜、堂兄劉歆帶領宗族賓客，聚集兵馬數千人盤踞昌城。得知劉秀聚兵數千人趕來，劉植二話不說，開門迎接。

劉秀大喜，當場任命劉植為驍騎將軍，劉喜、劉歆為偏將軍，加封列侯。

再攻貰縣，又是輕鬆拿下。正當劉秀思索下一步的計畫時，鄧禹告訴他，耿純回來了。

劉秀過去一看，只見耿純身後跟著浩浩蕩蕩一群人，拖家帶口，男女老少都有，甚至還有帶著棺材的，一個個風塵僕僕，「塵滿面，鬢如霜」。

這陣勢，讓大夥兒目瞪口呆。

劉秀心中咯噔一下，望向耿純：「你這又是何苦？」

耿純道：「大家都願意跟著明公，我就把整個家族的人全都帶來了，死也要死在軍中！」

劉秀大為感動，當即拜耿純為前將軍，封耿鄉侯，其從弟耿訢、耿宿、耿植皆拜為偏將軍，使耿純領兵為先鋒，再攻宋子縣。

宋子縣是耿純的老家，聽聞耿純前來，不戰而降。

在此期間，耿純還做了一件事，他派堂弟耿訢回老家，燒了老家的宅院。

不得不說，這犧牲有點大。

劉秀聽說後嘆息道：「伯山，為何要如此？」

耿純道：「明公單槍匹馬來到河北，要錢沒錢，要物沒物，招兵買馬，根本就沒有可供賞賜之『甘餌』。現在大家樂於歸附明公，不過是因為您以恩德為懷。而王郎自立為皇帝，勢頭很猛，家大業大，河北一帶的州郡多在猶疑，究竟是支持明公，還是歸順王郎？

我雖舉族投奔明公，連老弱一塊託付給您，但是還是害怕宗人賓客中有人有異心，所以燒其廬舍，斷了他們逃回老家的念頭。」

劉秀道：「昔日有鄭國商人弦高捨家報國，而今有伯山捨家衛國！」

嘆息中含有滿滿的感動。

隨後，大軍出發曲陽，曲陽投降。幾場仗下來，部隊越打越多，人數已經達到數萬，聲勢大振。

劉秀看著身後的大軍，然後大手一揮，北進中山。

劉秀大軍向北推進時，鄧禹這邊同樣也進展神速，不僅攻占了樂陽，而且一路招兵買馬，隊伍很快壯大到近萬人。

劉秀北進如此順利，真定王劉揚坐不住了。

劉揚的身世不簡單，他是漢景帝的七世孫，按輩分比劉秀低一輩，不過劉揚的身分卻要比劉秀高貴很多。王莽建立新朝後，劉揚被降格為真定公，沒多久公爵也被廢除。

真定國地盤不大，有四縣三萬戶。天下大亂後，劉揚聯合地方武裝，以十多萬兵力雄踞河北中部。無論是王郎還是劉秀，只要將劉揚拉攏過來，都會迅速改變在河北的勢力格局，可謂「得劉揚者得河北」。

眼下王郎在河北勢大，劉揚審時度勢，向王郎臣服。

這讓劉秀陷入了糾結之中，要想擊敗王郎，必須拉攏劉揚，可自己的事業剛剛起步，怎麼才能說服對方呢？

這個艱鉅的任務落在了劉植身上。作為劉秀集團的談判代表，劉植全權負責遊說劉揚。一見面，兩人寒暄完畢，劉植就開始曉以利害，冷靜分析了當下河北的局勢。

劉植說：「王郎其實不過邯鄲街頭一算命的混混而已，他假冒劉子輿在邯鄲稱帝，遲早要玩完。只有我家主公劉秀才是可依靠的雄主，眼下他雖然部眾不多，但是德行遠播，各地豪傑紛紛來投。何不與我家主公聯合，共謀天下大事？」

講真的，雖然劉植是談判的首席代表，但是他的心裡其實也沒多少把握。「在河北，劉揚是主，劉秀是客；劉揚手上有十萬人，劉秀手上只有一萬人，乍一看，這哪裡是來商量入夥的，這明明就是空手套白狼啊！」

如果說此時劉植心裡在打響鼓的話，劉揚的心裡則是在敲悶鑼。

「要不要跟劉秀結盟？」

自己手握十萬大軍，坐鎮一方，按理說，不用理會任何人。雖然自己暫時倒向了王郎，但是那也只是權宜之計。反觀劉秀，在王郎的地盤上從容遊走，短時間內聚攏了上萬人，未來可期啊！

這就好比兩支股票，王郎這支股票是典型的藍籌股，在河北這片市場上受到追捧，因此股價較高；而劉秀則是潛力股，雖然眼下股價較低，但是未來具有較大的成長空間，在他的操作下，未來極有可能翻倍暴漲。

眼下劉揚雖然已經入手了藍籌股，但是從長遠來看，還是潛力股具有較大投資價值。

打定主意，劉揚開口了：「結盟可以，但是得附加一個條件，我有個外甥女，叫郭聖通，年方二八，品貌俱佳，願予大司馬為妻，雙方共結秦晉之好。」

劉揚有個妹妹，嫁給郡功曹郭昌，郭家資產雄厚，曾讓田宅財產數百萬與異母弟，舉國震動，人稱義士。

沒辦法，這年頭的承諾就像大餅。為了讓自己對劉秀徹底放心，必須加一重保障。

劉植沒想到劉揚會提這麼一個條件，他雖然是談判的首席代表，但是並無權力替劉秀訂婚，只好回去覆命。

如果換作一般人，對方答應當你小弟，還要跟你結親，恐怕早就樂得合不攏嘴了。然而，劉秀卻沉默了。

這是一樁政治婚姻！

一年前在宛城，他迎娶了自己心目中的女神陰麗華。她是劉秀生命裡的第一個女人，也是讓他品嘗到愛情滋味的第一個女人。他曾經發誓要保護她，護她一生周全，然而此時此刻，他的愛情卻遭到了現實的考驗。

要不要答應這樁婚事？

如果答應，那就意味著要背叛愛情，當年的誓言猶在耳旁，自己今後如何面對陰麗華？可如果不答應，拒絕了劉揚，自己何日才能擊敗王郎，在河北真正立足？

這是一道單選題：一個選項是事業，一個選項是愛情，兩個都很重要，卻不可兼得。

好難！

這個世界真殘酷，很多事自己都做不了主，愛情與婚姻也是一樣。

世間安得雙全法，不負如來不負卿？

經過一番痛苦的抉擇，劉秀最終選擇了事業。「對不住了，麗華，我欠妳的，這輩子都還不清了。」

在答應了這樁婚事後，劉揚終於放下心來，盡快安排婚禮。郭聖通是稾城人，婚禮地點就定在稾城的漆里舍，郭府。郭家家財雄厚，本來就不缺錢，又遇上嫁女兒這種大事，自然得好好慶賀一番，想不闊氣都不行。

劉秀倒是無所謂，任由郭家安排，只是內心格外複雜。

婚禮當天，四方賓客雲集，高朋滿座，佳餚琳瑯，熱鬧非凡。諸位將領平日裡四處征戰，都是飢一頓飽一頓，難得遇上這種好事，一個個都是敞開了吃，放開了喝，輪番向劉秀賀喜。

劉揚大擺宴席，喝到興頭上時，更是親自擊缶助興。

劉秀微笑著，一一回應，內心卻只想狠狠地鄙視自己。

眼前的郭聖通模樣其實並不差，肌膚如脂、眉若輕煙、明眸皓齒、滿面春情，渾身散發著蘭草幽甜的香氣，可為什麼自己會對她無動於衷？

這是執子之手，與子偕老嗎？不，這明明是場交易，自己出賣婚姻，換來劉揚的支持。這不是愛情，這是利益交換！

這是空前漫長的一夜。

劉秀終於迎娶了郭聖通，劉揚也沒有食言，給劉秀一筆豐厚的嫁妝：十萬兵馬！

新婚燕爾的劉秀來不及度蜜月，便結集大軍，揮師南下，進擊元氏、防子，再至鄗縣。鄗城守將知道自己不是對手，索性舉城投降。

天降之師

當天晚上，劉秀住在城內的招待所中。鄗城土豪蘇公聽說劉秀就在城裡，內心開始不淡定了，王郎以十萬戶求購劉秀的人頭，如果自己拿下了劉秀，豈不是發財了？

為了確保萬無一失，蘇公派僕人趁夜出城，悄悄地引王郎大將李惲入城，自己在城中充當內應。

李惲很清楚，劉秀的數萬大軍就在城外，要想成功，只能偷襲。他親自帶著數十名敢死隊員過去，不料正好碰上了劉秀的護衛耿純。雙方拔刀相向，耿純手刃李惲、蘇公，又連殺數人，擊退了敢死隊，然後保護劉秀出城，回到了大本營。

第二天，劉秀遇刺的消息已在鄗城傳開，城中百姓一片惶恐。劉秀卻貼出告示，反賊李惲、蘇公已伏誅，百姓各安其業，不必惶恐。

一城百姓感激涕零。

拿下鄗城後，劉秀移師鉅鹿郡，進逼柏人。

柏人守將叫李育，得知劉秀派了鄧禹和朱浮來攻城，他做足了準備，不僅擊潰了對手，還奪走了輜重糧草，讓鄧禹和朱浮顏面盡失。

劉秀聽聞前軍失利，將朱浮、鄧禹的散兵遊勇收集起來，重新編隊，在柏人外城與李育部隊展開激戰。

有了老大親自指揮督戰，士卒奮勇殺敵，個個爭先，部隊大獲全勝，重新奪回了輜重糧草。李育吃了敗仗，退回城中，閉門不出。

就在劉秀率領大軍圍攻柏人時，大營外來了兩個風塵僕僕的年輕人。他們手持一封漢中王劉嘉的推薦信，主動要求拜見劉秀，到營中投軍效力。

鄧禹一見二人，當即就認了出來，馬上向劉秀報喜。

這兩個年輕人，一個叫做賈復，一個叫做陳俊。

得知是漢中王劉嘉推薦的人，劉秀就知道錯不了，不用什麼筆試、面試，當即決定聘用二人為團隊中的中層主管。

大夥兒看到這裡，想必都糊塗了：「賈復、陳俊二人到底是何來歷？為什麼能得到漢中王劉嘉的親筆推薦信？」

先說這個劉嘉，他是劉秀的族兄，很小的時候父親就去世了。劉秀的父親劉欽見他無依無靠，便收養了他，所以劉嘉從小與劉縯、劉秀兄弟一起長大，三人親如手足。

劉欽去世後，他們都被劉欽的弟弟劉良收養。兄弟幾個成人後，劉良送劉嘉與劉縯一起到長安上學，學習《尚書》、《春秋》，劉嘉也是一個有學問的人。

劉縯、劉秀兄弟在舂陵起兵時，劉嘉也加入了革命隊伍。小長安聚一戰，漢軍慘敗，劉嘉的老婆、孩子全部被殺，劉氏宗族死了近百人。劉嘉大哭一場，然後頭也不回地跟著漢軍繼續前行。

劉玄當了皇帝後，任命劉嘉為偏將軍，隨後又封他為興德侯，晉封大將軍。

此後，南陽人延岑起兵，劉嘉帶著自己的隊伍到南陽郡冠軍縣討伐，將其收服。

更始二年（西元 24 年）二月，更始政權的君臣正為是否要遷都長安爭論不休。圍繞這個問題，大夥兒天天爭得臉紅脖子粗，公說公有理，婆說婆有理。

有人說，洛陽屬於四戰之地，無險可守；而長安東有函谷關，西有大散關，南有武關，北有崤關，應該遷。

有人說，洛陽位於天下的中心位置，進則可北控河北、山東、關中，退則可回南陽自保，不要遷。

大夥兒吵了快一個月，最後還是支持遷都的人占據了上風。

搬到長安後，劉玄分封諸將，劉嘉被封為漢中王、扶威大將軍，持節南下就封，以南鄭為都城，擁有部眾數十萬。

再說賈復，他是南陽郡冠軍縣人。賈復少年時勤奮好學，通曉《尚書》，上學的時候就顯示出了非凡的才學。當時他拜舞陰縣李生為老師，李老師對於賈復的才華讚不絕口，曾不止一次當著全班同學的面表揚他：「這位賈同學容貌不凡，志氣高遠，又勤於學習，是出將入相的料，將來必定會有一番作為，諸君不妨拭目以待！」

在老師的期盼下，賈復畢業後踏入了社會，不過說來慚愧，他雖然滿腹才華，但是全無用武之地，到新朝末年，才勉強混了個縣吏，而且還是沒有編制的那種。

沒有就沒有吧，只要給一口飯吃就行。不料賈復的運氣實在不怎麼好，剛參加工作就遭逢亂世。有一次，賈復奉命與同事到河東地區運鹽，途中遭強盜搶劫。

見此情景，同事們嚇壞了，工作丟了可以再找，要是命丟了，可就徹底完了，於是一個個腳底抹油，跑了。強盜們哈哈大笑，將所運之鹽悉數搬了回去，唯獨賈復所在的那支隊伍安全地把鹽運了回來，令人刮目相看，一時名聲大噪。

綠林軍起義後，賈復的內心也蠢蠢欲動。他有能力，更有野心。他已經覺察到，天下將亂，不是小亂，而是大亂。大丈夫建功立業的時候到了，他要抓住這次機會，做一番大事！

正是在這樣的野心驅使之下，賈復賭上自己的前途，乃至全家性命，辭去令人豔羨的工作，在羽山聚集了數百人，自稱將軍。

當年李斯入秦時曾說過一句話：「詬莫大於卑賤，而悲莫甚於窮困。」大丈夫生於世上，豈能久處卑賤之位、困苦之地？賈復也是一樣，嘯聚山林並不是他的最終目標，他總覺得自己也能像下江兵、新市兵一樣，聚攏起數千人的隊伍，做一番轟轟烈烈的大事。然而，現實並沒有如他所願，幾次試探反而給予他沉痛一擊，老大不是那麼好當的。

他必須依附其他人，才有機會實現胸中的抱負。

更始帝劉玄即位後，賈復率領部眾歸附漢中王劉嘉，被任命為校尉。

陳俊是南陽郡西鄂縣人，年少時做過南陽郡的小吏。劉玄在宛城即位後，劉嘉做了太常將軍，陳俊成了劉嘉的長史。

劉玄雖然推翻了王莽，君臨天下，但是革命隊伍內部矛盾重重，而他自己也在進入長安城後迅速腐化墮落。在取得勝利的過程中，不只是劉玄，大部分綠林軍將領都忘了自己出身的階級，飛速墮落。

賈復覺得繼續跟隨這種人沒前途，也沒意思，於是和陳俊一起去勸劉嘉：「我聽聞圖謀堯舜一樣的事業而不能成功的，是湯武；謀求湯武一樣的事業而沒有成功的，是齊桓公和晉文公；謀求齊桓公和晉文公一樣的事業而沒有成功的，是六國；空有六國的規模，想偏安而沒有成功的，是被秦滅亡了的六國。如今天下未定，四海無主，大王以宗室身分做了藩輔，天下還沒有平定，大王卻只想守住自己這點地盤。覆巢之下，焉有完卵，您想要保住的東西最終能保住嗎？」

賈復引經據典，侃侃而談，就是想讓劉嘉喝下這碗「雞湯」，不要甘願俯首在更始政權之下。

然而劉嘉又豈是泛泛之輩？

劉嘉看了他一眼，道：「你的意思我明白，你說得可能沒錯，不過我沒想過要做這樣的大事。你志向高遠，我看你終非池中魚，當年曾在昆陽大破莽軍的劉秀現在正在河北招賢納士，你不如去投奔他吧。我為你寫一封推薦信，他必然能夠重用你。」

劉嘉還算厚道，知道自己有幾斤幾兩，不但沒出賣賈復，還為劉玄的對手、在河北與其分庭抗禮的劉秀寫了一封推薦信，向他推薦賈復和陳俊。

就這樣，賈復和陳俊拿著劉嘉的親筆推薦信，到河北來找劉秀。

看完劉嘉的推薦信，劉秀當即任命賈復為破虜將軍督盜賊，陳俊為安集掾，還將車駕左邊的馬賞賜給賈復。

這種超規格的待遇，不可避免地引起了其他人的不滿。「一個新來的菜鳥，寸功未建，憑什麼？我們辛辛苦苦為老大賣命多年，還從來沒享受過這種待遇呢，鄗縣不是缺縣尉嗎？讓他去當個縣尉最合適。」

面對同事們的質疑，劉秀回應道：「賈督有擊退敵軍於千里之外的本事，你們有嗎？他剛剛被委任要職，不得隨意撤除。」

賈覆沒有辜負劉秀的期望，他將在接下來的征戰中證明自己的實力。

眼下，劉秀的部隊逐漸壯大，各路豪傑紛紛前來投奔。兵多且雜，軍紀難免鬆弛，作奸犯科之事常有發生。當時劉秀身邊的侍從犯了法，一向性格冷峻的祭遵毫不客氣，立即將其逮捕。

這裡要說一下祭遵，他也是「雲台二十八將」之一，年少時愛讀書，家裡非常富裕，他自己卻養成了勤儉樸素的好習慣。母親去世後，他親手為母親建造墳墓，以表孝心。

縣裡的衙吏看祭遵是個柔弱書生，經常欺凌他，祭遵一怒之下聯合賓客殺了衙吏，震驚全縣。

劉秀路過潁陽時，祭遵以縣吏的身分幾次進見，劉秀見他的容貌儀表非常人，任命他為門下吏，讓他跟隨自己征討河北。

這一次，祭遵先斬後奏，惹惱了劉秀。「打狗還要看主人，我身邊的人你也敢殺！」劉秀下令將祭遵收監問罪。

主簿陳副向劉秀進言：「明公經常強調諸軍號令嚴明，遵紀守法。現在祭遵依法辦事、整飭軍紀，正是嚴明軍紀的大好時機啊！我們現在就缺這樣的人，怎麼能不分青紅皂白就把人抓起來呢？」

「千丈之堤，以螻蟻之穴潰；百尺之室，以突隙之熾焚。」

軍規軍紀，往往是從小事、從身邊人開始敗壞的，一旦敗壞，將軍便無法對士兵令行禁止，戰鬥力也將大打折扣。鐵不鍛不成鋼，劉秀覺得，自己手下的軍隊是需要重新改編一下了。

為此，他專門召開了一次幹部大會，會上告誡大家：「你們今後要當心祭遵，我的侍衛犯了法，都被祭將軍按律嚴懲，斬首示眾了。將來你們要是犯了事，他肯定不會徇私枉法，我可救不了你們，你們還是小心一點好！」

憑藉著大公無私的執法，祭遵很快升職加薪，最後因功封了侯。

說回前線。

柏人城防守堅固，一時半會兒難以攻下，劉秀沒有硬碰硬，大軍掉轉兵鋒，攻下了鄰近的廣阿。

當夜，劉秀宿於城樓之上。

廣阿城燈火通明，成隊的士兵舉著火把，拿著長矛來回巡視。

劉秀全無睡意，披衣起身。在他的策略規劃當中，河北地處邊疆、遠離中原，正是自己起家的地方。然而，他來河北已有半年多了，卻像只兔子一樣，被王郎從幽州攆到了冀州。在拿下信都之後，他在河北經營了近半年，卻仍然只是個陌生人。

攤開地圖，劉秀的目光在河北一帶遊走，方寸之間，天下盡覽。所謂河北，無非幽、冀二州，各有十個郡國。偌大的一塊地盤，可屬於自己的又有多少？

一個人最悲哀的不是年華老去，而是當你奮鬥打拚多年，驀然轉身，卻發現自己離理想越來越遠。一想到這些，劉秀的心頭就會湧起一股難言的悲傷。

且說劉秀惆悵自傷，身後忽有腳步聲傳來，回頭一看，乃是鄧禹。劉秀感慨道：「天下郡國如此之多，今我只得信都、常山、中山三郡之部分縣邑，加起來不過一郡，欲盡復高祖之江山，不知何年何月？你之前說我可舉手而定天下，可如今該怎麼辦才好？」

奮鬥了這麼多年，卻依然看不到曙光，這一刻，劉秀忽然有點頹唐了。

鄧禹鼓勵道：「如今海內殽亂，人心思望明君聖主，就像赤子思念慈母一樣。古之興者，在德厚薄，不在地盤之大小。只要明公德被八方、萬民歸心，天下自可傳檄而定，又何須一城一池去攻呢？」

劉秀大笑：「仲華知我意！」

人生難免有失意的時候，我們可以停下腳步，可以抱怨，可以迷茫，但是請記住，太陽每天照樣升起，歇夠了還得繼續出發。人生從來沒有最終的成功，也沒有徹底的失敗，最可貴的是有繼續前進的勇氣。

次日一早，劉秀被外面的一片嘈雜聲驚醒，身邊人告訴他，從河北北部的幽州來了兩支騎兵大軍，正在向廣阿方向挺進！

劉秀面色如常，沉聲問道：「多少人？」

「數不清，數不清……」

斥候陸續趕到，一個個面如土色，緊張地喘不過氣來。

劉秀的心突然沉了下去，一股涼意直衝腦門。城內軍民此時也如同驚弓之鳥，此前一直盛傳王郎正從北方幽州調兵圍剿劉秀，若果真如此，王郎兩面夾擊，廣阿腹背受敵，則大事休矣！

戰鼓聲一陣密似一陣，從城內的各個角落裡不停地響起，此起彼伏。劉秀披上戰袍，匆匆登上城樓，城頭上的士卒刀出鞘、箭上弦。氣氛一下子緊張起來，底下的百姓也察覺到了情況不對勁，鬨然而散，唯恐避之不及。

在清晨薄霧的朦朧中，劉秀放眼望去，遠處的地平線上出現了一條黑線，黑線正不斷地變粗，大地隱隱出現了震顫。

很快，黑線變成了一排密集的突騎，飛速奔馳在廣袤的平原上，遠遠看過去，就像迎面撲來的洶湧波濤，起伏之間，發出震耳欲聾的轟鳴之聲。

戰馬奔騰，大地顫抖，灰塵遮天蔽日。

終於來了！

轉眼間，城外已是大軍雲集，黑壓壓一片。廣阿城上，將士們握緊武器的手沁出了些溼汗。

不料，城外的突騎並沒有迅速攻城，而是在外圍集結完畢，一騎躍眾而出，向城門疾馳而來。

劉秀眼尖，一眼就認了出來，竟是在薊縣失散的耿弇！

耿弇勒馬問道：「大司馬劉公可在城中？」

即便是熟人，劉秀也不敢貿然開城，他朗聲道：「耿將軍別來無恙！」

耿弇一見劉秀，下馬拜道：「耿弇領上谷、漁陽二郡突騎，前來相助明公！」

劉秀大喜，即刻下令：「開城，迎客！」

猶豫不決

為什麼耿弇會出現在廣阿城外？

趁著耿弇與劉秀敘舊的當口，我們來看看耿弇從薊縣逃出來後的經歷。

話說耿弇與劉秀在薊縣失散後，好不容易混出城門，才發現劉秀一行早已不見人影。

既然如此，他不如先回老家上谷，請自己的老爸耿況發兵，以助劉秀。而此時，耿況剛剛接到王郎的招降書。

此時，河北大部都已投靠王郎，王郎派出的人也正在漁陽、上谷一帶攻城略地，緊急徵調軍馬。耿弇則強烈建議老爸出兵南下，協助劉秀。

耿弇勸道：「父親，我等也該做出選擇了！劉秀為人寬厚堅毅，又是昆陽大戰的英雄，是不錯的選擇！」

耿況搖了搖頭，道：「眼下河北局勢混亂，若是他能穩定局勢，那時再投靠不遲，至於現在，有些早了，不妨再等等，靜觀其變。」

隱約之間，耿況已經動了心思，只是心中還在猶豫著。

耿弇知道自己勸不動老爸，決定去找功曹寇恂幫忙。

從發現明主，到勸父起兵歸附劉秀，這一系列操作都顯示出耿弇有著優於常人的洞察力，在事情開始之前就預見了未來的發展圖景。

寇恂是上谷郡昌平縣人，出身世家大族，年紀輕輕就做了上谷郡的功曹。他為人多謀善斷，堪稱耿況身邊的第一謀士。

綠林軍擁立的劉玄稱帝後，為了將政令推行到全國，採取先禮後兵的策略，派出使者巡察各地，要地方州牧對玄漢政權宣誓效忠，聲稱「先降者復爵位」。

得知劉玄派來的使者到了上谷郡，寇恂陪同太守耿況到郡界迎接，並且交出了新莽王朝賜予的印綬。不知道這位使者出於什麼心思，在收取了他的官印之後，過了一晚上，居然還沒有歸還的意思。

很顯然，使者心裡有自己的小算盤。

幽州雖然下轄十個郡國，但是最強的只有兩個：漁陽郡、上谷郡。當初更始朝廷派了使者韓鴻前往幽州安撫，有人告訴韓鴻：「吳漢是位奇士，可以與他計事。」

除了吳漢，韓鴻還結識了一個人：彭寵。三人喝酒聊天，談得很投機，韓鴻隨後向更始帝劉玄舉薦了他們。

不久，劉玄准奏，下詔任命彭寵為偏將軍，代理漁陽太守職務，又任命吳漢為漁陽郡安樂縣令，作為彭寵的屬下。

就這樣，拿著更始皇帝劉玄的委任狀，彭寵繼承父業，做了漁陽太守。彭寵很有才幹，到任後整飭武備，撫慰軍民，漁陽郡很快就安定了下來。

因為有過類似的案例，耿況很擔心自己被莫名其妙擼了官職。沒有官印，就意味著失去了任職資格。如果使者將官印授予他人，就等於剝奪了耿況的太守之職，這可如何是好？

耿況臉皮薄，不好意思問，身邊的寇恂可不管這些，他帶了一隊侍衛去見使者，要求使者歸還官印。

使者一副目中無人的樣子：「我是天子的使者，功曹這是想威脅我嗎？」

寇恂正色道：「不敢，只不過覺得使君的思慮有欠周詳。如今天下剛剛安定，朝廷威信還沒有樹立起來，正是收攬人心的時候。使君身負聖命，擁有封賞大權，一舉一動都受到地方郡國的密切關注。上谷太守耿況聞使君前來，舉郡而降，不敢遷延。而使君剛到上谷就收回太守印綬，拒絕歸還，譭棄信譽，難道就不怕其他郡國生出叛逆的心思嗎？以後朝廷靠什麼來號令其他郡國？

再說了，我們太守任職時間已久，做事公道，深得下屬和當地百姓的擁戴。如果換掉他，即使選了賢能之人，也需要時間來熟悉情況，穩定政局，而一旦用人不當，就有可能引發社會動亂。為使君計，還是將官印歸還給耿府君為好。」

使者自知理虧，沉默不答。

寇恂一看，軟的不行那就來硬的，令手下以使者的名義邀請耿況前來。當著老大的面，寇恂上前一個過肩摔放倒使者，將印綬搶過來還給耿況。

好漢不吃眼前虧，使者也不敢在別人的地盤上撒野，只好代表更始帝宣讀了任職檔案，耿況繼續擔任上谷太守。

寇恂就此事與自己的小弟反覆商議，達成一致意見後，一起去見耿況，勸道：「王郎在邯鄲迅速崛起，一時之間很難預測其前景。當年王莽在世時，所擔心的對手只有一個劉縯。如今雖然劉縯去世了，但是他的弟弟大司馬劉秀為人尊賢下士，很多地方豪傑都投到了他的門下，我們覺得他才是值得依附的英主。」

耿況也認為劉秀是一隻潛力股，可問題在於，一旦投靠了劉秀，那就意味著要與王郎為敵，於是問寇恂：「邯鄲的勢力正如日中天，我們的實力不足以對抗，該如何是好？」

寇恂回答：「這事不難，我們可以找幫手。上谷是個大郡，沒有受到外來勢力的干擾，隨時可以徵集上萬人的精銳騎兵，有此資本，可以慢慢謀劃出路。如果太守批准，我願意前去聯繫相鄰的漁陽郡，一旦聯盟成功，就不必擔憂來自邯鄲的威脅了。」

耿況大喜，立即派寇恂到漁陽去說服彭寵。

幾乎在同一時間，彭寵也收到了王郎的勸降書，然後，他陷入了兩難的境地。

這裡要翻一下彭寵的履歷，他是南陽郡宛縣人，父親彭宏在漢哀帝時曾擔任漁陽太守，後因不願依附王莽，與何武、鮑宣一起被王莽殺害。

不過，此事似乎沒有對彭寵的仕途造成太大困擾，他少年時便在南陽郡做郡吏，後來被調入長安，在大司空王邑手下做事。

地皇三年（西元 22 年）十月，劉秀跟隨大哥劉縯起兵響應綠林軍，此後綠林軍擁立劉玄為天子，是為更始帝。王莽亂了陣腳，派遣大司空王邑到洛陽，調發百萬大軍，欲撲滅南陽的叛亂。作為大司空的屬吏，彭寵也參加了那場著名的昆陽之戰。

昆陽之戰慘敗後，彭寵跟著王邑一路逃到了洛陽。驚魂未定之際，彭寵聽到了一個驚人的消息，有人告訴他，他的弟弟加入了宛城的漢軍。

彭寵嚇得心驚膽顫，擔心自己被連累，便拉上老鄉吳漢一起逃出洛陽，到漁陽郡投奔了父親彭宏以前的老部下，以求暫時安身。

眼下，漁陽太守彭寵也陷入了糾結之中。王郎勢大，大部分人紛紛勸彭寵歸降王郎，這讓彭寵有些為難。「你們都說王郎惹不起，可劉秀更是惹不起啊！」

彭寵嘆息著，恍惚之間，又想到了昔日的昆陽大戰。

昆陽大戰時，彭寵為偏將軍，跟隨王邑出征，與漢軍激戰。昆陽守軍不足一萬，援軍數量也不多，可結果，號稱百萬的新莽大軍，卻被劉秀幾千人打倒了。

彭寵回憶著往昔，昆陽之戰過去才不到半年，與身邊這些中層將領不同，彭寵可是親眼見證過劉秀的能力的，與這樣一位政治和軍事新秀為敵，他沒有這個勇氣。

反倒是身邊的吳漢素聞劉秀有長者之風，對其仰慕已久，決定歸附。他對彭寵道：「漁陽、上谷突騎，天下聞名。您為什麼不集合二郡的精銳，歸附劉公攻擊邯鄲呢？這可是難得的功勞啊！」

彭寵嘆道：「你說的都有道理，可是其他人都想歸降王郎，奈何奈何！」

吳漢和彭寵當初一同到漁陽任職，知道彭寵的苦衷。兩人到河北才不到半年，根基未穩，彭寵想力排眾議，投奔劉秀，難度確實很大。

心情鬱悶的吳漢從彭寵府中出來，帶著隨從到城外巡查，看到一群從南邊逃難到漁陽的難民，其中有一個儒生打扮的人。此人雖然衣衫襤褸、灰頭土臉，卻能看得出是個讀書人。

吳漢出身貧寒，無力求學，卻頗為敬重讀書人，當即召儒生同飲，又問其一路見聞。儒生酒足飯飽後，開始聊起這一路的見聞，吳漢從中歸納出了兩條重要資訊：

「一、劉秀的部眾雖然不多，但是紀律嚴明，所過之處秋毫無犯，在民間的口碑很高。

二、王郎雖然自稱是成帝之子劉子輿，其實只是一個擺攤算命的江湖騙子。」

吳漢聽了大喜，馬上心生一計。他帶儒生回府中，偽造了一封劉秀寫給彭寵的求援信，讓儒生冒充劉秀使者，持書詣見彭寵，將自己這一路的見聞告訴他。

聽完儒生的話，彭寵更加堅定了投靠劉秀之心，其他人則聽得將信將疑，態度開始搖擺不定。

與此同時，寇恂受耿況之命，前來漁陽遊說彭寵，邀請他一起投奔劉秀，對抗王郎。

有了上谷的強援，眾人信心大增，彭寵也終於下定決心，派出了六千步騎，以吳漢為長史，與護軍蓋延、狐奴令王梁一同統領，南下協助劉秀。上谷這邊派出兩千突騎、千人步兵，由長史景丹、功曹寇恂及耿弇統領。

雙方會師南下，一路勢如破竹，斬殺王郎手下的大將、九卿、校尉以下四百餘人，繳獲印綬一百二十五枚，使者節杖兩把，斬首總共三萬級。不僅如此，聯軍還拿下了涿郡、中山、鉅鹿、清河、河間等二十二座縣城，最後在廣阿城追上了劉秀。

聽完耿弇的敘述，劉秀大喜過望，笑道：「邯鄲方面總是吹牛說徵發了漁陽、上谷的部隊，我也跟他們對吹說徵發了漁陽、上谷的部隊，想不到兩郡真的為我而來！今日相助之恩，我劉秀沒齒難忘！」

緊接著，劉秀以景丹、寇恂、耿弇、蓋延、吳漢、王梁為偏將軍，各領其兵；加拜耿況、彭寵為大將軍，封耿況、彭寵、景丹等人為列侯。

至此，除了岑彭、馬武、劉隆外，劉秀麾下的「雲台二十八將」幾近聚齊。

鉅鹿鏖兵

有了上谷、幽州突騎，劉秀如虎添翼，下一步，該拿下鉅鹿了！

鉅鹿是邯鄲的門戶之一。秦末漢初，這裡發生過赫赫有名的鉅鹿之戰，項羽以數萬楚軍大敗四十萬秦軍，徹底摧垮了關中的老秦人勢力。

大軍集結完畢，自廣阿直奔鉅鹿，快到鉅鹿城時，前方傳來一個消息：鉅鹿城已被漢軍包圍。

劉秀一愣，除了自己，哪還有漢軍？

很快，前方傳來準確消息，謝躬的援軍也到城下了。

謝躬出身綠林軍，但是前期並沒有什麼存在感。更始元年（西元 23 年），劉玄登基稱帝，建立更始政權，以謝躬為尚書令。

這年初春，劉玄派謝躬率領軍隊攻打王郎。謝躬很激動，上來就是一通猛攻。不料城中守將王饒也不是吃素的，防守嚴密，漢軍根本找不到突破口，自己反而接連遭遇慘敗，折損了好些人馬，只好退回河東郡。

首戰失利，謝躬很鬱悶，不敢再強攻，只是圍著鉅鹿城，每天望而興嘆。

劉秀與謝躬兩人在鉅鹿城下碰面，表面上笑呵呵，心裡卻在鄙視對方。在謝躬看來，劉秀到河北半年多，大部分時間都被王郎在屁股後面攆著跑，剛剛才有了落腳處，混得實在不怎樣。在劉秀看來，謝躬帶著朝廷的正規軍來掃蕩河北，結果連個小小的鉅鹿城都拿不下，丟人！

此時的劉秀自恃兵多將廣，有意炫耀一番，讓謝躬挪到一邊，看自己如何攻城。

不得不說，劉秀的部下確實比謝躬帶來的正規軍能打，雙方在鉅鹿城下展開了慘烈的廝殺，屍骸狼藉，可三天過去了，鉅鹿城仍是巋然不動。

攻不下鉅鹿城，這讓劉秀很焦慮。而此時，又一個壞消息從後方傳來：信都失守了！

劉秀簡直不敢相信自己的耳朵，信都是自己的大本營，怎麼這麼快就失守了？宗廣呢？他在做什麼？

趁著劉秀拍桌子的當下，讓我們把鏡頭移到信都，看看那裡到底發生了什麼事。

自從劉秀率領主力部隊離開，信都郡一下子變得空虛起來。王郎見縫插針，派人去攻信都，以馬寵等人為首的大戶豪強偷偷開啟城門，向王郎的軍隊獻城投降。

信都城破之後，代理太守宗廣、右大將軍李忠及和戎太守邳彤的家人被劫持作為人質。王郎的部將還開出了條件，只要李忠及邳彤肯率眾投降，不僅可以保其家人性命，還可加官晉爵，否則就誅滅全家！

拿家人作威脅，可以說是相當無恥了。消息傳來，大夥兒紛紛問候王郎的祖宗十九代，也不知道王郎喝水時有沒有被嗆著。

馬寵有個弟弟，在李忠身邊當個小小的校尉。李忠即時召見，斥責馬寵背恩反城，然後當場將其格殺。

「你做了初一，別怪我做十五！」

大夥兒都替李忠擔心：「你母親和妻子還在人家手中，殺了他弟弟，太猛了吧？就不怕對方報復嗎？」

李忠坦然答道：「如果放縱賊人不殺，便是我對明公有了二心了。」

為什麼李忠會對劉秀如此死心塌地？

這還要從他的過往說起。

李忠是東萊郡黃城人，「雲台二十八將」之一，父親曾做過高密縣的縣尉。漢平帝元始年間，李忠因為父親的恩蔭，被任命為郎官。當時他所在的部門有數十個同事，唯獨李忠以尊行禮制、品行端正著稱。

王莽代漢後，將信都改名為新博，將都尉改為屬長，任命李忠為新博屬長。由於李忠品行端正、做事公道，郡裡的人都很敬重他，他年年被評為「標兵」。

劉玄登基後，派使者巡行郡國，新博恢復了「信都郡」的名稱，任光做了信都太守，李忠做了信都都尉，主管軍事。

這之後，劉玄遣劉秀行大司馬事北渡黃河，鎮慰河北州郡。劉秀到河北後不久，王郎在邯鄲稱帝，河北多從之。王郎還懸賞十萬戶求購劉秀的首級，一時間，劉秀的處境頗為艱難，被迫南逃。

李忠慧眼識才，認為當時的豪傑之中，唯有劉秀能成大事，於是和信都太守任光、信都令萬脩、功曹阮況、五官掾郭唐等同心固守信都，等待劉秀。

劉秀從薊縣一路南逃，狼狽不堪，不知往何處去，後在一位白衣老者的指點下，一行人奔赴信都。聽說劉秀來了，任光和李忠等人大喜過望，立即開啟城門，迎接心目中的帶頭大哥。

劉秀入城後，任命李忠為右大將軍，加封武固侯，還解下了自己的綬帶送給李忠，以示恩寵。

李忠也不負眾望，一路過關斬將，屢戰屢勝。到苦脛縣時，劉秀把眾人召集起來開會，問大家都繳獲了多少財物。諸將紛紛誇耀自己的所得，輪到李忠時，他攤開兩手：「我什麼也沒搶。」

劉秀很感慨：「李忠持軍整齊，隊伍所過之處秋毫無犯，這才是一名優秀將領所應具備的品格啊！」

他對眾人說道：「我想重賞李忠，你們不會有意見吧？」

大夥兒紛紛表示沒意見。

當著眾人的面，劉秀將自己的坐騎和衣服賜給李忠，還拍拍他的肩：「好好做，我看好你！」

孟子曰：「君之視臣如手足，則臣視君如腹心；君之視臣如犬馬，則臣視君如國人。」李忠沒有辜負劉秀的信任，值此忠孝兩難之時，他果斷地選擇了忠誠，為此不惜犧牲家人。

劉秀大為感動，但還是找來李忠，以實相告：「眼下我們的部隊已經動員起來，你可以放心回去救你的家人，自行懸賞招募信都城中的吏民，有能救你家屬的人，賜錢千萬，到我這裡來領取賞金就行。」

李忠拜下道：「蒙明公大恩，我只想到為主公效命，實在不敢顧及自己的家屬！」

劉秀繼續苦勸，李忠終不肯從命。劉秀感慨良久，命任光領兵，火速前往救援信都。

再說任光去救信都，他的部下多是本地人，聽聞信都已被王郎攻破，擔心自己的家人受到牽連，哪還有心思作戰，紛紛逃亡。轉眼間，任光就變成了孤家寡人，只得無功而返。

沒過幾天，前方又有捷報傳來，冀州牧龐萌已率兵收覆信都，李忠及邳彤的家眷已被救出，安然無恙。劉秀大喜，命李忠代行信都太守，率領本部精銳回城堅守。

李忠回到信都後，收押了依附邯鄲的郡中豪強大姓，誅殺數百人。臨刑前，李忠對他們說了一句話：「出來混，總要還的！」

就在劉秀圍攻鉅鹿之時，前方斥候來報，王郎遣大將倪宏、劉奉率數萬人前來救援鉅鹿。劉秀率部迎戰，結果卻吃了敗仗，連連後撤。

眼見漢軍不敵，耿弇、吳漢、寇恂、景丹等人出場了。

上谷、漁陽突騎是在與北方少數民族的戰爭中歷練出來的，天下知名，可實力究竟如何，誰也沒親眼見過。自從到了信都，幽州突騎一直未能展現出自己真正的實力，畢竟攻城不是他們的強項，可在平地作戰，那就是他們熟悉的領域了！

劉秀與王郎軍在鉅鹿北展開激戰，此戰漢軍採取誘敵深入之計，引對手出來，然後由耿弇、景丹等人帶著突騎馳騁而出，猶如一股旋風直衝敵陣。

王郎軍瞬即潰散，耿弇等人追奔十餘里，斬首數千級，大敗王郎軍，用一場接近完美的殲滅戰證明了自己的實力！

這一戰結束後，劉秀也被幽州突騎的實力所折服，主動稱讚他們：「早就聽聞上谷、漁陽二郡突騎是天下精銳，今日親眼看見，果然名不虛傳！」

與此同時，吃了敗仗的倪宏、劉奉收拾殘眾，退入了鉅鹿外的南䜌城中。

雙方在這裡擺開了戰場，劉秀令景丹率突騎作為預備隊隱藏在林中，令銚期率步兵迎戰，誘敵深入。混戰中，銚期身先士卒，親手格殺敵軍五十餘人，銳不可當。

然而敵軍勢大，蜂擁而上，銚期的額頭受了傷，血流如注。殺紅了眼的銚期只是將傷口草草包紮，裹傷再戰。眼見對手已經離開了大本營，按捺不住的景丹知道該自己上場了！

兩千精銳突騎從林中衝出，如猛虎下山直取敵軍側翼。倪宏、劉奉全軍大敗，四散奔逃。

漢軍大獲全勝，耿純趁此機會提了個建議給劉秀：「鉅鹿城堅固，一時半會兒恐怕難以攻下，到時候必會影響士氣。不如趁現在大軍士氣旺盛，直取邯鄲，只要除掉王郎，鉅鹿自然不在話下。」

劉秀擇善而從，留下鄧滿繼續圍困鉅鹿城，帶著主力部隊直奔邯鄲。

夕陽西下，遠處可見農夫在廣袤的荒地上埋頭苦幹，城郭上空依依升起幾道炊煙，劉秀心中升起一股暖意。

半年前，他拒絕劉林，帶著自己的部眾離開邯鄲北上，不料卻被王郎這個江湖騙子從背後捅了一刀，此後踏上了逃亡之旅。如今，自己終於在河北立了足，開始向王郎發起最後一擊。

邯鄲位於河北的南部，是河北的中心地帶，背靠太行，前臨大河，地勢險要。

邯鄲城外，上千座營帳好似從地裡冒出的蘑菇，遍布四野，造飯的營火使空中瀰漫著蒼白的薄霧，金鐵交擊聲和馬匹嘶鳴聲充斥著耳膜。漢家赤黃色的旗幟，正飄揚在每一營的上空。

邯鄲城上，王郎看著城外密密麻麻的隊伍，心中一片冰涼。

自己的精銳部隊已經在南繺一戰中被徹底摧毀，各郡縣見劉秀隊伍規模不斷壯大，也都見風使舵，紛紛投靠了劉秀。幾乎就在一夜之間，王郎被打回了原形，可謂「其興也勃焉，其亡也忽焉」。

這其實也不難理解，西漢末年雖然王莽各種折騰，但是底層社會依然被世家大族，也就是所謂的豪族控制著。綠林、赤眉起義時，這些地方大族紛紛收起爪牙，收攏自家勢力在羽翼之下，謹慎地觀察著時局，然後擇機下注。很多世家皆是兩面下注，或是三面下注，當劉秀撫慰河北時，他們就倒向劉秀；當王郎的勢力崛起時，他們就投靠王郎。

而如今，眼見王郎接連戰敗，成了孤家寡人，他們再一次做出了最有利於自己的選擇。

王郎不甘心，派出僅剩的部隊出城，卻連戰連敗。

邯鄲已成為一座孤城，勝負不再有任何懸念。

沒辦法，他只得遣諫議大夫杜威出城請降。

杜威出了北門，來到漢軍大營拜見劉秀，開口道：「王郎沒有糊弄大家，他確實是孝成帝的遺腹子，與明公同系漢室宗親，同室操戈何太急？」

杜威一番話，立刻引得帳中一片喝罵。

劉秀淡淡一笑：「那又如何？即使是孝成帝復生，都不可能得到天下了，何況是冒名劉子輿的這個人！如今邯鄲如風中孤葉，彈指可破，可笑那王郎還沉迷在所謂的血脈和天命當中，不思悔改，仍以正統自居，我從未見過如此厚顏無恥之人！」

江山是打出來的，不是選出來的。縱然你是漢室血脈，是嫡長，那又如何？亂世當中，禮崩樂壞，靠的不是血脈，而是刀劍！

這個世界很現實，誰的拳頭大，誰就有話語權。

杜威自然知道王郎的真實身分，本就理虧，他故意顛倒黑白，無非想坐地起價，以期劉秀退讓，不料卻被狠狠地打了臉。

想了想，虛名已經不重要了，還是爭取點實際的東西吧。杜威只得靦著臉道：「希望我家主公投降之後，您能為他封個萬戶侯，好歹能保證待遇不變。」

看著杜威的無恥嘴臉，劉秀笑了：「饒他不死，已經是最大的恩賜了！」

這就是劉秀的底線。

談判進行到這裡，杜威覺得沒有繼續的必要了，他怒道：「劉公三思，邯鄲城雖然偏遠狹小，但是尚有雄兵十萬，糧草不計其數，上下一心，百姓擁戴。若盡力堅守還能維持，聽聞劉公仁義行天下，便是這般愛兵如子的嗎？」

劉秀深知此時王郎的境況。「若真如杜威所言，城中兵精糧足，又豈會低三下四地出城求和？分明是打腫臉充胖子！」

劉秀道：「要降便降，要戰便戰！回去告訴你主子王郎，讓他洗乾淨脖子等著吧！」

杜威見多說無益，苦著臉灰溜溜地回到城中，將經過原原本本地告訴王郎。王郎勃然大怒，也不甘心受縛，遂狠下心腸，整頓士卒，欲作困獸之鬥。

在拒絕了和平解決方案後，劉秀傳令朱祐、王霸、臧宮、傅俊等將帥，各領本部人馬加緊攻城，猛攻二十多天。終於有人堅持不住，少傅李立主動向劉秀投誠，偷偷開啟了城門，迎入漢軍。

漢軍如潮水般湧入，邯鄲城最終告破。王郎連夜逃亡，王霸追上斬首，繳獲璽綬，回城請功。這個一輩子以糊弄別人為生的算命先生，過了半年皇帝的乾癮，最終把自己的命搞丟了，而他那個靠謊言建起的政權也在劉秀的猛烈進攻下灰飛煙滅。

劉秀騎著馬，在眾人的簇擁下進入邯鄲城，大軍跟隨在後。

短短五個月，發生了驚天變故。

五個月前，王郎在邯鄲稱帝，河北各地盡數臣服，劉秀帶著自己為數不多的部眾如喪家之犬，踏上了逃亡之路；五個月後，王郎灰飛煙滅，邯鄲城陷落，劉秀終於回歸。

回想著這五個月經歷的種種，劉秀覺得有些夢幻。

至於勝利，也有些夢幻。

與王郎交戰時，劉秀一敗再敗，只剩下殘兵敗將，士氣極為低落。好在劉秀在信都遇到了任光、李忠等人，這二人是他在昆陽大戰中的下屬，得知劉秀駕臨，立即開城迎接。

接著，邳彤率和戎兵馬來投靠。

有了二郡兵馬，劉秀總算站穩了腳跟。

緊接著，耿純帶著全族來投靠，他又與真定王劉揚聯姻。有了劉揚的十萬兵馬，劉秀終於有了與王郎周旋的本錢。

最後，耿弇率領漁陽、上谷精銳突騎來投靠。

雙方形勢逆轉，劉秀占據了上風，在戰場上也頗為順利，不斷緊逼邯鄲。

剛剛圍城，就有對方陣營的將領動搖了，開啟城門迎接，邯鄲城陷落。

為何勝利？

你可以說劉秀有更始帝特使的身分，有昆陽大戰的威名，還有危難時眾人的不離不棄，甚至還有星辰之外的運氣。

但是我認為，拋開這些，劉秀之所以能在河北真正立足，只有一個字：熬。就是不拋棄、不放棄。

那個失去了兄長的庇護，在漫長路上默默前行的劉文叔，面對人生的失意與坎坷，倚仗的只有一顆恆心，以及永不言敗的堅持。也唯有自己先傾盡全力，旁人才肯來鼎力相助。

縱使已經百折，依舊不撓。

消息傳回鉅鹿，守將王饒得知王郎已死，堅守無望，暗嘆一聲，開城投降。

至此，經過半年的打拚，劉秀終於拿下了邯鄲，徹底平定了王郎的叛亂，從此河北盡歸劉秀掌握。

第六章
威揚天下

長安之亂

消滅王郎後，劉秀的士兵在搜查時找到了王郎來不及銷毀的大批祕密檔案，其中有很大一部分是劉秀部下和王郎勾結的書信，內容不堪入目。

忠臣很多，可叛徒也不少。

劉秀尷尬了，大夥兒也尷尬了。

當初王郎在河北聲勢浩大，威震四方，而劉秀還在四處流亡，看不到希望。革命隊伍中有人意志不堅定，倒也在情理之中。

現在的問題是，怎麼處理？

名單就在眼前，人員也集中在邯鄲城，只要劉秀一聲令下，按照名單一一抓住。

有人提議，應該立即成立「專案組」追查此事，依法、依規處理，該處分的處分，該撤職的撤職，把這些居心叵測的異己分子從革命隊伍中清除出去。

只是這樣一來，一場大清洗在所難免。

思之再三，劉秀終於做出了決定。

他下令，召見眾人！

很快，將領全都來了，看著地上一大摞簡牘書信，一個個心驚膽顫。「這是要清算啊！」

劉秀道：「取火盆！」

一個士兵取過火盆，劉秀撿起一封書信，隨手丟入火盆中。火舌繚繞，木製的簡牘很快燃燒起來。

緊接著，第二封、第三封書信被丟入火中，即刻被火舌吞捲得一乾二淨。

當著眾人之面，劉秀將這上千份簡牘書信一把火燒光。然後，他說了一句話：「過去的就讓它過去吧！讓那些晚上輾轉反側的人睡個安穩覺！」

「多謝明公！」

「多謝明公！」

所有將領紛紛施禮，感謝劉秀既往不咎。

那些隱藏在陰暗處的齷齪和祕密，隨著熊熊燃燒的火焰灰飛煙滅，再也無人知曉。原來惴惴不安的人也徹底放下心來，堅定了革命理想，此後對劉秀死心塌地。

這一招既往不咎，大家想必很眼熟。當年楚莊王用過，後來的曹操也用過。

官渡之戰時，曹操以弱勝強，大敗袁紹，衝入敵軍營帳後，繳獲了一大堆信函，其中有很多是自己的屬下和袁紹私下的通信。

如果是一般人處理這件事，接下來的步驟就是按照名單抓人，然後以「通敵叛國」的名頭治罪。事實上，曹操手下有很多人也提了這樣的建議。

曹操卻不這麼想，他說了一句特別耐人尋味的話：「官渡之戰前，袁紹兵強馬壯、咄咄逼人，就連我曹操也不能自保，其他人就更不用說了。」

說完這句話，曹操就將這些書信付之一炬，既往不咎。如此一來，曹操手下的官員便放寬了心，此後堅定追隨。

「水至清則無魚，人至察則無徒。」劉秀之所以能在大哥劉縯死後成為南陽劉氏的帶頭大哥，靠著數十名部下在河北開闢出一片新天地，吸引越來越多的人前來投奔，都與他獨特的管理手段有直接的關係。

正當劉秀在河北大展拳腳的時候，更始朝廷也做了一件事：遷都。

這事我之前提過，劉玄本打算定都洛陽的，但是著名學者鄭興卻對他說了這樣一番話：「陛下從荊楚一帶起兵，權力政令還沒有施行，只是剛剛建立朝號，崤山以西地區的豪傑就爭著誅殺王莽，開啟函谷關在城郊迎接您。這是為什麼？是因為天下百姓受夠了王莽的暴政，思念高祖皇帝舊日的恩德。現在老百姓很久沒有得到安撫了，我擔心他們會離心離德，盜賊又重新起來鬧事。」

當時的局勢確如鄭興所說，長安乃漢朝二百餘年之故都，歷代帝陵宗廟都在長安，及時進占長安具有很大的象徵意義。如今漢室復興，當然應該回到長安，告慰列祖列宗。

更始二年（西元 24 年）二月，劉玄離開洛陽，踏上了西入長安的路。

當時還發生了一件事，一行人離開洛陽時，劉玄車隊的馬匹突然受驚，一陣亂跑，撞到北宮鐵柱門上，一下子死了三匹馬。很多人心中開始忐忑，這個不祥的徵兆到底在預示著什麼呢？

劉玄雖然離開了洛陽，但是並沒有放鬆對洛陽的控制。為了防範劉秀，劉玄派朱鮪、李軼等人領三十萬重兵駐防洛陽。

長安雖然歷經戰火，宮室多有損傷，可事後查驗，只有未央宮燒得比較嚴重。其他宮室雖受波及，倒還齊整，經過一番修繕，倒也能住人。

抵達長安後，劉玄重新調整了一系列人事安排，以李松為丞相，趙萌為右大司馬，代替朱鮪掌控了中樞權力。

緊接著，劉玄又大封各位功臣為王，總共封了十九人。

值得玩味的是，這份封王的名單中，沒有朱鮪，也沒有劉秀。朱鮪以當年漢高祖劉邦非劉氏不得稱王為理由，拒絕封王，而遠在河北的劉秀卻被眾人直接無視了。

好在劉秀也不是注重虛名的人，他深知實力才是一個人立身的根本，只要自己搞定了河北，誰還會稀罕更始朝廷恩賜的頭銜？

遷都長安後，劉玄的主要精力放在了享受人生上。他娶了趙萌的女兒，把政事全都交給趙萌，自己則一頭紮進長樂宮中，日夜與後宮粉黛們飲酒作樂，歌舞昇平，終日沉醉不醒，大臣都不能相見。

第一天上班時，文武百官井然有序，班列庭中。劉玄從未見過此等場面，緊張得直打哆嗦，垂著頭，不敢正視群臣。尷尬了半天，劉玄好不容易憋出一句話，結果一張口就驚呆了眾人：「你們今天搶了多少東西？收穫還不錯吧？」

左右以及臣僚無不愕然，面面相覷。身為帝王竟然說出這種上不得檯面的話，哪裡還有半點大漢天子的威勢？

劉玄經常喝得爛醉如泥，不能按時上班打卡。有時非得上班了，就讓侍中冒充自己坐在帷帳內與文武大臣議事。大臣們都不是傻子，很快聽出來說話的不是劉玄。出來後，大夥兒氣得吹鬍子瞪眼睛：「現在誰得天下都還難說，沒想到他已經放縱到了這個地步！」

劉玄的寵姬韓夫人特別喜歡喝酒，有一次和劉玄喝酒聚會，正在興頭上，偏偏此時中常侍跑來有急事報告。韓夫人大怒：「你沒長眼睛嗎？陛下正在和我飲酒，你竟然偏偏揀這個時候來打擾！」

韓夫人一邊罵一邊猛摔東西，把書案都砸破了，盡顯悍婦本色。生性懦弱的劉玄耳根子也軟，竟然也不阻止。

老丈人趙萌小人得高位，更是不可一世。有人對他的胡作非為實在看不下去，向劉玄舉報趙萌，請皇帝加以管束。不料劉玄聽完，居然火冒三丈，拔劍就刺，把那人嚇得半死。

事情傳出去後，從此再沒人敢公開說趙萌的不是。有皇帝罩著，趙萌越發跋扈，有一次為私事遷怒侍中，揪住侍中就要問斬。正巧這個侍中是劉玄的親信，情急之下大呼：「陛下救我！」

劉玄看不過去，為他求情，趙萌居然高喝：「臣不受詔！」

他當場就斬了侍中，大夥兒瞠目結舌。

長安城中，皇帝不辦正事，臣子胡作非為，肆意提拔自己人，一人得道，雞犬升天。長安百姓怨聲載道，甚至編了一首歌謠：「灶下養，中郎將；爛羊胃，騎都尉；爛羊頭，關內侯。」

什麼意思呢？就是說，朝中大臣任人唯親，濫授官爵，就連家中的阿貓阿狗也都跟著飛黃騰達。灶下添柴的，封你當個中郎將；能把羊胃煮爛，算你有本事，封你當個騎都尉；能把羊頭煮爛，人才難得啊，直接封關內侯！

朝堂之上烏煙瘴氣，軍師將軍李淑實在看不下去，上書勸諫劉玄：「陛下雖然平定了王莽之亂，但多是依靠綠林軍，現在公卿的高位無一不被他們霸占。要想讓國家穩定發展，必須改革舊制，招攬人才，量才授職，以匡正國家，指望這些莽夫將天下治理好，無異於緣木求魚、深山尋珠。」

不料，李淑的一番肺腑之言並沒有打動劉玄，自己反而被其處死。

這裡來討論一個有意思的問題：劉玄為何會這麼快腐化墮落？難道他真的不堪大用？

在三流小說中，往往是反派和配角智商不高，只有主角比較聰明。可生活不是三流小說，龍套也罷，配角也罷，路人也罷，都精明至極。

在參加起義前，劉玄也有些尚義任俠的習氣。弟弟被人殺害後，他也曾廣宴朋友，要為弟弟報仇。綠林起義後，劉玄參加了平林兵，擔任安集掾的職務，從此走上反新復漢的道路，被封為「更始將軍」。

不難看出，劉玄雖然在革命隊伍中存在感不高，但是並不是懦弱無能之輩，那為什麼一到長安，便很快成為一個昏君呢？

我認為，劉玄被推為皇帝，前有朱鮪和張印擅權，後有老丈人趙萌專權跋扈，在這種長期的傀儡身分下，劉玄絕望了，他選擇了自暴自棄。

從此，忠臣退場，小人登場，關中百姓離心，四方紛紛怨恨叛變。

說回劉秀。

殲滅王郎之後，劉秀接下來必須面對的，便是肆虐於河北地區的流民武裝。

前面說過，這些流民武裝中除了青州、徐州的赤眉軍外，其餘大部分都是銅馬、大彤、高湖、重連、鐵脛等小股部隊，每一支單拎出來人數不算多，但是全部加起來，卻多達百萬，讓劉秀很是頭痛。

而眼下，最讓劉秀頭痛的還不是這些流民武裝，而是劉玄派來的友軍——謝躬。

隨著劉秀在河北的勢力一再擴大，劉玄終於意識到，自己當初批准劉秀去河北，實則是放虎歸山。為此，他派出了尚書令謝躬，來河北協助劉秀討伐王郎。邯鄲城破後，謝躬卻沒有回長安交差的意思。

眼下，劉秀官居破虜將軍，行大司馬事；謝躬官居尚書令，是天子近臣，兩個人職位不相上下，誰也奈何不了誰。

於是，邯鄲城內出現了罕見的一幕，劉秀和謝躬將邯鄲一分為二，劃城而治，各占一半，誰也不服誰。

劉秀很鬱悶，謝躬這是死賴在河北不走啊！

很顯然，謝躬早已得到劉玄的授意，繼續監視和掣肘劉秀，防止劉秀坐大。謝躬的部將目無軍紀，搶劫擄掠，劉秀只能睜一隻眼閉一隻眼，坐視默許。

雙方就這麼僵持下來，平日見面，兩人臉上都是笑嘻嘻，心裡卻暗潮洶湧。

職場如戰場，相比於戰場上的刀兵相見，職場上的鬥爭更加波詭雲譎，不露痕跡。

在爾虞我詐、利益至上的職場中沉浮，難免有當局者迷的時候，一不小心，就會被對方所迷惑，從而放鬆警惕。

說起來，謝躬與劉秀也是老相識了，兩人一起參加綠林起義，跟隨劉玄南征北戰，也曾結下深厚的革命友誼。而如今，雙方卻分屬於不同的陣營，每天都在思索著怎麼搞死對方，豈不悲哉？

劉秀知道，眼下還不是動手的最佳時機，只能不動聲色地安撫住謝躬，三不五時派人帶著酒肉去慰問謝躬的部隊，還經常在人前人後稱讚：「謝尚書治郡有方，真能吏也！」

這話傳到謝躬耳裡，老謝頓時覺得暖洋洋的，渾身舒坦。在劉秀連續的攻勢下，謝躬也不免中招，漸漸放鬆警惕，開始麻痺大意。

當局者迷，旁觀者清，謝躬的妻子見他有些飄飄然了，告誡他說：「你跟劉秀之前勢不兩立，可現在卻相信他那套虛言，最終會被他害死。」

謝躬對此嗤之以鼻：「你一個婦道人家，哪懂什麼兄弟義氣？」

搞定王郎後，劉玄開始後悔了，他設想過劉秀會在河北站穩腳跟，可那至少也要一年後，可是劉秀只用了半年就站穩了腳跟，遠遠超出了他的預期。

他明白，昔日放出的風箏，如今已經掙脫了絲線，再也召不回來了。

身邊的侍從為劉玄出了個主意：「陛下何不給劉秀一個名號，冊封他為蕭王，稱讚其有蕭何之能，將其召回長安？」

劉玄點了點頭：「只能如此了。」

此時的劉玄可謂是泥菩薩過江，自身難保。內部，老丈人趙萌一手遮天，南陽豪傑、綠林諸將、舂陵宗室等派系明爭暗鬥，互相傾軋；外部，商丘的梁王劉永、成都的蜀王公孫述、安徽的淮南王李憲、襄陽的楚黎王秦豐，以及琅琊張步、東海董憲、漢中延岑、宜昌田戎等地方軍閥，還有赤眉、銅馬、高湖、重連、鐵脛、青犢、五校等大大小小的流民武裝，全部人數加起來有百萬之多，根本不把他這個皇帝當一回事。

劉玄很疲憊。

有時候，他也會想，如果當初自己沒有被逼著當皇帝，如果當初劉縯沒有被殺，如果劉縯當了皇帝，情況會如何？

可惜，世上沒有後悔藥，人生也沒有假設，劉玄只能渾渾噩噩地過下去。

銅馬受降

劉玄派了侍御史黃黨來河北，拜劉秀為蕭王，封地蕭縣。

對於蕭縣，劉秀再熟悉不過了，當年父親去世後，他跟隨叔父劉良在蕭縣生活了七年，一直待到十六歲才回到春陵老家，這裡算得上是他的第二故鄉。

看完劉玄的詔書，劉秀笑了。劉玄用心可謂良苦，他這是要自己學項羽放棄形勝之地，榮歸故里，衣錦還鄉啊！

封王只是第一步，劉玄的真實目的還在後面：要求劉秀交出兵馬，與有功諸將同回長安述職受賞。

這讓劉秀猝不及防，如果去了長安，那麼他在河北開創的這點基業就全沒了，自己的命運也將重新被人掌控，重蹈兄長之覆轍。可如果不去呢？那就是抗旨不遵，正好給了劉玄收拾自己的藉口。

「這是要卸磨殺驢啊！」

吳漢性子烈，第一個開口：「河北動亂，局勢不安，還須明公主持大局，不能去！」

其他將領紛紛表態支持說河北離不開劉秀。

無論劉秀願不願意承認，他與劉玄的政治互信早已蕩然無存，決裂是遲早的事。捫心自問，自己現在做好與劉玄翻臉的準備了嗎？

劉秀不知道。

眼下，他只能先接過詔書，表示要考慮幾天再作答覆。

見劉秀遲遲不動身，劉玄等不及了，他任命苗曾為幽州牧，韋順為上谷太守，蔡充為漁陽太守，即日到河北上任。

這一招夠狠，相當於釜底抽薪。所有人都知道，幽州是劉秀起家的地方，是他的大後方，如果沒有上谷太守耿況與漁陽太守彭寵的鼎力支持，現在自己恐怕還在亡命天涯呢。

先奪兵權，又奪地盤，這是要將自己逼上絕路啊！

怎麼辦？

是去是留，是進是退，這不僅關係到自己的命運，也關係到身後這幫兄弟的前途，他不能輕易做出決斷。

劉玄的殺招接踵而至，劉秀無法接招，只能躲進邯鄲趙王宮裡，終日高臥不起。

請注意，這不是要當縮頭烏龜，而是想看看大夥兒的反應。

劉秀不表態，底下的將領們按捺不住了。「當年大夥兒跟著劉秀渡河北上，一沒錢、二沒兵，被王郎在屁股後面攆著跑，好幾次死裡逃生，好不容易有了今天這番事業，你劉玄一個傀儡皇帝，憑什麼一句話就想剝奪？」

首先表態的是朱祐，他跟劉秀是老同學，當年在長安城上學時曾一起賣蜜藥。早在劉氏兄弟起事時，朱祐就加入了革命隊伍，在軍中擔任護軍之職，是最早跟隨劉秀的死黨兼心腹。

一次，朱祐藉著跟劉秀吃飯的機會說：「如今長安動亂，我觀明公額頭突出，有帝王之相，此天命也。」

話剛說完，劉秀就跳了起來，拍桌子瞪眼道：「把軍中執法官叫進來，抓了這個胡言亂語的傢伙！」

朱祐一看老同學翻臉不認人，還要抓他去接受調查，頓時嚇壞了，趕緊溜之大吉。

朱祐被嚇跑了，但是大夥兒並不甘心。很快，第二個人站了出來。

這天，虎牙大將軍銚期找到劉秀，幫他分析天下大勢：「河北之地，界接邊塞，人習兵戰，號為精勇。今更始失政，大統危殆，海內無所歸往。明公據河山之固，擁精銳之眾，以順萬人思漢之心，則天下誰敢不從？」

銚期從地緣政治方面入手，分析了河北獨特的地理位置。河北乃戰國時代的燕趙故地，自古多慷慨悲歌之士，地域廣闊，人口眾多，民風強悍，是絕佳的兵源地。如果能守好河北這塊地盤，順應民心，必定可以爭霸天下。

銚期說得熱血沸騰，劉秀卻只是笑道：「將軍是還想像從前一樣，大喊一聲『蹕』？」

當初劉秀從薊縣逃亡時，城中百姓圍觀，堵住道路，銚期騎馬奮戟，大呼一聲「蹕」，硬是憑氣勢開闢出了一條路，劉秀這才得以脫逃。

劉秀的太極打得很溜，銚期怏怏而退。

緊接著，耿弇登場了。

這一天，劉秀正在邯鄲宮的溫明殿睡午覺，耿弇忽然造訪，直接來到他的床前。兩人一見面，耿弇直奔主題：「如今士卒戰損嚴重，我願回幽州，增發精兵，以成大計。」

劉秀繼續裝傻：「王郎已破，河北已平，如今天下大定，還增兵做什麼？」

耿弇知道劉秀在裝蒜，索性敞開了說道：「如今王郎雖破，但是天下兵革卻才剛剛開始。更始失政，君臣淫亂，諸將在京畿之內擅作威福，王公貴戚們在京都縱橫暴虐。天子之命出不了城，州郡長官動不動就被更換，百姓不知所從，士民莫敢自安。諸將擄掠財物，劫掠婦女，中產之家被洗劫一空，無有生還。平民百姓捶胸頓足，反而更加思念王莽。又有銅馬、赤眉等起義軍，擁眾數十百萬，更始不能剿滅，離失敗不遠了。

明公首舉義旗於南陽，破百萬之軍；今平定河北，據有天府之地，以大義討伐，號令一出，群起響應，天下傳檄可定。朝廷派使者來河北，想讓明公罷兵裁軍，明公萬萬不可聽從。天下至重，明公可自取，勿令他姓得之。更始政權不久必將敗亡，明公欲定鼎中原，君臨天下，不可無大軍在手！」

看著眼前的這位少年英雄，劉秀終於不再打啞謎，封耿弇為大將軍，批准他北上幽州，徵調兵馬。

與此同時，劉秀以河北還沒有平定，自己無法抽身離開為由，拒絕回長安。

從這一刻起，劉秀正式脫離更始政權，成為一支獨立力量。

耿弇走後，劉秀想了想，還是不放心，連夜找來鄧禹商量，想為耿弇找個搭檔。

聽完劉秀的講述，鄧禹沉思片刻，為他推薦了一個人：吳漢。

劉秀道：「說出你的理由。」

鄧禹道：「我曾跟吳漢聊過幾次，此人勇武過人，而且又有智謀，諸將鮮有能及者，可當大任。」

劉秀點點頭，鄧禹是他身邊的資深人事，他推薦的人選一定不差，當即封吳漢為大將軍，與耿弇同去幽州徵兵。

劉秀則留在邯鄲，繼續與謝躬周旋。

這一日，劉秀在趙王宮後花園開派對，邀請謝躬及馬武等人參加，想藉此誅殺謝躬，可惜一直沒有找到出手的機會。

馬武這個人前面已經出場過，他最早加入綠林軍，後來與漢軍會合。劉玄稱帝後，以馬武為侍郎，隨劉秀在昆陽大戰中破王尋。此後劉秀在河北聲威日盛，劉玄派尚書令謝躬率領六將軍攻王郎，拜馬武為振威將軍，與謝躬共同出征。

沒錯，此時的馬武還是謝躬的人。

酒會既罷，劉秀單獨留下馬武，趁著酒興，兩人登上高臺賞景。劉秀對馬武道：「待我招募到漁陽、上谷突騎，想讓你當統帥，不知你是否願意？」

很顯然，劉秀是想拉攏馬武。

不過，此時的馬武還沒有下定決心投靠劉秀，委婉拒絕：「承蒙明公賞識，只是我駑鈍怯懦，沒有方略，怕難當大任。」

劉秀：「將軍長期帶兵，通曉軍事，怎麼能和我那些手無縛雞之力的文書相提並論呢？」

馬武微微一笑，並不答話。

新任的幽州牧苗曾得知耿弇二人來幽州徵兵，立即給幽州十郡縣下發通知，不得借兵給二人。

耿弇和吳漢興致勃勃地跑遍整個幽州，也沒募來一兵一卒，不用提多鬱悶了。吳漢不甘心，難道這趟差事就這樣沒了？

絕不！

吳漢早年家貧，和劉邦一樣做過亭長。王莽末年，因為賓客犯法，吳漢逃到河北，經營馬匹生意，期間他往來燕、薊，結交了不少江湖豪傑。

吳漢混跡社會多年，絕不是輕易服輸的人，擒賊先擒王，只要搞定更始政權派來的苗曾、韋順、蔡充這三人，一切問題都會迎刃而解。

吳漢帶了二十名部屬來到右北平郡的無終縣，自稱是劉秀的特使，專門來右北平郡視察工作，要求苗曾前來陪同。

苗曾有點心虛，不過轉念一想，這裡是自己的地盤，吳漢遠道而來，身邊沒多少人，總不可能當場跟自己翻臉吧？劉秀畢竟還沒有跟劉玄鬧翻，大家名義上還是同事關係，鬧僵了對大家都沒好處。至於安保問題，大不了自己多帶點人手就是了。

於是，苗曾帶著一百多騎兵，耀武揚威地出城相迎。

吳漢人狠話不多，一見面，手起刀落，砍下苗曾的人頭。從拔刀到收刀，乾脆俐落，毫不拖泥帶水。

武力不能解決問題，卻能解決提出問題的人。

簡單粗暴，卻實用。

在場眾人全體糊塗了：「怎麼回事，這吳漢不按牌理出牌啊，一個太守，說殺就殺了，現在怎麼辦？直接上前跟吳漢對砍？」

大夥兒搖搖頭，吳漢的厲害大家都已經見到了，跟他單挑，無異於找死。

吳漢一手持節，一手高舉苗曾頭顱，高聲道：「蕭王命我徵兵，不料苗曾擁兵謀反，不奉徵調，今我奉節殺之，以儆效尤！有誰不服，可以上前一步！」

所有人全都後退一步。

吳漢看了一眼眾人，對大夥兒的反應很滿意。

幾乎就在吳漢動手的同時，耿弇也在上谷用同樣的方法殺死了劉玄派來的上谷太守韋順，奪回了父親的軍隊與地盤，還輕鬆除掉了漁陽太守蔡充。

地頭蛇出手，一下子殺掉了空降高官。

整個幽州震動了，見過猛的，沒見過這麼猛的。

對幽州各郡縣的官兵而言，耿弇和吳漢帶來的衝擊波實在是太大了。如果說以前大夥兒還在觀望，那麼現在終於意識到，再也不能騎牆當兩面派了，王郎已死，劉玄委任的官員也被一刀砍了腦袋，他們效忠的對象只剩下一個：劉秀。

兩人豎起了旗幟，重新開始徵兵。這一次，幽州各地的官兵異常踴躍，主動報名，郡縣長官也自覺地有糧獻糧，有兵出兵，徵發突騎來會合。沒過多久，兩人就招募了五萬多幽州騎兵。

與此同時，劉秀也迎來了另一個對手：銅馬軍。

這是除赤眉軍外，河北境內勢力最大的一股流民武裝，有十幾萬之眾，此刻已逼近鄗縣，威脅邯鄲。

這年九月，劉秀派出了鄧禹、銚期、蓋延三劍客出擊銅馬軍，吳漢、耿弇也帶著新募來的幽州突騎前來助戰。

雙方兵合一處，氣勢如虹，目標直指銅馬大軍！

然而，劉秀大軍的開局並不好，蓋延遭遇伏擊，被銅馬大軍圍了個水洩不通，形勢嚴峻，幸好鄧禹及時率領大軍趕來增援，才把蓋延救出來。

另一邊，銚期的大軍也被銅馬大軍打敗，只得退守。

首戰失利，劉秀馬上改變策略，堅壁清野，堅營自守。無論銅馬大軍在城外如何叫罵，自己這邊高掛免戰牌，就是不出城。與此同時，劉秀還派出大量偵察兵，一旦發現銅馬軍出來轉運糧食，立即派騎兵突擊，斷其糧道。

銅馬軍雖然人多勢眾，但是面對劉秀這個硬骨頭，也是無可奈何。圍城戰變成了消耗戰，加上糧道、糧倉被破壞，大軍的後勤補給很快就出現了問題。

十幾萬大軍飢腸轆轆，每天只能望城而嘆。

一個月以後，銅馬軍終於堅持不下去了，偷偷在一個月黑風高的夜晚選擇了退兵。

劉秀等的就是這個機會！

蓄勢待發的漢軍傾巢而出，緊追不捨，終於在館陶追上了銅馬軍，雙方大戰一場，早已沒了鬥志的銅馬軍大敗，潰不成軍。

銅馬軍被揍，只得向劉秀投降。就在這當下，高湖、重連兩支流民軍趕來幫忙，銅馬軍一看來了幫手，不肯再降，會合高湖、重連後與劉秀軍大戰於蒲陽，又被劉秀軍所敗。

銅馬軍徹底沒了鬥志，也不敢逃了，紛紛繳械投降。

一個新的問題擺在了劉秀面前：「這麼多降兵，怎麼安置？他們會誠心誠意投降嗎？」

都說受降如受敵，收編對手的部隊，這可比打敗對手難多了，它需要極強的政治手腕與政治魄力。項羽和白起算得上是一流名將，可依然無法解決受降問題，所以只能就地屠殺掩埋，造成了極壞的政治影響。

回到眼前，銅馬軍雖然投降了，但是漢軍諸將對他們並不信任，怕他們降而復叛，畢竟銅馬軍的人數有十幾萬，不可不防；而銅馬軍也不信任漢軍，生恐繳械後被殺戮清算，畢竟歷史上這樣的例子太多了。

這次輪到劉秀，他會怎麼解決呢？

帳下諸將心中都沒有底，劉秀其實也沒底，但是他決定嘗試一次。

首先，劉秀分封銅馬降將為列侯，讓他們繼續帶領自己的部下，各自歸營帳，安撫住中層軍官們的心。

其次，劉秀帶了少數隨從到銅馬軍營中巡視，逐一看望投降的將士，噓寒問暖，殷勤慰問，並送錢送糧送官爵給將士們。

銅馬軍見劉秀親自前來慰問，無不感動鼓舞，劉秀將自己的性命交到他們手上，這是對他們最大的信任！

深受感動的銅馬軍將士們不自覺地跪滿一地，拜道：「吾等敗降之人，蕭王不顧危險親身探訪，如此推心置腹，我們哪能不捨命報效？」

劉秀笑道：「眾位不必如此。大家既然投奔我，那便是我軍中將士。先前征戰之時大家各為其主，不必多言，我信得過銅馬勇士，也請大家相信我，必待大夥兒與漢軍將士無異。有違今日之言，人神共棄！」

銅馬軍眾人紛紛道：「但憑蕭王所遣，絕不推辭！」

銅馬軍再無異志，真心歸順，由此還誕生了一個成語：推心置腹。

有了銅馬軍的加入，劉秀的實力更上一層樓，麾下部眾達數十萬人，一時之間威震河北，人稱「銅馬帝」。

赤眉西進

銅馬軍被劉秀合併後，青犢、上江、大彤、鐵脛、五幡等流民武裝慌了。眼下河北已經成了劉秀的地盤，自己這點人馬還不夠對方塞牙縫的，打又打不過，還是跑路吧！

於是，剩餘的流民軍彼此聯合，十餘萬人逃出河北，跑到了河內郡。

對於這些小股流民軍，要不要繼續追擊？

劉秀的態度很堅決：「斬草必除根，必須盡快肅清這些流民軍，以防春風吹又生。」隨後，劉秀親領大軍出河北，入河內，直奔射犬，大破青犢軍。

青犢軍被揍得鼻青臉腫，一路逃過黃河，投奔赤眉軍去了。

在搞定了青犢軍後，河內太守韓歆心裡開始忐忑了，劉秀大軍追青犢軍追到了自己的地盤上，這意思已經很明顯了，剿賊只是幌子，搶占自己的地盤才是最終目的。

韓歆不甘心，他不聽岑彭的勸阻，打算聚城固守，後來見形勢危迫，只得出城投降。

劉秀得知韓歆曾想抵抗，欲將其斬殺，卻被岑彭攔住了。

岑彭為劉秀分析當前局勢：「眼下赤眉入關，更始危殆，權臣放縱，矯詔稱制，道路阻塞，四方蜂起，群雄競逐，百姓無所歸命。我聽聞您平河北、開王業，這是皇天保佑大漢，是士人的福氣。我岑彭有幸承蒙大司徒劉縯對我的救命之恩、知遇賞識，還沒有來得及報答，他就遇害了。我岑彭永遠遺恨於心，今日我有幸再次遇到大司徒劉伯升的親人，自當歸順漢軍，誓死效命。」

劉秀大喜，跟他傾心相交。岑彭藉機進言道：「韓歆是南陽地區的正人君子，不宜殺之，最好收為己用。」

在岑彭的勸說下，劉秀這才赦免韓歆。

河內郡就此併入劉秀的勢力版圖，岑彭被封為刺奸大將軍，韓歆成了鄧禹的軍師。

與此同時，劉秀也終於下定決心，準備拔掉謝躬這顆釘子。

當初謝躬與劉秀在邯鄲城劃城而治，謝躬的部隊軍紀散亂，肆意搶掠百姓，搜刮財物，搞得民怨沸騰。而邯鄲城的另一邊，劉秀的部隊軍紀嚴明，城內秩序井然，百姓安居樂業。

於是，謝躬的面子掛不住了，他主動向劉秀提出，想搬到鄴城去住幾天。

劉秀表示沒問題，歡送謝躬出城。

謝躬不知道，從他離開邯鄲那一刻起，就已經落入了劉秀為他布置的死局中。

在出擊青犢軍之前，劉秀派出特使去見謝躬，告訴他，自己要率大軍追擊青犢軍到射犬城，用不了多久就能剿滅青犢軍。射犬的青犢軍一旦被擊潰，盤踞在山陽的尤來軍肯定會被嚇跑，往北逃往隆慮山區。將軍應該乘勢出兵，截殺尤來叛軍。尤來軍已成驚弓之鳥，憑藉將軍的威力，剿滅這些散兵易如反掌！

謝躬滿口應允，開始抓緊做戰前準備。

劉秀在射犬大破青犢軍，尤來果然被驚到了，向北逃往隆慮山。得知這個消息，謝躬激動了，他留下大將軍劉慶、魏郡太守陳康帶少數部隊防守鄴城，自己親率主力出擊隆慮山，收拾尤來流民軍。

陷入困境的尤來軍突然迸發出驚人的戰鬥力，掉過頭來奮力死戰，銳不可當。謝躬的軍隊大敗，留下了數千具屍體，狼狽而逃。

與此同時，劉秀這邊也動手了，他利用謝躬領兵在外、鄴城空虛之機，派偏將軍吳漢和刺奸大將軍岑彭突襲鄴城。

此時此刻，留守鄴城的多是老弱病殘和後勤人員，根本沒有多少戰鬥力。吳漢卻沒有急著攻城，他知道自己演講能力不行，於是派了一個辯士去勸降魏郡太守陳康：

「我聽聞上智之人不會身處險境以求僥倖，中智之人能夠利用危機建立功勳，下愚之人處在危險之中還不自知，直至滅亡。危亡到來都是有跡象的，現在長安敗亂，四方紛擾，這你是知道的；蕭王（劉秀）兵強馬壯，各地豪傑爭相歸附，河北皆被他平定，這是你看到的；謝躬內背蕭王，外失眾心，這也是你了解的。你現在據守孤危之城，等待滅亡之禍，什麼忠義，什麼節氣，都跟你沒有半毛錢關係，我勸你不如早日開門迎接蕭王，轉禍為福，免下愚之敗，收中智之功，你意下如何？」

都說識時務者為俊傑，魏郡太守陳康很顯然非常識時務，他見吳漢大軍兵臨城下，便知大勢已去，逮捕了守將劉慶和謝躬的妻子兒女，開門投降。

此時的謝躬狼狽不堪，好不容易掙脫了尤來軍的糾纏，帶著殘兵敗將逃回自己的大本營。他讓馬武留在後面慢慢收攏敗兵，自己只帶幾百騎兵先回城，卻不知，鄴城早已換了主人。

一進城，謝躬就被守在這裡的吳漢逮了個正著。

「謝尚書，別來無恙乎？」吳漢笑嘻嘻地看著他說道。

謝躬的心瞬間就涼了一半，他這才反應過來，所謂收拾尤來軍，根本就是個幌子，劉秀早就挖好了坑等他往裡跳了。

不等謝躬說完遺言，吳漢就一刀結果了他的性命，然後立即派人向劉秀彙報。

馬武在謝躬死後也審時度勢，連夜跑到射犬投奔了劉秀。

隨著馬武的歸降，光耀史冊的「雲台二十八將」至此正式聚齊，他們如同天上的星辰，以各自璀璨的光芒，共同點亮了東漢初年的歷史天空。

兩百多年後，蜀漢名儒譙周曾上疏勸諫劉禪要以德治國，他回顧這段驚心動魄的歷史，動情地寫道：「鄧禹自南陽杖策北渡，吳漢、寇恂不認識世祖光武帝，只是聽聞了他的事蹟，便舉漁陽、上谷突騎迎於廣阿。其餘望風慕德者如邳彤、耿純、劉植等人，甚至於『輿病齎棺，襁負而至者，不可勝數』，故能以弱為強，屠王郎，吞銅馬，折赤眉而成帝業也！」

河內郡是個好地方，地勢險要，城邑完好，戶口殷實，當初鄧禹在鄴城向劉秀獻策時，就把河內郡比作幫助劉邦取得天下的關中。

在拿下河內郡後，劉秀開始考慮守城的良將，他召來鄧禹問道：「你說我得了河內郡，猶如高祖皇帝得了關中。蕭何治關中，高祖無西顧之憂；你推薦過吳漢，他的本事我們都已經見識到了，我想讓你再為我舉薦一名『蕭何』。」

鄧禹沉吟片刻，道：「寇恂文武全才，有統御眾人的能力，除了他再沒有合適的人。」

劉秀於是任命寇恂為河內太守，代理大將軍職務。

他對寇恂說：「當年高祖把關中交給蕭何，而今我把河內交給你，你得保證軍糧供應，訓練兵馬，阻止其他軍隊北渡黃河。」

得到任命後，寇恂下令所屬各縣講武習射，砍伐竹條，造箭百餘萬支，養馬兩千匹，收租四百萬斛，以供軍資。

為了扎牢防線，劉秀又任命馮異為孟津將軍，統轄魏郡、河內郡的軍隊，協助寇恂防止劉玄的軍隊乘虛北進。

馮異這個人我在前面已經介紹過，當初以郡掾的身分替王莽監管五縣，與父城縣的長官苗萌共守縣城。歸順劉秀後，劉秀任命馮異為主簿，於是拉開了君臣際會，共創大業的帷幕。

老馮位列「雲台二十八將」之一，也算是昂首跨入了劉秀集團的軍事委員會的行列，但是他卻是眾多委員中最為低調、最不為人知的一個。

每次戰鬥結束後，將領們總是喜歡圍坐在一起，高談闊論，自述戰功，反正吹牛又不用上稅，不吹白不吹。唯獨馮異，不貪功，不爭功，常常獨自避坐於大樹下，看著他們大擺龍門陣，自己卻從來都一言不發，彷彿並不在場。

他不追求曝光率，也從不公開發表政見，為人謙虛退讓，遇事隱忍，雖然功勳卓著，卻從不居功自傲。每次駕車外出，路上遇到其他同事，不論官職高低、戰功大小，馮異皆停車讓路。

久而久之，將士們都知道了他沉默低調的性格，戲稱他為「大樹將軍」。

馮異做人低調，做事卻很高調。他帶的軍隊進退有標識，軍中紀律嚴明，堪稱全軍的典範。

正當劉秀在河內部署防務時，外面的形勢又有了變化。

更始政權在進入長安後，迅速腐化墮落，關中離心，四方怨畔，長安城處於一片混亂之中；而東邊的樊崇率領二十萬赤眉軍攻入函谷關，向長安出發。

作為當時的第二大流民軍，赤眉軍的故事值得好好挖一挖。

說起來，赤眉軍起兵至今也有六個年頭了，可跟隔壁的綠林軍相比，赤眉軍混得很慘！

綠林軍從南陽起家，沒多久就扶立了劉玄為皇帝，建立了更始政權。此後雖有失利，但是總體上發展勢頭很快，一路克洛陽、取長安，還順帶滅了王莽，短短幾年就成了行業裡的獨角獸。

反觀赤眉軍，如果讓我用一個成語來形容，那就是烏合之眾。

赤眉軍從一開始就沒有擺脫農民階級的局限性，雖然有數十萬兵馬，但是卻沒有嚴密的組織架構和管理模式。他們早先造反的目的是吃飯和活命，現在打仗還是為了吃飽肚子。在山東混了這麼多年，赤眉軍依然居無定所、動盪漂泊，怎麼看都不像一支正規部隊，上不了檯面。

我在翻閱《後漢書》中關於赤眉軍的相關史料時，出現最多的一個字是：掠。

數十萬兵馬到處攻城略地，目的只有一個：擄掠。沿途的老百姓能逃得了嗎？從姑幕到青州，所過之處，又有多少百姓慘遭毒手？

與其說赤眉軍是農民起義軍，不如說是流寇，是土匪。

當初擊破莽軍、殺死廉丹後，赤眉軍首領樊崇帶領十萬大軍四處掠奪。擄掠東海郡時，王莽的東海郡守組織兵力給予赤眉軍沉痛一擊，赤眉軍戰敗，損失不小，隨即輾轉擄掠楚、沛各地，入陳留攻魯城，最終駐紮於濮陽。

而此時，更始政權正式遷都洛陽，四方豪傑紛紛歸附。赤眉軍也興沖沖地跑到洛陽，接受招安，二十餘個土匪頭子還混了個侯爵。本指望得封高官厚祿，從此躋身廟堂，只是可惜，劉玄只給他們一個侯爵的頭銜，而沒有給任何實質性的好處。

封地？不存在的。

這下子，赤眉軍又不做了，既然更始朝廷不把自己放在眼裡，自己又何必眼巴巴地求他們？沒過多久，赤眉軍又回到了居無定所、動盪漂泊、四處劫掠的生活中。

六年了，赤眉部眾們早已疲敝，厭倦作戰，都想東歸，返回青、徐老家。可問題在於，他們還能回去嗎？

赤眉軍面臨著兩大壓力：

首先，琅琊人張步、東海人董憲這些小蝦米四處攻城略地，蠶食疆土，隱隱分割了齊地、東海，擠占了赤眉的容身之地。

其次，睢陽劉永，本就因是梁王後裔為當地百姓擁戴，自去洛陽謁見劉玄而被重封梁王、榮歸故里之後，更是名正言順，水漲船高。梁地雖然不大，但是富庶一方，人口百萬，劉永大肆收攏豪強，擴充兵馬，隱隱成了懸於赤眉頭頂的尖刀，這令樊崇寢食難安。

四方都是對手，照這樣發展下去，赤眉軍遲早要被周邊這些人殺掉。老大樊崇很苦惱，赤眉軍的出路在哪裡？

這一日，徐宣入營拜見，找樊崇商議此事。

徐宣本是故縣獄吏，識文斷字，通曉《易經》，在赤眉軍中算是難得的先生。

徐宣出了個主意：「赤眉大軍起兵也有六年多了，屯駐濮陽經年，聲勢最盛之時足有百萬人馬，可這些年事業發展不順，軍心離散，部隊人數已不足四十萬。反觀我們周邊，劉永、張步、董憲、劉秀等人這幾年迅速崛起，成為不可忽視的力量，要是再這樣下去，我們遲早會被這些人玩死。」

樊崇嘆了口氣：「這些我都知道，你可有什麼法子？」

徐宣道：「如今部隊軍心不穩，我們絕不可輕回青、徐二州；梁地勢大，也不便招惹；劉秀在邯鄲與王郎硬碰硬，一時半會兒注意不到我們。眼下我們唯一的出路，在西邊！」

「西邊？」樊崇有些不太明白。「什麼意思？」

徐宣一拍桌案：「西進關中，奪漢廷天下，以建我赤眉社稷！」

樊崇聽得目瞪口呆。「攻打長安？要玩這麼大嗎？」

徐宣道：「更始軍內部矛盾重重，在長安城必定無法長久。赤眉軍已在外奔波六年，如果回到青、徐老家，且不說要面對張步、董憲等人，部隊必然散夥，各回各家，各找各媽。不如徹底斷了歸鄉的念頭，帶大家西進長安，到更廣闊的天地中搏一把！」

眼下河北的劉秀發展勢頭正猛，惹不起，倒是長安的更始政權惹得天怒人怨，四方離心。如果能將更始政權取而代之，事業必然會更上一層樓！

想到這裡，樊崇等人終於做出了一個決定：去長安！

赤眉軍兵分兩路，一路過武關，一路過陸渾關，向長安出發。

天子牧童

時間一晃，進入了更始三年（西元 25 年）。

這年正月，有個叫劉嬰的皇帝重現人間，引發了一場風波。

和其他那些贗品不同，劉嬰是真皇帝，他是漢宣帝的玄孫。元始五年（西元 5 年），漢平帝去世，王莽從皇室中挑選了只有兩歲的劉嬰，成為西漢帝國的接班人。由於劉嬰年齡太小，並未正式即位，僅當一個「皇太子」。王莽自稱「攝皇帝」，排場實與皇帝無異。為了防止其他人和劉嬰接觸，王莽將劉嬰成天關在一個小黑屋裡，就連劉嬰的乳母也只負責其生活起居，不允許和他說一句話。結果，好端端的一個孩子硬是被關成了一個傻子，不會說話，甚至連六畜都不認識。

王莽代漢後，劉嬰被廢黜皇太子之位，改封安定公，采邑萬戶，地方百里。王莽覆滅後，劉嬰成了沒人照顧的孤兒，每天只能在長安城流浪，靠撿垃圾、吃殘羹為生。

眼看更始政權從上到下各種混亂，有些人就動起了心思。有個叫方望的投機分子找到弓林說：「王莽之前分封的安定公孺子嬰，是漢平帝的後代，因王莽篡政而沒有做皇帝。如今天下人皆言，劉氏當受命，我等何不立他為王，謀取大功？」

弓林也心動了，他安排方望到長安跑一趟，將劉嬰祕密接回臨涇，然後聚眾數千人，立劉嬰為天子，方望為丞相，弓林為大司馬。

聽說劉嬰稱帝後，劉玄立刻派丞相李松和討難將軍蘇茂前往鎮壓。一場大戰，臨涇勢力慘敗，劉嬰連同擁立他的方望、弓林等人，全部被李松和蘇茂誅殺。

可憐的孺子嬰，這位西漢的末代皇子，先是被王莽取而代之，後又被軟禁在長安，成了一個六畜不識、話都說不清楚的傻子。好不容易漢室復興，他自己則成了野心家們爭權奪利的犧牲品。

方望死後，弟弟方陽僥倖逃脫，投奔赤眉軍而去。

此時，赤眉軍已經在弘農集合，直逼長安。

劉玄在剿滅劉嬰之後，派討難將軍蘇茂迎擊赤眉軍，蘇茂大敗，死了千餘人。劉玄不服，再遣丞相李松迎戰赤眉軍，再敗，死了三萬餘人。李松無力迴天，只得逃回長安。

赤眉軍一路勢如破竹，部隊推進至華陰，分萬人為一營，共三十營。

劉玄接連吃了敗仗，也有點慌了，不敢貿然出擊，轉為被動防禦，命王匡、陳牧、成丹、趙萌領軍屯於新豐，李松領軍屯於掫城，以拒赤眉軍。

赤眉軍的發源地為徐州琅琊郡莒縣，這裡是當年城陽景王劉章的地盤，所以赤眉軍造反後，經常由隨軍的女巫組織跳大神之類的活動，祭祀城陽景王劉章，祈福求保佑。

而這一次，正當赤眉軍屯軍於華陰時，軍中主持祭祀的女巫突然說，城陽景王劉章託夢給她，夢中的劉章大怒，說：「樊崇應該是開國之重臣，為什麼到現在還在當土匪？」

這事有點邪，稍微有點理智的人都看出來了，這明顯是樊崇在背後搞的把戲！

軍中也有不信邪的，拿這事當笑話到處亂講，結果第二天，笑話女巫的人就突發重病，臉色蠟黃，氣息奄奄，眼看著就快不行了。

這下子，大夥兒都嚇到了，人心惶惶，難道真是城陽景王顯靈了？大夥兒現在已經徹底認定，這位女巫是一位了不起的巫者，當真有貫通天地、號令鬼神的能耐。

此時，逃入赤眉軍中的方陽趁勢向樊崇進言道：

「更始帝荒淫無道，政令不通，所以將軍才有今天的成就。現在你擁有百萬之眾，西進長安，卻連個尊號都沒有，一直被人視為盜賊，這樣豈能長久？不如找一個劉氏宗室立為皇帝，再以天子的名義號令天下，誰敢不服？」

前有女巫託夢，後有方陽獻計，樊崇等人也有點飄飄然了，他覺得是時候扶持一個代理人了，於是發起了一場尋找劉章後人的運動。

不查不知道，一查嚇一跳，軍中能跟城陽景王劉章扯上關係的竟然有七十多人！

經過一輪輪政審調查，七十多人中篩選出了三個與劉章血緣最近的人，這三個人分別是劉茂、劉盆子兄弟及前西安侯劉孝。

不出意外，新皇帝將在他們中間誕生，而最後的決賽規則很簡單：抽籤！

樊崇等人找來一個竹桶，放了三支籤，兩支空白，一支寫有「上將軍」三個字。之所以寫「上將軍」不寫皇帝，是因為古時天子將兵，稱上將軍。

誰抽到「上將軍」的籤，誰就是皇帝。

為了體現出儀式感，樊崇等人專門在郊外設了一座壇場，大小首領齊聚，先祭拜城陽景王劉章，然後三位候選人逐一登場，挨個抽籤。

前兩位選手滿懷欣喜地取出竹籤，結果表情瞬間就垮了，輪到劉盆子時，表情卻有些茫然。

他中了！

天上掉餡餅了，可惜劉盆子卻並不開心。

劉盆子當時只有十五歲，披頭散髮，灰頭土臉，光著腳丫子，穿著也破破爛爛。現在突然見到大家向自己跪拜，嚇得不知所措，直接哭了出來。

二哥劉茂對他說：「趕緊把竹籤收好！」也不知道劉盆子聽成什麼了，把竹籤放到嘴裡一陣亂咬，然後扔掉了。

劉俠卿是赤眉軍中的一名低階軍官，一看自己的小弟中了籤，立刻帶著劉盆子換了一身乾淨衣服，然後正式接受眾人的慶賀。赤眉大小首領及部眾納頭便拜，山呼萬歲，一個新的皇帝由此誕生。

那麼問題來了，劉盆子是誰？

答案是他只是一個放牛小孩。

當初赤眉剛剛興起時，經過青州泰山郡式縣，把故式侯劉萌的三個兒子抓來，跟著部隊前行。分別是劉恭、劉茂、劉盆子，老大劉恭比較有文化，學過《尚書》，算是專家型人才。

更始元年（西元 23 年），劉玄稱帝，樊崇當時覺得找到組織了，帶著一眾人到洛陽歸順。劉玄替這一干人都封了侯，其中就包括劉恭，他繼承他老爸的爵位式侯，擔任宮廷隨從。

樊崇沒得到封地，一怒之下帶著人跑回山東老家繼續鬧革命，劉恭沒有跟著走，留在劉玄身邊，兩個弟弟劉茂和劉盆子則一直跟隨著赤眉。劉盆子的上司是一個叫劉俠卿的低階軍官，他每天的工作就是放牛。

事實證明，年僅十五歲的劉盆子在這次抽籤中完美逆襲，完成了由放牛小孩一躍成為皇帝的壯舉。

劉盆子當了皇帝，大夥兒開始瓜分蛋糕。在赤眉軍大小首領之中，徐宣算是為數不多的文化人，被大夥兒推為丞相；首領樊崇為御史大夫，逄安為左大司馬，謝祿為右大司馬，其餘首領皆為列卿，改年號為建世元年。

這一年是西元 25 年。劉盆子雖然身分發生了轉變，但還是歸低階軍官劉俠卿管，每天早晚按習慣去叩拜劉俠卿。劉盆子覺得當皇帝無聊，總想跑外面找其他放牛的小夥伴一起玩耍，弄得劉俠卿經常威脅要揍他才管得住。

沒有人真正在乎他，或者說，他們在乎的只是他這個皇帝身分，如同一塊橡皮圖章，需要蓋章時拿出來用一用，不用了就扔到一邊。

無論如何，有了土皇帝的赤眉軍底氣更足了，三十萬大軍浩浩蕩蕩向長安出發。

追剿流寇

赤眉軍和更始朝廷決戰在即，劉秀卻還在河北觀望，他不想過早插手長安之戰，而是想藉此機會，清剿河北的其餘流民武裝。

眼下，洛陽由舞陰王李軼、大司馬朱鮪領精兵三十萬鎮守。想必你還記得，這兩人正是當初密謀殺害劉縯的罪魁禍首。

與洛陽一河之隔的河內郡，馮異正厲兵秣馬，他的任務是拿下洛陽城。

朱鮪是擁立劉玄的主要支持者、殺害劉縯的主要謀劃人；李軼則是典型的投機分子，是南陽豪傑李通之從弟。他當初雖與劉秀兄弟結生死之約舉事，但是隨後眼見綠林系勢大，很快就投靠了綠林軍，出賣劉縯，直接導致劉縯被殺。

赤眉軍進入關中後，一路勢如破竹，更始政權的敗亡眼看已成定局，李軼開始慌了。

赤眉軍透過陸渾關大舉進犯長安時，李軼無動於衷，他打定主意袖手旁觀，等待時局的發展。

馮異見李軼始終按兵不動，也不主動向河對岸的河內郡挑釁，決定採用心理戰。馮異是個精通《春秋》、《孫子兵法》，寫得一手好文章。他寫了一封信給李軼，其中寫道：

「我聽聞明鏡可以照形，往事可以知今。昔日微子去殷而入周，項伯叛楚而歸漢，周勃迎代王而黜少帝，霍光尊孝宣而廢昌邑。彼輩皆畏天知命，重祖宗而憂萬民，睹存亡之符效，見廢興之必然，故能成功於一時，垂業於萬世。

如今長安破敗混亂，赤眉軍逼近郊區，王侯發難，大臣叛離，法紀規矩早已蕩然無存，四方分崩離析，異姓勢力紛然而起，此劉氏之憂也。蕭王長途跋涉，頂著嚴霜大雪，苦心經營河北。如今這裡英才俊傑雲集，百姓人心齊向，即使是邠岐的百姓思慕古公亶父，也無法與此相比，馬武和謝躬就是兩個例子。您如果能及早覺悟，立即做出決斷，與古人比量功勞，轉禍為福，現在正是最好時機。要不然勇將長驅而來，嚴兵圍城，到時候後悔也來不及了。」

李軼看完書信，有點動心了。劉玄進入長安後迅速腐化墮落，覆亡是遲早的事；赤眉軍都是一幫泥腿子，沒有長遠的政治理想。放眼望去，能成就大事的只有劉秀。

可問題在於，李軼是當初謀害劉縯的凶手之一，劉秀會原諒他嗎？

拋開這些雜念，李軼又覺得自己有足夠的底氣和對方談判，因為他手中握有談判籌碼 —— 洛陽。

他回了一封信給馮異：「我本來與劉秀最早合謀恢復漢室，結生死之約，定成敗之計。現在我守洛陽，你守孟津，這是千載難逢的良機，你我二人同心，力可斷金，請你轉達蕭王，我甘願進獻愚策，幫助他定國安民。」

雙方互通書信之後，李軼刀槍入庫，馬放南山，一心等待馮異那邊的回音。

馮異迅速抓住這個時機，抽調兵馬北上攻天井關，拔上黨兩城，然後回師向南，兵渡黃河，進入河南郡，攻克成皋以東十三縣，收降十餘萬人。

河南太守武勃領萬餘人前來救援，與馮異戰於士鄉。馮異大破武勃，斬首五千餘級，在黃河南岸站穩了腳跟。

李軼看著家門口的這一系列戰事，卻緊閉城門，見死不救。馮異見李軼確有投降之心，於是將李軼想要投誠的意思向劉秀作了簡要彙報。

劉秀回信說：「李軼這個人詭詐多端，反覆無常，不可輕信！」

隨後，劉秀還故意讓人把書信散播到洛陽城，洩漏給其他更始將領。

這是一招借刀殺人，對於李軼這個投機分子，劉秀從一開始就沒打算原諒他。

朱鮪得知李軼居然跟馮異眉來眼去，頓時就火了，先下手為強，立刻派人刺殺李軼，接管了他的部隊。

李軼遇刺被殺後，他的部下多心懷不滿。很多人怨恨朱鮪，紛紛逃出洛陽投奔馮異。

朱鮪接管洛陽後，向劉秀發起進攻，命討難將軍蘇茂、副將賈強領兵三萬，渡河進攻溫縣，自己則率數萬人兵發平陰，攻打馮異。

朱鮪來襲，河內太守寇恂立即帶兵前往救援，並命各屬縣發兵，到溫縣會師。大夥兒都勸他等部隊集結完畢後再出兵，寇恂說：「溫縣是河內郡的藩蔽，溫縣一旦失守，整個河內郡都將不保！」

隨後他立即馳援溫縣。

馮異在得知消息後也在第一時間做出抉擇：「先渡河回河內，援救溫城。」寇恂固守溫城，見馮異率部與各縣援軍趕到，大喜，讓士卒大聲鼓譟：「劉公兵到！」

蘇茂、賈強的部隊聽聞居然是劉秀親率大軍來援，頓時就有點慌了，城內議論紛紛：「劉秀來了！昆陽之戰的戰神來了！」

沒辦法，誰讓劉秀是昔日昆陽大戰的英雄呢？這一次次的戰績刷新，也擴大了影響力。

這種恐慌情緒迅速蔓延開來，部隊陣腳大亂。馮異與寇恂兩路出擊，大敗敵軍，蘇茂一直逃到洛陽，賈強戰死，數千士兵投河而死，一萬餘人被俘，寇恂與馮異一路追擊，過黃河而還。

從此，洛陽震恐，緊閉城門，淪為孤城一座。

捷報傳到河北，劉秀大喜：「我就知道寇子翼可以勝任！」

劉秀滅王郎、殺謝躬之後，已基本控制了河北大局。此時，赤眉軍大舉入關，劉秀考慮到更始帝遲早要完，便兵分兩路，一路北伐，一路西征。

首席人事鄧禹負責西征，率兩萬多人從野王出發，尾隨在三十萬赤眉軍後面，目標直取關中；劉秀帶一隊人馬北伐，開始了掃蕩河北的決定性一戰。

在先後擊潰銅馬、青犢之後，劉秀繼續北上，清剿尤來、大槍、五幡等流民武裝。這一路很順利，連戰連勝，可謂是摧枯拉朽，一路追至北平，大破敵軍。劉秀自認為與流民軍作戰早已輕車熟路，便安排都護將軍賈復率部迎擊五校軍，自己則帶一隊人繼續追擊北撤的尤來等部。

但是他沒想到，這一次冒險出征差點陰溝裡翻了船。

尤來軍雖然像兔子一樣被攆得到處跑，但是他們並不慌亂，一直在撤退中尋找反擊的機會。劉秀帶著人一路狂奔，身邊不斷有人掉隊，人數越來越少，最後只剩下了耿弇、馬武及數十名騎兵。

都說驕兵必敗，如果換作平時，謹慎的劉秀一定會察覺出什麼，然而這一路走來，勝利來得太容易，連一向沉著穩重的他都有點頭腦發熱了，產生了驕傲的情緒。

尤來軍一路狂奔，渡過順水河後在北岸停了下來。這時候他們才發現，此時劉秀身邊的部眾只剩下了數十人。

「好機會！」

尤來軍迅速隱伏在河岸邊高高的蘆葦叢中，耐心等待機會。

頭腦發熱的劉秀卻不管不顧，帶著身邊為數不多的隊伍，急急忙忙渡過了順水河。

他還沒立住腳，四周突然喊殺聲大作，尤來軍鋪天蓋地合圍而來。密密麻麻的刀尖和槍尖閃爍著光芒，帶來一種濃烈的死亡氣息。

形勢瞬間逆轉。

面對突然殺出的尤來軍，劉秀等人完全沒有準備，根本來不及排開陣形迎敵，便陷入了混亂之中。

「殺！」

劉秀一聲斷喝，手中長刀閃動，斬向面前一名士兵，其餘部眾也拔出刀，各自迎戰。

在砍翻了面前數人後，劉秀手中的刀已經卷刃，他丟下長刀，拿起長矛繼續刺殺。躲閃是不存在的，戰場上空間有限，人擠人、人挨人，根本沒有躲閃的可能，只能奮力向前衝，直到敵人崩潰，或是自己死亡。

那一仗很慘烈，劉秀全軍潰散，他被對手追到一個高坡，情急之下跳了下去。好在劉秀命不該絕，居然沒摔傷，還遇到了同袍王豐。王豐下馬把自己的坐騎送給劉秀，讓他快走，自己帶人斷後。

耿弇和馬武緊隨而來，馬武讓耿弇帶著劉秀逃跑，自己獨自一人殿後廝殺。

馬武揮動長刀衝入敵陣，刀光飛舞，如有神助一般，刀起刀落之間必帶走一名士兵的性命，殺得周圍的士兵一陣膽寒。耿弇弓箭連發，在劉秀身邊大秀了一把李廣神技，弓弦響處，敵兵無不應聲落馬，不少騎兵竟然被他的弓箭生生逼退。

劉秀這才喘了一口氣，笑著對耿弇說：「剛才可真有點懸，要不是有幾位兄弟在，差點被敵人看了笑話。」

劉秀的鎮定，極大地安撫了自己手下將士的情緒。

這一役，劉秀的隊伍傷亡慘重，部隊被打散，只能退回范陽城裡堅守，此時大家才發現，老大劉秀不見了。

一個謠言在軍中流傳：劉秀已經不幸戰死。

城中人心惶惶，沒有了老大，眾人都不知如何是好，急得團團轉。

關鍵時刻，吳漢站了出來，安撫大家：「明公以前也曾多次遇險，都化險為夷，他一定能安全歸來。即使有什麼三長兩短，明公兄長的兒子就在南陽，還怕以後我們沒有主公嗎？」

吳漢指的正是劉縯的兩個兒子 —— 劉章和劉興，此時正在南陽新野。眼下劉秀還沒有兒子，一旦身遭不測，劉章和劉興就是他們未來將要效忠的主人。

在吳漢的安撫下，大夥兒的情緒才穩定下來，整頓軍馬，以備再戰。

幾天以後，劉秀、耿弇、馬武等人終於回到范陽大本營。見到老大平安歸來，眾人徹底放下心來，山呼萬歲。

與此同時，鄧晨帶著糧草、軍械等物資來到范陽，支援劉秀。

有了鄧晨的支援，劉秀重整旗鼓，準備再次與尤來、大槍等部硬碰硬。尤來等部雖然獲勝，但是長期流動作戰的慣性思想讓他們不敢繼續進攻，反而乘夜繼續向東北方向退去。

這一次，劉秀一口氣點了十四位將軍，親率大軍北上，繼續追剿竄入幽州境內的流民軍。

在安次縣，強弩將軍陳俊率領敢死隊展開步戰，與流民軍短兵相接。陳俊所向披靡，流民軍大敗，倉皇逃去，陳俊緊追不捨，狂奔二十餘里，直到將其首領追上斬首才回營。劉秀在馬上遠遠望見，感嘆道：「如果所有的將軍都能夠像陳俊一樣勇猛，我還有什麼可憂慮的呢？」

流民軍逃到漁陽郡，所到之處大肆搶掠。

強弩將軍陳俊建議說：「賊寇沒有輜重，完全靠掠奪來維持生存。我們不如派輕騎兵到賊寇的前面，讓沿途的百姓堅壁清野，斷絕賊寇的糧食，這樣他們就會不攻自破。」

「這是個好主意！」

劉秀立即派遣陳俊率輕騎兵，飛奔至尤來軍撤退線路的前面，對那些有堅固城牆的城鎮，下令當地官民固守；對那些分散在郊外、無法固守的村鎮，則趕在流民軍搶劫之前，陳俊先把他們搶光了。非常時期當行非常之事，陳俊沒空講什麼仁義道德，直接派出人，凡是不肯遷移的，立即燒屋拿人。

陳俊一聲令下，整個漁陽郡陷入了雞飛狗跳之中，大量百姓拖家帶口，猶如牛羊一般被驅趕著送入郡縣內，凡是帶不走的糧食，全都被燒個一空。無數百姓成了流民，充塞在漁陽郡內，到處都是抱怨聲。

漁陽郡外，浩浩蕩蕩的流民軍興沖沖趕至，無數人已是疲憊不堪。他們好不容易擺脫掉劉秀大軍，許多人早已飢腸轆轆，腹中空空。流民軍的習慣是打到哪裡搶到哪裡，他們已經計劃好在漁陽郡休息一下，順帶著搶掠一把，結果卻發現，整個漁陽郡外圍已被全部清空，漁陽郡成了武裝起來的大壁壘。

雖有村落，可村落裡早已沒有人煙，流民軍開啟他們的糧倉和地窖，一粒糧食都沒找到。

一個人都沒有，一粒糧都沒有。

流民軍絕望了，欲哭無淚。「太慘了，連個鍋碗瓢盆都沒有留下啊！」

很多人餓得受不了，也不想繼續逃亡了，紛紛向劉秀軍隊投降，剩下的人只能繼續向北逃亡。

劉秀得知前線戰報後，欣喜地對陳俊說：「能不戰而使這群賊寇陷入困境，全靠將軍您的妙計啊！」

從潞東到平谷，從右北平到浚靡，劉秀大軍一路追擊，所向披靡，前後行程千餘里，殺敵三千多人，迫降數萬，徹底擊潰了尤來、大槍、五幡等流民軍。

倖存的尤來殘眾不得不繼續北逃，散入遼西、遼東等地，結果又遭到了當地的烏桓、貊人襲擊，幾乎死盡。

至此，劉秀終於徹底肅清了河北境內的各路流民大軍，下一步，該以河北為大後方，圖謀天下了。

第七章

長安亂局

劉秀稱帝

劉秀在河北大殺四方時，鄧禹也帶著兩萬多人踏上了西征之旅。

劉秀之所以選中鄧禹，史書上說是因為他做事沉穩、深沉大度，然而我不這麼看。要知道，此時「雲台二十八將」已聚齊，劉秀手下人才濟濟，有文臣也有武將，而鄧禹的角色定位更偏向於謀士、首席人力資源顧問，寇恂、吳漢等人都是鄧禹發掘並推薦給劉秀的。鄧禹長於謀略，在戰場上真刀實槍打仗並不是他的強項，宋代軍事理論家何去非曾將鄧禹比為西漢的蕭何。

當初劉邦在關東九死一生、與項羽硬碰硬時，蕭何坐鎮大後方關中，為劉邦源源不斷地提供糧草、物資及兵員，從沒有過獨自帶兵打仗的經歷。

既然如此，劉秀為什麼還要讓鄧禹領兵西征？

仔細分析劉秀的團隊，我們可以將其概括為三大集團：

河北集團：吳漢、耿弇、寇恂、景丹、蓋延、王梁、耿純、任光、李忠、邳彤、萬脩、劉植。

河北集團是劉秀北上撫慰河北時陸續招攬的，以河北軍人為主，人多勢眾，又握有聞名天下的漁陽、上谷突騎，是劉秀爭奪天下的主要力量。

南陽集團：鄧禹、朱祐、岑彭、劉隆、賈復、杜茂、陳俊、馬武、馬成。

南陽集團是劉秀的老鄉，以南陽豪強為主，彼此知根知底，是劉秀的核心團隊。

潁川集團：馮異、祭遵、銚期、臧宮、堅鐔、王霸、傅俊。

潁川集團是劉秀打贏昆陽之戰，到潁川郡攻城略地時陸續歸順的，善始善終，不離不棄，是劉秀初到河北時的重要幫手。

劉秀平定河北時，河北、南陽、潁川三大功臣集團已經形成，但是除了少數部曲以外，劉秀的部隊幾乎全是河北兵馬，河北集團一家獨大。

鄧禹於劉秀而言，既是同學又是謀士，穩坐南陽集團的頭把交椅。劉秀派鄧禹西征，有分河北之勢、扶持南陽集團的意圖。除此之外，鄧禹此前雖然為劉秀制定了很多策略，卻沒有真正的戰功，劉秀此舉也是為了鍛鍊和提攜這位老同學。

為了支持鄧禹西征，劉秀給了他挑兵點將的權力，允他自行選擇部將及部眾。

接到命令，鄧禹立即開始籌備工作，他沒有挑選吳漢、耿弇等高手，而是挑了一批寂寂無名之輩：以韓歆為軍師，李文、李春、程慮為祭酒，馮愔為積弩將軍，樊崇（非赤眉軍首領）為驍騎將軍，宗歆為車騎將軍，鄧尋為建威將軍，耿訢為赤眉將軍，左於為軍師將軍。

這麼做的目的很明顯，他不想依靠任何人，他要憑藉自己的本事橫掃赤眉，拿下長安！

這年正月，鄧禹從野王出發，自箕關入河東郡，攻下箕關，繳獲輜重一千多車，接著長驅直入，圍攻河東郡首府安邑。

防守安邑的是河東太守楊寶，見鄧禹帶大軍來攻，楊寶派兵出城迎戰，結果慘敗而回。吃了虧的楊寶索性關起門，當起了縮頭烏龜，任憑鄧禹大軍在城外如何叫罵挑釁，就是不出城。

鄧禹很無語，只能派兵攻城。然而，部隊缺乏重型攻城器械，攻城極為艱難，只能靠臨時拼接的雲梯攻城。安邑城外，鄧禹大軍的弓弩手列陣排開，瞄向每一個露出頭的士兵，數十把雲梯迅速搭在了城牆之上，無數漢軍死士前仆後繼地爬上雲梯，試圖登上城牆與守軍展開貼身肉搏。

然而，不斷有守城士兵冒死將雲梯推開，或是朝下射箭。一時之間，雲梯之上箭如雨下，不少士兵經受不住箭雨的衝擊力，身形不穩，直接摔了下去。

同時，又有燒至滾燙的開水和圓形滾木從城頭落下，將攻城士兵砸倒一大片，淒厲的哀號聲響作一團。

不斷有人冒死爬上去，不斷有人被城頭的滾木礌石砸下。

日暮時分，士氣低落的攻城部隊緩緩撤去，城牆腳下，只留下了上百具死狀悽慘的屍首。

城頭之上，堅守了一整天的將士見此情形則紛紛高聲歡呼起來，接著用一片罵聲送別對手。

鄧禹皺著眉頭注視著城頭發生的一切，一言不發，他終究還是低估了楊寶的守城決心。

這場攻城戰持續了好幾個月，鄧禹想盡了一切辦法，怎奈安邑防守幾乎沒有破綻，無法攻克，這讓鄧禹大傷腦筋。

首戰不利，鄧禹的內心開始有些焦急了。

與此同時，得知安邑被困，更始大將軍樊參領兵數萬，渡河馳援安邑。鄧禹調轉方向，率大軍迎擊於解南，大破之，斬樊參。「攻城戰不是我的強項，平原戰還打不死你？」

消息傳回長安，王匡、成丹、劉均等人合軍十餘萬，再來援救安邑。

眼下，鄧禹只有兩萬人馬，且在安邑城外硬碰硬了數月，面對氣勢洶洶的十萬敵軍，鄧禹派部將緊急在安邑外圍構築防線，自己親自迎戰。

雙方兵力相差過於懸殊，鄧禹沒能延續上一戰的輝煌，大敗，驍騎將軍樊崇身陷敵陣，力竭戰死。

夜幕降臨，眼看鄧禹大軍就要全線崩潰，王匡卻選擇了鳴金收兵。

軍師韓歆看到形勢不妙，勸鄧禹趁此機會連夜撤兵，重整兵馬後再捲土重來，但鄧禹是個很固執的人，他認定的事情，絕不輕易放棄，拒絕了韓歆的提議。

次日是癸亥日，天干地支都排末尾，是所謂的「六甲窮日」。古人迷信，普遍認為這一日不吉利，諸事不宜。王匡等人自覺勝券在握，既然不利於出兵，那就休戰一日，讓將士們好好放個假。

這個愚蠢的決定給了對手寶貴的調整時間，鄧禹趁機加固防線，有針對性地調整了兵力部署，全軍將士更是得以好好休整了一天。

第三日清晨，戰鼓隆隆，雙方拔營，開始決戰。王匡率大軍傾巢而出，鄧禹命令將士不得輕舉妄動，各自扼守軍營要口，堅壁不出，待對手疲憊之際，突然發動反攻。

漢軍如出籠猛虎，勢不可當，王匡軍措手不及，大敗。鄧禹親率輕騎兵緊追不捨，王匡部將劉均被追兵所殺，不少士兵紛紛舉手投降。王匡、成丹二人丟下部隊一路逃回了長安。

在擊敗了王匡十萬大軍後，鄧禹乘勢攻下安邑，俘獲河東太守楊寶、中郎將弭疆，將其斬殺，繳獲輜重無數，河東郡內其餘縣城聞風而降。鄧禹任命李文為河東太守，更換河東各級官吏，整頓兵馬，撫慰百姓，河東全境頓時氣象一新。

這一戰，鄧禹雖然戰勝了對手，卻暴露了他不善攻堅、剛愎自用的弱點，只是由於對手的低級錯誤才僥倖獲勝，但是隱患早已種下，只待不久的將來爆發。

鄧禹趁大勝之威，揮兵進至汾陰，極目望去，關中大地已是隔河在望。

與此同時，剛剛平定了河北剩餘流民軍的劉秀，也迎來了人生的轉捩點。

此時的劉秀麾下猛將如雲，手握數十萬精兵，又有河北為根據地，終於有了和各路豪傑爭霸天下的資本。

南方戰區，馮異大軍正在圍困洛陽城；西線戰區，鄧禹大軍進展順利，捷報頻傳。形勢不是小好，而是一片大好。

面對這種輝煌且迅速的勝利，劉秀麾下的諸將按捺不住了，大戰剛結束，他們就開始積極督促劉秀盡快登基稱帝。這種舉動有一個專門的政治詞彙，叫勸進。

弟兄們拋妻別子，將腦袋別在褲腰帶上，跟著你鬧革命，為的是什麼？不就是指望著你發達了，瓜分蛋糕的時候可以分一塊給自己嗎？

如果你作為董事長一直不上市，大家就覺得這公司沒前途，只能賺點死薪資，連分紅都分不到，慢慢地就會有人離職跳槽。只有公司敲鐘上市了，你做了執行長，大夥兒才能混個大股東，在管理層中占個位置。

在天下大亂、群雄割據的時代，無論是指揮若定、統帥三軍的老大，還是衝鋒陷陣、南征北戰的將領，不可避免地都要面臨極大的風險。這些從龍之臣極度渴望自己的老大能夠盡快登基稱帝、開創新朝，因為只有這樣，大夥兒才能得以加封混個身分，成為新朝的開國功臣，將來也好光宗耀祖。要不然，大夥兒憑什麼為你賣命？

不過，勸進也是門技術工作，要講究時機。如果勸早了，老大還沒準備好，你這麼早就捅破老大的心思，反而會為自己找不痛快。當然，還要講究方法和策略。你要是一上去就說：「老大，趕緊登基吧，弟兄們都等不及了。」上司大概臉都黑了。

早在劉秀剛剛被封大司馬，安撫河北時，有一次他和朱祐吃飯聊天，朱祐看劉秀心情不錯，覺得機會來了，於是壓低聲音對他說：「現在長安政治混亂，民心背離，您額頭高隆，有帝王之相，這是天命呀！」

不料劉秀一聽，面色一沉，把筷子一扔，對著帳外的侍衛高呼道：「叫刺奸將軍來逮捕這傢伙！」

朱祐嚇壞了，一溜煙就跑了。

這就屬於沒有找準時機。當時的劉秀剛到河北，光桿司令一枚，前有百萬流民軍在等著他，後有更始帝劉玄盯著他，這個時候稱帝，無異於找死。

可是眼下情況卻不同了。

此時的劉秀已經擊敗了河北的王郎政權，降服了河北地區的流民軍，有了傲視群雄的資本。而遠在長安的更始政權內部鬥爭極其激烈，四方反叛，正值各地群雄割據最激烈的時候。

早一日稱帝，大夥兒就可以早一日混上政府編制了，這種事宜早不宜遲。

與此同時，前線馮異、寇恂的報捷奏章也到了，吳漢、耿弇諸將紛紛向劉秀表示祝賀。趁此機會，馬武第一個站起來，慨然進言：

「如今天下大亂，沒有君主，如果有聖人趁著衰敗的局面興起，即使以孔子為相，以孫武為將，還要擔心對局勢有無益處。潑出去的水是無法收回的，機會失去了就會後悔莫及。您一直謙虛退讓，不肯就皇帝位，可是您想過沒有，您是漢室後裔，這樣做怎麼對得起漢家祖宗和劉氏天下？

以我之見，不如回薊縣稱帝，再商討征伐之事。不然天下無主，師出無名，誰是賊人都說不清楚，我們又以何種理由去討伐？」

劉秀雖然早有稱帝之意，但是感覺為時尚早，內心一直在猶豫。眼下被馬武捅破了這層窗戶紙，劉秀厲聲喝斥：「將軍何出此言？這可是要殺頭的！」

馬武說：「這是大夥兒的意思。」

劉秀的臉色有點陰沉，出去告誡諸將：「不可再議論此事！」

大夥兒看到劉秀發了火，誰也不敢再勸。隨後，大軍回到薊縣。

馬武勸進失敗後，諸將雖然有些憂鬱，但是勸進之心從未消退。大軍走到中山時，眾人實在憋不住了，這次一起上陣，聯名上奏，請劉秀稱帝：

「漢室江山因為王莽篡位而宗廟斷絕，天下豪傑都對此感到憤怒，而天下百姓也因此生靈塗炭。大王您與伯升首舉義兵，更始帝劉玄卻憑藉宗室資格占據了帝位，不能奉承大統，天下綱紀敗壞，盜賊日益增多，百姓遭殃。大王您初戰昆陽，王莽潰敗；後克邯鄲，北方州郡得以平定；三分天下有其二，跨州據土，甲兵百萬，論武力沒有誰敢抗拒您，講文德更沒有話說。臣等聽說帝位不可久懸，天命不可抗拒，希望大王您為國家著想，為天下百姓著想！」

劉秀搖搖頭，無動於衷。

大軍行進到南平棘時，諸將再次聯合，當面勸進。劉秀依然推辭道：「寇賊還沒有被徹底剿滅，眼下我們四面受敵，何必著急稱帝？你們都先出去吧！」

毫無意外，眾人再次被劉秀轟了出來。

只有耿純堅持留了下來，繼續進諫：「如今天下義士捨棄親屬，背井離鄉，在刀光劍影中跟隨大王，他們希望的不過是飛黃騰達，以成其志向。如今功業即將告成，天人亦應，您卻拖延時間，違背眾意，不願就皇帝位，我怕再這樣下去大家心灰意冷，會產生退歸故里的想法。如果真是那樣，大王就後悔莫及了。」

耿純的話很直白：「大家跟隨你，就是圖你當了皇帝以後，你吃肉，大夥兒跟著喝點湯，你不當皇帝，大家還怎麼喝湯？怎麼升官發財？讓你當皇帝，不是為了你，是為了大家！你要是遲遲不稱帝，再拖下去，拖到大家對你失望，再想挽回他們的心可就難了！」

劉秀左右踱步，內心久久無法抉擇，只得說：「容我再想想。」

走到鄗縣時，劉秀召來馮異，打聽各方軍情。馮異說：「從目前關中的形勢看，更始政權必敗，復興漢室的重任現在非大王莫屬，您應當聽從大家的建議，早登帝位。」

說來也巧，就在大家想盡一切辦法說服劉秀稱帝之際，一個叫強華的儒生拿著《赤伏符》來見劉秀，符上有一句話：「劉秀發兵捕不道，四夷雲集龍鬥野，四七之際火為主。」

想必大家還記得，強華是劉秀在太學的同學，那時候就喜歡研究這些讖緯，如今終於有了用武之地。

這三句讖語，第一句很好理解，後兩句有點費解。劉秀問強華是什麼意思，強華道：「大漢本尚火德，赤為火色，伏有藏意，故名赤伏符。四七之際，四七為二十八，自從高祖至今，計得二百二十八年，正與四七相合。四七之際火為主，乃是火德復興，應該屬諸大王，願大王勿疑！」

有讖語為證，眾人再次聯名上書，懇請劉秀登基：

「接受天命符瑞，以順應人事為大，現在萬里之外的符命與大王的情況絲絲入扣，即便是周武王的白魚之應（武王伐紂，在孟津渡黃河，有白魚躍到船上，長三尺，身上有紅色的字，述說伐紂的正當性，被認為是祥瑞），又怎能和這相比呢？現在上無天子，海內混亂，符瑞的應驗明明白白，應回報上天神明，以滿足大家的願望。」

群臣接二連三勸進，劉秀一再推諉拒絕，幾輪拉鋸戰下來，戲也演夠了，是時候做出決斷了。

「真的要當皇帝嗎？」

劉秀想起了自己的大哥劉縯，自從王莽代漢，劉縯便立誓要奪回高祖皇帝打下的天下，恢復漢室江山。為了達成這個目的，劉縯廣交豪傑及賓客，以待他日之用。那時的劉秀，在大哥的萬丈光芒下，只是個做事謹慎、不顯山不露水的普通人。雖然那時就有蔡少公「劉秀當為天子」的預言，但是劉秀並沒有當真。因為大哥才是當之無愧的領袖，就算將來打下了江山，皇帝也應該由大哥來當！

然而，作為漢軍偶像和領袖的劉縯沒能等到這一天，他死在一場陰謀中。

那些兄弟之間的鮮活記憶，俯仰之間，已為陳跡。

在那個迷信讖緯的時代，關於劉秀的讖語實在太多了，多到從他出生時起就已經出現了，我不妨試舉幾例：

他出生那年，濟陽大豐收，更出現了一株神奇的嘉禾，一莖居然長出九個稻穗，父親劉欽因此為他取名為劉秀。

在舂陵時，望氣者讚道：「美哉！王氣鬱鬱蔥蔥，必有王者當興！」

在穰縣，對圖讖頗有研究的蔡少公說：「劉秀當為天子。」

所有這一切都昭示著劉秀未來的命運，皇位似乎已經早就為他所預訂。

他注定要成為皇帝，當皇帝就是他的宿命。

這次的勸進共進行了七輪，集體勸進四次，個人勸進三次。特別是個人勸進的三個人，分別代表了各方的願望：馬武是南陽系的代表，耿純是河北系的代表，強華帶來的《赤伏符》是「天意的代表」。有兄弟們的熱烈擁護，有天意的安排，劉秀登基可謂是順天應人。

這一次，劉秀終於不再客套，只說了一個字：「可。」

在答應了眾人的請求後，劉秀命有司在鄗縣之南設壇，擇日受朝。有司至鄗城南郊，選定了千秋亭，在這裡築起了一座高約丈許的壇場。

六月二十日，千秋亭高臺聳立，劉秀在眾人的簇擁下來到千秋亭的五成陌。身上是玄衣纁裳，上衣顏色象徵未明之衣，下裳表示黃昏之地，集天地之一統，有提醒君王勤政的用意。衣服上繡日、月、星辰、山、龍、華蟲、宗彝、藻、火、粉米、黼、黻十二章紋，各有寓意。

而袞冕十二旒，每旒十二顆玉，以五彩玉為之，用玉二百八十八顆。

臺下燃起通天烽火，劉秀戴通天冠，緩緩登臺，遍祭乾坤六宗——水、火、雷、風、山、澤，再祭天地群神。

祝官宣讀祝辭，文曰：

「皇天上帝，后土神祇，眷顧降命，屬秀黎元，為人父母，秀不敢當。群下百闢，不謀同辭，咸曰：『王莽篡位，秀發憤興兵，破王尋、王邑於昆陽，誅王郎、銅馬於河北，平定天下，海內蒙恩。上當天地之心，下為元元所歸。』讖記曰：『劉秀發兵捕不道，卯金修德為天子。』秀猶固辭，至於再，至於三。群下僉曰：『皇天大命，不可稽留。』敢不敬承。」

不知道大家發現沒有，在祭神的祝文上，劉秀修改了一句讖語：「劉秀發兵捕不道，卯金修德為天子」。「卯金」指「劉」字，劉秀把劉氏稱帝的預言說得更明顯，更利於鼓動人心。

祝文讀畢，劉秀南面就座，正式即皇帝位，群臣跪拜，山呼萬歲，隨後改元建武，大赦天下，改鄗邑為高邑。

東漢王朝由此建立。

這一年是建武元年（西元 25 年），劉秀三十歲，距離他舂陵起兵兩年零八個月，距離他踏上河北一年零八個月。

但是劉秀稱帝也只是一個開始，他的目標是關中，是天下，是大江，是大海！他還需要繼續前進，還需要攻城略地，還需要取得更大的勝利。前方，還有很多很多對手在等待著他：東部劉永、西部延岑、西南公孫述、西北隗囂、南部李憲等，他們磨刀霍霍，時時關注著天下大勢，伺機而動，想要在中原分一杯羹。

劉秀，你準備好了嗎？

仁德之道

幾乎就在同一時間，赤眉軍領袖樊崇等人擁立劉盆子為皇帝，改元建世。

此時，天下各地冒出了許多皇帝，其中有四個劉姓皇帝，都自認為是漢室正統，一個是玄漢皇帝劉玄，一個是東漢皇帝劉秀，一個是赤漢皇帝劉盆子，還有一個是永漢皇帝劉永，於本年十二月稱帝。

除此之外，本年正月，孺子劉嬰被人立為皇帝，屁股還沒坐熱，就被劉玄派人滅了；本年四月，割據在益州的公孫述稱帝，國號成家，年號龍興。

即位之後，劉秀封賞諸將，吳漢為大司馬，封舞陽侯；鄧禹為大司徒；王梁為大司空，加封武強侯。其餘眾人皆有封賞。

三公的地位不言而喻，這裡我有必要對其做個簡要介紹。

大司馬是最高軍事長官，漢武帝以來，大司馬一直是三公之首，位在大司徒、大司空之上。

大司馬之前是一個叫孫咸的無名將軍，之所以選中他，是因為劉秀在讖文中讀到過一句「孫咸征狄」，恰好手底下有個叫孫咸的，於是提拔他為平狄將軍，行大司馬事。

不料名單一公布，大夥兒都不服氣。「孫咸此前沒有什麼突出的戰功，憑什麼讓他當三軍總司令？反對！」

群眾意見很多，劉秀只得發揚民主，讓諸將推選一個大司馬，結果大夥兒一致投吳漢。劉秀見吳漢眾望所歸，只得讓吳漢做了大司馬。

對於這個任命，同為北州大將、時任偏將軍的景丹頗有微詞。

劉秀知其意，親自出面安慰景丹：「景將軍是北州大將，朕一向很看重你。但是吳將軍有建大策之勳，又帶兵斬了苗曾、謝躬，功勞很大。按照朝廷的舊制，驃騎大將軍這個官職一般是由大司馬兼任，現在朕把它們分開吧！」

於是，劉秀下詔任命吳漢為大司馬，以景丹為驃騎大將軍。

至此，一個嶄新的政權總算是建起來了。

吳漢和鄧禹我們已經很熟悉了，這個王梁又是從哪裡冒出來的？

王梁時任偏將軍、野王縣令，之所以選他為大司空，主要依據是那本《赤伏符》。書中記載：「王梁主衛作玄武。」經過一番調查，劉秀發現野王縣令王梁符合讖記，於是下詔任命王梁為大司空。

遠在前線的鄧禹也接到了劉秀的詔書：

「鄧禹嚴守忠孝，和朕謀謨帷幄，決勝千里。孔子曾經說過，自從我有了顏回，弟子們一天天親近起來。而今鄧禹斬將破軍，平定山西，功效尤著。如果百姓不親附，不遵循五常，你作為司徒，應對百姓施行教化，教化應重在寬厚。現在遣奉車都尉前來授予你官印，封酇侯，食邑一萬戶。」

要知道，這個封賞可大有講究，第一任酇侯乃是西漢開國第一功臣蕭何。當年劉邦論功行賞，盛讚蕭何為功人，而諸將只是功狗，定蕭何為首功，封為酇侯，食邑八千戶，位列第一。兩百多年後，劉秀再一次將酇侯的爵位賜給鄧禹，顯然是將東漢開國第一功臣的位子提前預留給鄧禹。

由於鄧禹在外領兵作戰，大司徒一職實際上虛懸。劉秀又提拔伏湛為大司徒府司直，代理大司徒一職。

這裡要介紹一下伏湛，他是琅琊東武人，名儒老臣，西漢經學家伏生之後。伏湛的高祖父叫伏孺，漢武帝時客居東武講學，父親伏理是當世名儒，為漢成帝教過《詩經》，做過高密太傅，自成一家學說。

伏湛生性孝順友愛，年輕時繼承父親的衣缽，開門收徒，有數百名學生。漢成帝時，靠父親的功績做了博士弟子。五次升遷後，到王莽時任繡衣執法，受命督察大奸，升任後隊屬正（官名，職如郡都尉，掌全郡兵馬及地方治安）。

更始元年（西元 23 年），劉玄稱帝，伏湛為平原太守。當時亂兵四起，天下騷動，大夥兒都很恐慌，唯獨伏湛很淡定，繼續為學生上課。他對妻子、兒女說：「如果一季糧食沒有收成，國君就會吃不下飯；如今百姓都食不果腹，我們有什麼理由獨自大吃大喝？」

於是大家一道吃粗糧，把俸祿全分給了鄉鄰百姓，來他家做客的有一百多戶。當時他家有個管事的想鼓動伏湛起兵，伏湛果斷出手，將其處死，並將人頭掛在城中示眾，從此官民信任，郡內安定。

毫不誇張地說，平原一郡能得以保全，伏湛功不可沒。

建武元年（西元 25 年），劉秀即位，建立東漢，讓伏湛主管機要，召拜尚書。當時鄧禹西征關中，劉秀認為伏湛可以勝任宰相，拜他做司直，行大司徒事。

劉秀每次外出征戰，伏湛常留京鎮守，主持日常工作。建武三年（西元 27 年），伏湛終於轉正，代替鄧禹做了大司徒，封陽都侯。

當時徐異卿等一萬多人占據富平，漢軍怎麼圍攻都拿不下來。雙方談判，徐異卿只有一個條件：「他只向司徒伏公投降。」

劉秀知道伏湛在青州、徐州一帶威望極高，專門派他去富平勸降，徐異卿見到自己的偶像親自來了，當即無條件開城歸降。

七月下旬，劉秀親率漢軍主力二十餘萬從邯鄲南下，準備拿下洛陽。而要拿下洛陽，必須先掃清外圍。

洛陽之東的潁川、汝南二郡，由劉秀的族叔劉茂割據，部眾達十餘萬人。劉茂時年二十一歲，年輕氣盛，面對劉秀的招降，拒絕投降，非要死扛到底。劉秀命驃騎大將軍景丹、建威大將軍耿弇、強弩將軍陳俊率軍徵劉茂。劉茂大敗，不得已而降，劉秀召劉茂入河內，封為中山王，留於身邊。

收服劉茂後，下一個目標便是東邊的劉永。

劉永，梁孝王劉武（漢景帝之弟，在平叛「七國之亂」時立過大功）八世孫，其父劉立為末代梁王，為王莽所殺。更始帝劉玄登基之後，復封劉永為梁王，以睢陽為都城。

劉玄入長安後，幾位大哥搞內訌，四方政亂。劉永更始政權沒幾天，便暗中招兵買馬，準備獨自進行。

更始二年（西元 24 年），劉永以二弟劉防為輔國大將軍，三弟劉少公為御史大夫，廣招豪傑，分封將帥，攻下齊陰、山陰、沛、楚、淮陽、汝南，凡得二十八城。

東海人董憲割據東海郡，張步盤踞齊地，劉永又招安二人，拜董憲為翼漢大將軍、張步為輔漢大將軍。自此，劉永的勢力已經橫跨青、徐二州，實力與劉秀不相上下。

劉秀不敢貿然和劉永開戰，而是以防禦為主，他命耿弇、陳俊領軍駐紮於五社津，防備劉永可能發動的襲擊。隨後派遣大司馬吳漢率馮異、祭遵、土霸、朱祐、岑彭、賈復、堅鐔等十一員大將，領兵十餘萬專心圍攻洛陽，劉秀自己則進駐河陽遙控指揮。

這一戰，劉秀絕對是下了血本，親率主力大軍抵達，可謂是精銳盡出。然而朱鮪也不是等閒之輩，又居於防守方，哪怕洛陽城外將星雲集，還有男主角親自督陣，還是啃不動這塊硬骨頭。

從八月到十月，漢軍發動了一系列進攻，可洛陽城依舊巋然不動，攻城毫無進展。

戰事陷入了僵持狀態。

漢軍士氣日益低落，大夥兒開始暗暗埋怨劉秀。想當初，李軼鎮守洛陽之時，曾主動申請投降，劉秀卻惱怒他是個投機分子，又是殺害大哥的凶手，故意洩漏李軼的降書，害得李軼被朱鮪所殺。

當初那麼好的機會沒有把握住，眼下大夥兒只能望城興嘆。

沒辦法，攻城確實是劉秀的軍事短板，之前攻柏人攻不下，攻鉅鹿也攻不下，攻邯鄲也攻了好幾個月，最後還是王郎的手下做內應，開啟城門才搞定。

十萬漢軍圍困洛陽，每日的物資消耗也不是小數目，好在被劉秀倚為蕭何的河內太守寇恂工作能力相當高。自上任後，他為所屬各級政府行文，要求立即招募士兵，練兵習射，前後製箭百餘萬支，收谷四百萬斛，養馬兩千匹，源源不斷地送往前線。

漢軍久攻不下，軍心日益浮躁，城內的朱鮪也壓力很大。

圍城日久，城中的士卒也快扛不住了，終於有一天，東城門守將準備獻城投降。他偷偷與城外的堅鐔取得聯繫，約好某日清晨開啟城門。

到了約定時間，洛陽城東門果然大開，堅鐔和朱祐領軍殺入，不料朱鮪早有準備，親自率軍前來堵截。雙方在城內展開了一場混戰，這場巷戰從早晨持續到中午，各自死傷慘重。最終還是朱鮪占據了上風，將堅鐔和朱祐的軍隊趕出洛陽。

戰事拖到現在，劉秀坐不住了，他召集眾人開會，商討應對之策。

所有人都知道，強攻是下下策，最好的辦法還是和平解決。可問題在於，朱鮪是害死劉縯的首謀與元凶，無人敢勸劉秀重提請降一事。

沒有人吭聲，一時間，會議室內的空氣有些凝固。

廷尉岑彭見大夥兒都不說話，便出了個主意給劉秀：漢軍已在洛陽城下硬碰硬了兩個多月，傷亡慘重，士卒疲敝，繼續強攻恐怕意義不大。自己曾在朱鮪麾下任校尉，與朱鮪關係比較熟，可以試著去勸降。

劉秀的眉頭皺了起來，自起事以來，朱鮪就是他的死對頭。如今好不容易將他困在洛陽城，只要自己再熬下去，洛陽城必定會被攻破，事到如今，讓自己饒了殺兄仇人，有可能嗎？

從內心深處來講，劉秀恨不得將朱鮪殺之而後快，可問題在於，他不是快意恩仇的江湖大哥，而是皇帝。一名成熟的政治家最關鍵的是能控制自己的情緒，不以個人好惡來做決定，凡事以大局為重。

看著周圍人期待的眼神，劉秀明白了，眼下的最佳方案，乃至於唯一可行的方案，就是勸降。

無論劉秀如何考量，他都必須尊重大夥兒的意見，不能一意孤行，讓他們為了自己報仇的私心而做無謂的流血犧牲。

劉秀長嘆一聲，道：「既然你有把握，不妨試一試。」

在得到劉秀的許可後，岑彭孤身一人來到城前，點名要見朱鮪。

朱鮪登上城樓，看到是昔日的老友岑彭，感慨萬千。兩人一個在城上，一個在城下，互相寒暄，然後直奔主題。

岑彭道：「過去我曾經追隨朱兄，得到了您的賞識和提拔，現在我報恩的時候到了。聽說赤眉軍已經奪取了長安，更始帝處境不妙，我家主公承受天命，平定燕趙之地，在河北即皇帝位，順天應人。如今大軍兵臨城下，洛陽早晚必破，劉玄大勢已去，朱兄何必苦苦堅守？」

朱鮪其實也早就扛不下去了，但是說到投降，他也有自己的顧慮：「當年大司徒劉縯被害時，我是謀劃者之一；後來蕭王前往河北，我也曾勸更始帝不要派他前往。我處處與蕭王作對，做了這麼多對不起蕭王的事，所以不敢投降。」

岑彭聽出來了，朱鮪也想投降，但是他與劉秀有深仇大恨，如果就這麼投降了，劉秀會放過他嗎？

岑彭不敢貿然許諾，回去後將朱鮪的話轉達給劉秀。劉秀笑道：「做大事者不計小怨。你告訴朱鮪，如果他投降，可保全現有的官職和爵位，朕絕不責罰他！有黃河水為證，朕絕不食言！」

岑彭又去傳話給朱鮪，朱鮪還是不相信，命人從城上放下一條繩子，對岑彭說：「你若是有誠意，就請順著繩子爬上來。」

這有何難？岑彭二話不說，抓起繩子就要往上爬。朱鮪見岑彭毫不猶豫，當下再無懷疑，止住岑彭，答應歸順劉秀。

出城之前，朱鮪又多留了個心眼，他對部下說：「你們在城內堅守，我先出城看看，如果我回不來，你們就去投奔郾王尹尊。」

交代完後，朱鮪將自己捆了起來，跟隨岑彭到河陽面詣劉秀。

河陽城內，漢軍戒備森嚴，五步一哨，十步一崗。朱鮪孤身一人負荊請罪，拜倒在劉秀面前。

看著眼前的這個人，劉秀的內心很是複雜。這個人設計殺害了自己的大哥，也曾多次阻止自己撫慰河北。當年在宛城、在洛陽，朱鮪死死盯著劉秀，就等著他露出破綻，然後將他除掉。劉秀則小心翼翼，活得卑微而隱忍。

而如今，形勢倒轉，劉秀憑藉自己的努力成了漢室皇帝，統領大軍數十萬；朱鮪則越混越差，坐困孤城，乃至成了階下囚。

「要殺死他，為大哥劉縯報仇嗎？」

他曾經無數次設想過這個場面，也曾設想過數十種殺死他的辦法。然而，當朱鮪真正匍匐在自己腳下時，劉秀卻已經從當年的仇恨中超脫了。

與家國天下相比，個人的恩怨榮辱實在算不了什麼。那些殺不死自己的，只會讓自己更強大。

眼前的朱鮪，已不再如兩年前那般年輕張揚了，他低垂著頭，臉上盡是被生活磨礪出的褶皺。

劉秀走下臺階，扶起朱鮪，親自解開他的繩索，隨後為他擺了一桌酒席，與之暢談許久。傍晚，劉秀還專門派了岑彭護送朱鮪回到洛陽。

劉秀的這一系列舉動著實感動了朱鮪，第二天，朱鮪就帶著洛陽城內的全部守軍出城投降。

就這樣，劉秀以和平方式拿下了洛陽，任命朱鮪為平狄將軍，封扶溝侯。朱鮪後來官至少府，而且扶溝侯的爵位也傳給了子孫。

「仁義」二字，劉秀不只是嘴上說說而已，他是真的這麼做的。

赤眉入京

劉秀拿下洛陽城時，更始政府此時在做什麼呢？

答案是正忙著內亂呢。

赤眉軍自西進以來連戰連勝，縱橫關中，無有可匹敵者。更始軍與之多次交手，然而每次都慘敗而歸，鄧禹率領的西征軍也西渡黃河入境，銳不可當。明眼人一眼就能看出，更始政權的覆滅已經進入倒數計時了。

長安城中瀰漫著一種悲觀情緒，王匡等綠林系大哥聚集在一起，緊急商量對策。有人認為：「赤眉軍聲勢浩大，已經逼近華陰，長安城是鐵定守不住了，只能選擇策略性撤退。與其把長安城留給赤眉軍，不如先搶了長安，載著金錢珠寶，然後掉頭攻擊赤眉，殺出一條血路，回南陽老家，收集、整頓宛城兵馬，以圖東山再起。」

「萬一南陽老家也容不下呢？大不了再上綠林山當強盜，也是逍遙快活！」

這番話觸動了大夥兒的心思。大家本來都是盜賊土匪，自從入了長安城，穿了這身官服，渾身不自在，總覺得不如在老家逍遙快活。眼下赤眉勢力如此之大，打是打不過的，只能跑路了。

淮陽王張卬、穰王廖湛、隨王胡殷、平氏王申屠建、御史大夫隗囂等五人達成一致意見後，決定去勸說劉玄。

不料，一向以懦弱示人的劉玄聽完，卻堅決不肯撤離，臭罵張卬等人一頓。

開玩笑，劉玄好不容易做了一回皇帝，過上了奢侈糜爛的帝王生活。現在要他放棄這富麗堂皇的長安城，告別醉生夢死的長樂宮，簡直比殺了他還難。

皇帝不願意走，大夥兒也不好再提此事。日子一天天過去，赤眉軍日益逼近，長安城岌岌可危，張卬等人終於沒有了耐心，他們決定來硬的，劫持劉玄，一起走！

謀劃已定，只待立秋日行動。不料，侍中劉能卿得知張卬等人的密謀後，偷偷告訴了劉玄。

危急時刻，劉玄表現出了少有的果敢和魄力，他先在宮中埋下伏兵，然後傳召張卬等人，稱自己同意撤退，需要跟大家商量一下細節。

張卬等人信以為真，先後入宮，只有隗囂覺得事有蹊蹺，請了病假。劉玄見隗囂沒來，擔心計謀已敗露，非要等隗囂來了再動手，就讓張卬等人在外面等。

張卬、廖湛、胡殷等人在宮中左等右等，就是不見劉玄，心想：為什麼參加會議的除了他們四個，沒見其他人呢？劉玄久等不來，到底在醞釀什麼？

「情況似乎不太妙啊！」

張印越想越不對，趕緊腳底抹油跑了。廖湛、胡殷一看張印都閃人了，也迅速離開，只有申屠建還在傻乎乎地等。

劉玄在宮中糾結了半天，好不容易下定決心動手。然而等他出來一看，發現只剩申屠建一個人。

「算了，有一個算一個吧，再不動手就都跑光了。」於是殺了申屠建。

張印、廖湛、胡殷逃出宮外，得知申屠建已被劉玄除掉，明白計謀已經暴露。既然大夥兒撕破了臉皮，那就沒什麼顧慮了，放手做就是了！

幾個人迅速率軍反攻長樂宮，縱兵放火燒門，衝入宮中。劉玄慌了，僅靠宮中的這點侍衛，哪裡抵擋得住這群如狼似虎的強盜？一場大戰後，劉玄大敗，狼狽逃往新豐，投奔大司馬兼老丈人趙萌。

逃到新豐的劉玄驚魂未定，除了趙萌，他現在看誰都像反賊。謀反的張印、廖湛、胡殷三人皆為綠林軍將領，而與趙萌同守新豐的王匡、陳牧、成丹三人，也出身綠林軍，誰能保證王匡等人與張印沒有串通？

幾乎已經神經質的劉玄立即下發通知，召王匡、陳牧、成丹等人趕到新豐救駕。陳牧和成丹不明就裡，接到命令後第一時間趕到新豐，王匡則多留了個心眼兒，找了個藉口不肯應召。

有了前車之鑑，劉玄不等王匡，立即動手，直接將陳牧、成丹誅殺，部隊全部由趙萌收編。

王匡得知陳牧和成丹被殺，嚇個半死，一路跑回長安，與張印等人會合。至此，綠林軍與更始帝劉玄正式決裂。

劉玄所能仰仗的，只剩下老丈人趙萌和駐守掫城的李松的兩支部隊，這是他唯一的賭注，也是最後的賭注。

劉玄很憤怒，他是皇帝，他要打回長安！

孤注一擲的劉玄調集趙萌和李松的部隊，向盤踞長安的張卬、王匡、廖湛、胡殷等部進攻。

長安城下，戰火再起。

從八月到九月，雙方在長安城下展開廝殺，兵刃相擊，喊殺齊鳴，血霧迷漫，殘肢亂飛。張卬、王匡等部身心疲乏，漸露疲態，趙萌和李松的部隊則憑著最後一絲意志強撐拼鬥，終於笑到了最後。

張卬等人心中冰涼，自以為趕跑了劉玄就可以穩操勝券，不料最後還是一敗塗地。長安城破，王匡、張卬兵敗逃走，劉玄重新回到了長安。

張卬等人逃出長安之後，直接投奔了高陵的赤眉軍，然後領著赤眉軍再來進攻長安。

劉玄命李松出城迎戰，李松大敗，兩千餘人戰死，本人也被俘虜，淪為赤眉軍的階下囚。

赤眉軍西進，到了長安城外。長安城的守門校尉正好是李松的弟弟李況，赤眉軍在城下叫囂，只要開啟城門，便可饒李松一命。為了讓哥哥活命，李況只得開啟城門，放赤眉軍進城。

建武元年（西元 25 年）九月，赤眉軍輕鬆占領長安城。

玄漢政府文武百官全都投降赤眉，唯獨丞相曹竟拒絕投降，被殺。

劉玄眼見大勢已去，倉皇之下逃了出來，宮女們在劉玄身後連聲大呼：「陛下當下馬謝城！」

無奈之下，劉玄下馬拜謝，然後上馬急忙逃離長安，被他撇下的還有掖庭內的一千多名宮女。

沒了主人，這些宮女都被幽閉在殿內不讓出來，沒有吃的，她們不得不挖庭中蘆菔根充食，捕宮內的池魚充飢。日久食盡，她們一個接一個餓死，只能就地埋於宮中。

除了這些宮女之外，宮中還有隸屬於甘泉宮的一個專業樂隊，大概有上百人之多，成員基本上都是絕色美女。她們雖被關押在宮內，但是非常敬業，依舊鮮衣盛妝，擊鼓歌舞，一如往常。

後來新任皇帝劉盆子偶然闖入，她們隔牆向劉盆子叩頭說：「我們這些人好多天沒吃飯了，希望陛下能夠哀憐我們，給一口吃的吧！」

劉盆子從高樓上看到這個慘景，也覺得辛酸，命中黃門送米，每人數斗。再後來，劉盆子跟著赤眉軍跑路，宮女們斷了糧食，悉數餓死，竟無一人離宮。

劉盆子有個大哥叫劉恭，一直留在劉玄身邊擔任侍中。自從赤眉軍立劉盆子為皇帝，劉恭套上枷鎖，主動到監獄待罪。當時的劉玄焦頭爛額，哪有工夫搭理他？劉恭就在獄裡待著。等到聽說劉玄大敗，逃出長安，劉恭又走出監獄，在渭水河畔追上了劉玄。

此時的劉玄已成為孤家寡人，處境很悽慘！只有劉恭依然不離不棄，這讓劉玄感念不已。

一行人正要趕路，不料一隊人馬從後方呼嘯而至，攔在逃亡的眾人面前。

劉玄嚇了一跳，不料領頭的人下馬後納頭便拜，自稱是右輔都尉嚴本，前來護駕。

劉玄聞言，不禁又驚又喜，本想打回長安去，但是嚴本並沒有這個意願。劉玄算是看出來了，所謂的護駕，名為保衛，實則監視。赤眉軍已占領長安，劉玄則是嚴本為赤眉軍準備的一份大禮。

劉玄逃出長安後，遠在河北的劉秀聞知此事，特地下發通知，封劉玄為淮陽王，有敢殺害劉玄者，罪同大逆，誅其三族；有將劉玄平安送來河北者，加封列侯。

與此同時，赤眉軍也派來使者要劉玄投降，並宣稱現在投降，還可以封為長沙王，超過二十天就不再接受劉玄的投降。

「如何抉擇？」

劉玄閉目長嘆，他本來屬意劉秀，但是自己畢竟殺了人家的大哥，沒臉去見劉秀，只得遣劉恭向赤眉軍請降。赤眉軍命右大司馬謝祿前往受降，迎劉玄回歸長安。

十月，劉玄再一次回到了長安城，回到曾屬於他的長樂宮，只是這一次，他已經沒有資格坐上皇帝寶座了。

大殿之上，劉玄脫光了衣服，跪在階下，膝行向前，獻上傳國玉璽，向赤眉軍謝罪請降。

十五歲的劉盆子接過傳國玉璽，赤眉軍眾將則在殿中大呼小叫，爭論著該如何處置劉玄。有人提議不如剁了他，隨即引來一片附和聲，樊崇隨即下令拉劉玄出去斬首。

兩位力士拎起劉玄，像拎小雞一樣拖著往外走。

關鍵時刻，劉恭和謝祿站了出來，據理力爭，為劉玄辯護。

赤眉軍各位將領都不答應讓人把劉玄拉出去。劉恭追上前去，攔在力士身前大呼道：「你們如果要殺劉聖公（劉玄，字聖公），那就讓我死在聖公前面！」說完，拔劍就要自殺。

眾人並不阻攔，一個個當起了看戲群眾，唯獨劉盆子見大哥要自殺，連忙扔下傳國玉璽，跑出大殿，抱住劉恭大哭起來。

赤眉軍老大樊崇一看，場面鬧得很尷尬，只得下令赦免劉玄，封為畏威侯。

劉恭不依不饒，再次據理力爭：「諸公此前許諾封劉玄為長沙王，此事天下皆知，豈能言而無信？臣敢請諸公踐前約！」

在劉恭的質問下，樊崇等人最終還是封了劉玄為長沙王，派赤眉軍將領謝祿以保護之名，行監視之實。

眼下，三十萬赤眉軍拿下了長安，又迫降更始帝劉玄，可謂是登上了巔峰。志得意滿的赤眉軍以為天下大定，如同綠林軍一樣迅速腐化墮落了。在進入長安後，赤眉軍放縱搶掠，欺壓百姓，比綠林軍有過之而無不及，引發了三輔百姓的嚴重不滿。

赤眉軍發軔於動亂之際，前後流浪了六年，吸納了眾多的流民。一般來說，流民具有兩個特徵：一是沒有多少文化；二是習慣流竄，居無定所。赤眉軍目光短淺，做事毫無綱紀，甚至無法無天，所作所為只是為了生存或圖一時之快。

在這之前，他們是流民，是反政府武裝力量；而現在他們推翻更始政權，搖身一變成了長安城的新主人。雖然身分洗白了，但是他們並沒有意識到這種轉變意味著什麼，依然延續之前的流寇本性，所到之處猶如蝗蟲過境，只是燒殺搶掠，一味破壞，毫無保護、建設之意。六年來，他們習慣了流浪，也習慣了搶掠。

搶掠是赤眉軍最主要的生存方式。初入長安城時，三輔地區各郡縣和營寨的首領準備了一批慰問品，向赤眉軍新政權獻媚表忠。然而，送禮的隊伍剛入長安城，就被赤眉軍一擁而上，搶了個精光。大夥兒都糊塗了：「這本來就是給你們的呀，何必這麼急？」

正所謂沒有對比就沒有傷害，王莽當皇帝時，百姓苦不堪言，人心思漢；劉玄來了之後還不如王莽，人心思莽；赤眉來了之後比劉玄還糟糕。跟赤眉軍一比，劉玄的形象瞬間高大起來，百姓又開始懷念起劉玄做皇帝的那段日子。

時間一長，有些膽子大的人便動起了心思，想把劉玄從赤眉軍手中解救出來，重新立他做皇帝，把赤眉軍趕出長安。

劉玄的這些支持者蠢蠢欲動，這讓已經歸降赤眉軍的張印坐立不安，擔心劉玄會憑藉百姓的同情東山再起，於是他找了個機會，面見謝祿說：「現在長安諸將多是更始舊人，有很多人都想救走劉玄，重新擁立他為皇帝。一旦劉玄被劫走，你我都沒好日子過了！」

謝祿問他：「你有什麼想法？」

張印道：「不如殺之！」

謝祿沉默了，他雖然對劉玄心存憐憫，但還是更看重自己的利益。劉玄的故人賓客一直想要劫走這位曾經的皇帝，終究是個隱患，為了防止萬一，他最終還是找來心腹，祕密交代了一件事。

長安城外的草場上，劉玄穿一身破棉衣，孤獨地望著眼前的羊群。就在幾個月前，他還是長安城的主人，而現在卻搖身一變，成了破落的牧民，每日與牛羊為伍。不過他並不失落，相比於過往，他更喜歡現在真實的自己。那所謂的皇冠本來就是撿來的，丟了也無甚可惜。唯一重要的是，他還活著。

然而，劉玄的願望終究是個奢望。就在他享受這片刻寧靜時，一個牧民模樣的人走了過來，趁他不注意，將一條繩索套在了他的脖子上。

劉玄使勁掙扎，可身子最終還是軟軟地倒了下來，再無聲息。

劉玄，這個被綠林軍扶上位的傀儡皇帝，在歷經兩年零十個月後，最終死於一場謀殺。不知道在他死前那一刻，是否後悔過當這個傀儡皇帝？他今天的結局，正應驗了杜甫的那句詩：「官高何足論，不得收骨肉。」如果讓劉玄重新選擇一次，他會不會仍然做出同樣的選擇？這個問題，沒人能夠回答。

審視劉玄的過往，淯水稱帝是他一生的分水嶺，在這之前，他是為弟報仇的熱血青年，是有勇有謀的更始將軍；而在稱帝尤其是入長安後，他隨之發生轉變，沉溺於聲色犬馬之中不可自拔。終其一生，他都未能擺脫傀儡的命運。當然，這其中也有史家為了突出主角劉秀，故意弱化甚至抹黑劉玄等因素。

王夫之在《讀通鑑論》中這樣評價劉玄，我覺得很公允：

「看重被擁立之人名頭的人，一般沒有真心實意，而被人因為自己名氣所擁立的，他的位置往往不牢靠。更始帝和楚懷王一樣，出於政治需要，靠著宗室血統被立為君王。但是想做真正的君主，單靠這些是不行的，他們都想握有實權，所以懷王招來項羽的報復，更始同樣根基不牢，招來禍端，最終失敗。」

劉恭得知劉玄被殺後，又悲又怒，他大哭一場，悄然潛入牧場，收殮了劉玄的屍體，祕密掩埋。

群魔亂舞

後來鄧禹光復長安，劉秀念劉玄亦是劉氏嫡孫，又為族兄，思為同祖同源，特命鄧禹以王侯之禮，將劉玄改葬於霸陵，也就是漢文帝陵寢之旁。

赤眉軍攻破長安，燒殺搶掠，百姓苦不堪言，只能倉皇而逃，尋找其他活路。聽聞河西鄧禹的部隊紀律嚴明，於是紛紛前來投奔，每日多達千數。鄧禹也平易近人，皆賜以酒食，一一加以安撫。百姓感激涕零，一時之間，鄧禹愛民之聲傳遍關中，慕名而來的百姓越來越多，這其中有白髮蒼蒼的老者，也有孩童，大夥兒都圍在鄧禹跟前，唯他馬首是瞻。

本年十月，投奔者已號稱百萬之數。

孟子說過：「（天下）定於一……不嗜殺人者能一之。」仁義之師，百姓視其為拯救者，紛紛歸附，如水之就下，無人能擋，因此，仁者無敵。

隨著人越來越多，大家的信心也空前膨脹，紛紛勸鄧禹打回長安去，盡快光復舊都。鄧禹卻有自己的想法，說道：「雖然眼下我們的部隊看起來不少，但是大多數都是來投奔的流民及百姓，這些人基本都沒打過仗。而且我們現在補給也跟不上，幾十萬人的口糧成問題，兵器裝備也成問題。赤眉軍剛剛攻下長安，財富充足，士氣旺盛，跟他們硬拚肯定吃虧。」

眾人問：「那怎麼辦？」

鄧禹認為：「赤眉軍只不過是一群盜賊，沒有長遠的規劃，他們搶掠的糧食、金錢雖然很多，終究有消耗完的時候。再加上內部情況複雜，不可能堅守長安。上郡、北地郡及安定郡地廣人稀，饒谷多畜，不妨到那裡休整兵馬，靜待時機。」

打開地圖不難發現，這三郡都位於長安城的正北方向，從東到西依次是上郡、北地郡及安定郡。只要長安城發生變故，鄧禹大軍就可以第一時間南下。

鄧禹帶大軍一路進攻，攻占栒邑，所到之處，郡縣皆開門歸降。

鄧禹在長安城外圍徘徊不前，靜觀其變，而遠在大後方的劉秀坐不住了。他見鄧禹將主要精力放在長安周邊郡縣上，心中十分不滿，下詔催促道：「你鄧司徒就是堯，赤眉流賊就是桀。現在長安城被賊寇禍亂，百姓人心惶惶、無依無靠，你應當抓緊時機討伐逆賊，收復長安，安撫民心，為何卻停滯不前？」

按理說，老大說話了，下面的人即便再有想法，也該聽命才是，可鄧禹本著「將在外，君命有所不受」的準則，堅持自己的意見，打定主意要坐等赤眉軍自敗。

鄧禹想避免和赤眉軍正面決戰，等著赤眉軍自己內訌。然而不承想，赤眉軍這邊還沒內訌，鄧禹這邊卻先出了事。

鄧禹提兵北上，需要有人在栒邑斷後。赤眉軍人多勢眾，栒邑不好防守，沒人願意做這個苦差事。鄧禹無奈，只好把諸將的名字寫在竹板上，召集眾人抓鬮，誰抓到就讓誰守栒邑。

隨後，鄧禹召集諸將開會，說明規則，讓大家以抽籤的形式決定撤退的先後順序。諸將紛紛抽籤，只有張宗堅持不肯。他對鄧禹慨然說：「死生有命，我張宗豈能推辭危難，追求安逸？」

鄧禹面露驚訝之色，他對張宗說：「你的滿門家眷以及老弱親屬都在營中隨行。你縱然不考慮自己的安危，為什麼不替家人想想？」

張宗奮然而起，昂然道：「我聽說一卒奮力，百夫不擋；萬夫拚死，可以橫行天下。我張宗今日擁兵數千，身負朝廷正義之威，誰敢說一定會失敗？」

說到激憤處，張宗一躬身：「張宗請為大軍斷後！」

鄧禹為其勇氣所感動，命他率部為全軍斷後。張宗立即回營，厲兵秣馬，修繕堡壘，準備與赤眉軍硬碰硬到底。

鄧禹帶著大軍撤退，一路上越想越覺得心裡有愧，沒走多遠又把諸將召集起來議事，對眾人道：「就憑張將軍那點人馬，去阻擊赤眉軍的百萬之師，好比是以雪片投入沸水之中，縱然再努力死戰，最終恐怕都要全軍覆沒，一個都活不了。」

想到這裡，鄧禹決定拉他一把，派出騎兵、步兵共兩千人回來接應張宗。張宗帶大軍剛要撤走，赤眉軍的追兵就殺到了營前。沒什麼好說的，迎戰吧！

張宗傳令大開營門，全軍列陣出擊，一時間戰鼓齊鳴，號角震天，殺聲四起。赤眉軍人數眾多，但是張宗絲毫不懼，左劈右砍，連殺數十人，驚得赤眉士兵連連後退，四處躲閃。

在張宗的猛打猛衝下，赤眉軍明顯開始出現慌亂，一時亂作一團，而漢軍則一路砍殺，如天降邪煞。赤眉軍士氣開始崩潰，不少士兵轉身便逃。

這一戰，張宗率軍死戰，成功擊退了赤眉軍，隨後迅速率軍北上，與鄧禹的主力部隊會合。此戰之後，全軍諸將無不欽佩張宗之勇，引以為神。

與此同時，鄧禹重新作了安排，他命積弩將軍馮愔、車騎將軍宗歆守栒邑，其餘各路將領各自領兵，攻打上郡諸縣。

不料，馮愔和宗歆二人一向不合，互相看不順眼，很快就發生了摩擦，由看不慣對方變成了仇視對方，乃至最後大打出手。馮愔一怒之下殺了宗歆，然後帶著自己的隊伍反攻鄧禹。

得知後院起火，鄧禹立即率軍回師，將反叛的馮愔暴揍一頓。馮愔吃了敗仗，只得率眾西奔天水，闖入隗囂的地盤。不料隗囂也不歡迎他，又暴揍他一頓，盡獲其輜重。無奈的馮愔只能率殘部輾轉於關中、涼州之間。

馮愔是馮異的親弟弟，究竟該如何處置，鄧禹也頗感棘手。他寫了一封書信，將馮愔背叛之事彙報給遠在洛陽的劉秀，請大老闆閱示。

劉秀看完書信，問鄧禹派來的信使：「馮愔的親信是誰？」

使者回答：「護軍黃防。」

劉秀笑著對信使說：「不用擔心，你回去告訴鄧禹，聽說護軍黃防與馮愔關係很好，我相信他一定會擒住馮愔來歸降。」

在送走信使後，劉秀隨即派出尚書宗廣祕密招降黃防。

鄧禹在接到劉秀的回覆後，將信將疑，一個多月後，黃防果然將馮愔五花大綁，押到宗廣面前。

與此同時，更始諸將王匡、胡殷等為赤眉軍所迫，先後到宗廣處投降，宗廣攜諸降將一同東歸。走到安邑時，王匡等人又心生悔意，打算逃跑，宗廣為解決後患，將王匡等人全部處斬。

馮愔被押到洛陽後，劉秀看在其兄馮異的面子上，赦而不誅，將其貶為庶民。

鄧禹自從西進以來一直都不太順利，軍事進攻進展緩慢不說，內部還發生了內訌，可謂是內憂外患。不過劉秀依然給予鄧禹無限的信任，全力支持他的西征。

就在鄧禹焦頭爛額之時，一直期待的赤眉軍內亂終於初現端倪。

前面說過，赤眉軍在進入長安城後，絲毫不改其流民本性，四處掠奪、殘害百姓，民間怨憤極大。

赤眉軍的軍紀敗壞到什麼程度呢？

就在赤眉軍占領長安的那年冬天臘日，小皇帝劉盆子在長樂宮中舉行慶典活動。就在慶典之上，各赤眉軍大哥是惡行惡相，一個個毫無禮儀可言。

一片吵鬧之中，有個讀書人掏出一卷寫好祝辭的簡書，準備獻給皇帝劉盆子。在座的大多數人都是文盲，為了邀功，紛紛要求把自己的名字也附在後面。

讀書人誰也不敢得罪，賠笑問道：「誰的名字排在最前面呀？」

稍微有點常識的人都知道，在社交活動尤其是政治活動中，名次排序可是一件大事，絕對馬虎不得。名字排得越靠前，說明地位越高。赤眉軍的大哥們為了署名的先後次序問題發生了嚴重分歧，你推我擠，擠成一堆。

大司農楊音見狀，按劍怒罵：「各位都是老夥計，今天設君臣之禮，你們反倒在這裡鬧事！即便是小孩子扮家家酒、做兒戲也不應該如此，真該殺！」

大夥兒抬頭看了他一眼，紛紛說道：「你算老幾？這裡什麼時候輪到你說話了？」

楊音的憤怒並沒有平息這場紛爭，混亂場面還在繼續，大夥兒擠成一團，口中辱罵，手上推擠，大有愈演愈烈之勢，長樂宮頓時被一片聒噪聲淹沒。

殿上的將領們都是土匪出身，有人罵不過別人，索性拔刀對砍；更有人招呼自己手下的士兵闖進宮來，搶奪筵席上的酒肉。不同派系的士兵在朝堂上相互鬥毆，宮殿裡頓時亂成一團。

胡鬧，簡直就是胡鬧！

楊音氣炸了，叫過侍衛囑咐幾句，侍衛匆匆離去。

就在赤眉諸將在殿上爭得不可開交時，整齊有力的腳步聲在殿外響起，一隊全副武裝、手持兵刃的禁衛軍出現在大殿門口，一個統領氣勢洶洶地闖了進來，一刀砍翻了殿門口的一個亂兵。

大夥兒一看，頓時心虛了：「他怎麼來了？」

來者叫諸葛稚，是負責皇宮安全保衛的衛尉，掌握著禁衛軍。他得到消息後急忙帶兵趕來，看到這混亂場面，只說了一個字：「殺！」

數百名兵士湧進大殿，開始清理這夥手持兵刃的亂兵，大殿之上血肉橫飛，慘叫連連，原本莊嚴肅穆的長樂宮變成了修羅場。饒是眾人都經歷過血與火，看到這種血腥場面也是膽顫心驚。

諸葛稚帶人連殺數百人，才控制住局面。他輕輕擦拭著刀刃上的血跡，輕蔑地看了眾人一眼，問道：「還有鬧事的嗎？」

所有人都斂聲屏氣，大殿上鴉雀無聲。

好好的一個節日宴會，被眾人這麼一鬧，只能不歡而散。

目睹了這一幕後，劉盆子這個傀儡皇帝脆弱的心理終於崩潰了。這哪裡是皇宮，分明是匪窩！

劉盆子名為皇帝，實為被他們綁架的人質！

受到驚嚇的劉盆子每天惶恐不安，日夜哭泣，閉門不出。

劉盆子的哥哥劉恭知道赤眉軍成不了大事，實在受不了了，悄悄對劉盆子說：「赤眉軍必亡，與其為他們殉葬，不如主動辭職，不當這個傀儡皇帝了，我們回老家種田，當個普通百姓還能揀條命。」

為了防止弟弟臨場不好發揮，劉恭還準備了一套退位說辭，讓劉盆子背得滾瓜爛熟。

轉眼就到了建武二年（西元 26 年）。

這一年的大年初一，有日食發生。

在信奉「天人合一」的漢代，日食被認為是一種不祥之兆，弄得赤眉將士們心中惴惴不安，生怕有什麼事發生。劉恭則正好借日食說事，準備在這天的朝會上替劉盆子辭職。

會議一開始，劉恭就主動提出，弟弟劉盆子無才無德，能力不足，願意退位做一個老百姓，請各位赤眉老大另選賢能當皇帝。

樊崇等人堅決不同意。

「開什麼玩笑？皇帝是你不想當就可以不當的嗎？當初是你自己抽的籤，這是老天的意思，難道還想逆天而行？」

樊崇一發火，劉盆子嚇壞了，解下身上的璽綬，跪倒在地，一邊向大家磕頭，一邊淚流滿面地哀求大家：「你們讓我當這個皇帝，卻又不聽我的指示，仍然像過去做盜賊一樣橫行無忌，肆意搶劫，以至於天下百姓無不怨恨於我。既然如此，我願意退位讓賢，只求大家能饒我一命。如果真的不願意饒恕我，那就乾脆殺了我以謝天下人好了，也勝過這樣活受罪。」

樊崇等人坐不住了，大夥兒也知道赤眉軍軍紀不嚴，這些日子鬧得確實有點不像話。再加上日食這樣的異常天相，也難免驚懼不安，於是紛紛跪倒請罪：「這都是我們的過失，今後一定嚴整軍紀，再不敢放縱。」

劉恭堅持要讓劉盆子退位，底下有一個聲音響起：「擅議廢立，難道是式侯應該做的事嗎？」只見一人站了出來，拔刀來殺劉恭。

劉恭見勢不妙，倉皇逃離。

大哥一走，劉盆子沒了主心骨，更感惶恐。然而，不論劉盆子如何哭喊推脫，眾人卻死活將璽綬掛在劉盆子的脖子上，讓他繼續當這個傀儡皇帝。

劉盆子跳下龍床，解下天子璽綬，一邊叩頭，一邊痛哭流涕，懇請各位老大發發善心，可憐可憐他這個放牛小孩，他願意繼續放牛，實在不願意當這個皇帝。

眾人依然不肯，樊崇不顧劉盆子的哭訴，將他抱上皇帝的寶座，重新為他掛上玉璽綬帶。

朝會完畢，將領們出了宮，果然收斂了許多，各自約束手下士兵，閉營而守。

那些逃出長安的百姓聽聞此事，天真地以為赤眉軍改邪歸正了，於是拖家帶口又返回了長安，重操舊業，順帶稱頌皇帝英明。

老百姓安土重遷，一個地方住慣了，誰也不願意搬，只要能活下去，沒有人願意舉族搬遷，離開生活了一輩子的地方。

長安城逐漸恢復了生活氣息，百廢待興，膽子大點的商家也開門做起了生意，街市裡的人群也日漸擁擠。

可是，狗改不了吃屎，剛剛安分了二十多天的赤眉軍一看外面的花花世界，又現出原形，不少士兵又跑出營門大肆搶劫，猶如猛獸入鬧市，恣意殺掠，搶錢搶糧搶女人。

可憐的百姓們沒過幾天安生日子，只能繼續拖家帶口，踏上逃亡之路。

這一次的搶劫，赤眉軍雖然收穫不少，卻也將自己的信用徹底透支殆盡。當赤眉軍徹底失去百姓的信任，離覆亡也就不遠了。

在赤眉軍的肆虐下，昔日繁華富庶的長安淪為一座空城，大白天街上也看不見行人。

赤眉軍搶無可搶，加上糧食漸漸耗盡，不得不放棄長安，他們把搜來的金銀財寶裝上車，繼續朝西流浪，向安定郡、北地郡進軍。臨走前，他們在長安城的各宮室、街巷民宅放了一把把大火，將這座延續經營了二百餘年的宏偉都城付之一炬。

第八章

群雄競逐

走投無路

赤眉軍前腳離開長安，鄧禹後腳跟進，不費吹灰之力收復了長安。此時的長安城已被赤眉軍搜刮殆盡，又經歷了一場大火，早已是斷壁殘垣，滿目瘡痍，漢軍得到的不過是空城一座，鄧禹只得帶著部隊駐紮在昆明池。

昆明池在長安西南，方圓四十里。根據《西南夷列傳》中的記載，當年漢武帝派使臣到身毒國（古代對今印度國名的音譯）去求邛竹，受阻於昆明國而未能到達，於是武帝想征伐昆明國。但是昆明國有滇池，方圓三百里，漢武帝於是在西周鎬京的廢墟上，仿照滇池的形貌，開鑿了昆明池，以演練水軍，此後就成了漢帝國訓練水師的基地。

收復長安後，鄧禹親自到高祖劉邦的寢廟前祭奠，並且收集西漢十一位皇帝的神主牌位，派人護送到洛陽；同時巡行陵園，安排專人守護。

流寇和王師的區別，高下立判。

再說赤眉軍撤出長安城，在南郊祭告天地之後，沿著南山北坡諸地，繼續向西出發。此時的赤眉大軍浩浩蕩蕩，馬車上堆滿了從各地搶劫來的珍寶；車甲兵馬極為繁盛，一路橫行，號稱百萬。小皇帝劉盆子坐在青蓋馬車上，從騎數百，浩浩蕩蕩，所過城邑望風而降。

大軍一路西行，卻在郿城碰到了釘子。駐守此地的是原更始政權的將軍嚴春，他見赤眉大軍兵臨城下，絲毫不懼，列陣迎戰。然而赤眉大軍有數十萬之多，小小的郿城哪能扛得住？

一場戰鬥過後，郿城被赤眉軍攻破，嚴春戰死。

赤眉軍迅即揮軍北上，進占了安定、北地兩郡。在進入天水後，赤眉軍遇到了一個難纏的對手 —— 割據西北的軍閥隗囂。

隗囂盤踞西北多年，兵強馬壯，見赤眉大軍前來挑釁，頓時非常生氣！西北是我的地盤，敢跑到我的地盤上刨食，反了天了！不給你們點顏色看看，不知道馬王爺有幾隻眼！

隗囂當即派了部將楊廣出擊，猛揍一頓這幫號稱百戰百勝的赤眉軍。

這是無敵赤眉軍自出道以來的第一敗，只得落荒而逃。楊廣不依不饒，一路狂追，從烏氏到涇陽，赤眉軍被楊廣像兔子一樣攆著到處跑。即使楊廣已經收兵，赤眉軍依然恐慌不止，繼續奔逃。

部隊逃到陽城時，適逢突降大雪，天寒地凍。赤眉軍長途跋涉，所帶的營帳本就不多，許多士卒沒有禦寒的衣物，都是露天而睡。

北風呼嘯，颳在臉上如同刀割一般疼，綿密的雪花轉著圈直往脖子裡灌，大夥兒都凍得瑟瑟發抖，擠在一起相互取暖。

赤眉軍自西征以來，燒殺搶掠，無惡不作，幾乎是見什麼搶什麼，但是他們偏偏未搶最不值錢的衣服。此時氣溫驟降，寒風凜冽，暴雪壓頂，大夥兒連點預防措施都沒有。漸漸地，有人已被凍得麻木，不再哆嗦，不再打冷顫，坐在雪地中一動不動，任憑積雪慢慢埋過自己的身軀。

大帳中的樊崇也被生生凍醒，他裹著外氅，皺著眉頭走出營帳。北風呼嘯，大雪紛飛，樊崇僅僅站了片刻就受不了了，急忙又鑽回自己的營帳裡。

樊崇很煩躁，在經歷了這一連串的打擊後，赤眉軍早已喪失鬥志，眼下唯一的出路，只有折返長安。

長安城位於渭南，地勢較低，與之遙遙相望的是渭北咸陽塬上的五陵，從東到西分別是孝景皇帝之陽陵、高皇帝之長陵、孝惠皇帝之安陵、漢昭帝之平陵、漢武帝之茂陵。唯有漢文帝因山為陵，不復起墳，霸陵設在渭南。

當失魂落魄的赤眉軍返回長安，最先望見的，便是巨大的茂陵。

這是一座高大的陵寢，光是封土就高達三十丈，高度甚至超過了驪山的秦始皇陵，遠遠望去猶如一座小山。

看到茂陵時，一個邪惡的念頭開始在赤眉軍的心底滋生，這個念頭逐漸演變為一種欲望，從而一發不可收拾！

他們要掘皇陵，盜財寶！

要知道，西漢盛行厚葬，皇帝陵寢的財寶之多，絕不是一般人能夠想像得到的。那些巨大的封土之中填滿各種珍寶，陵中不復容物。

就拿漢武帝來說，他的茂陵前後修建時間長達五十三年，工程費用占據國家稅賦的三分之一。他死後，遺體安放在玉床之上，口含蟬玉，身穿金縷玉衣，玉衣上鏤刻著蛟龍、鸞鳳、龜麟等吉祥之物，地宮中塞滿了金、銀、珠寶、絲綢等各種寶物。

赤眉軍挖開西漢皇帝的陵寢後，將裡面的奇珍異寶洗劫一空，棺槨被破壞，屍體也被損毀。茂陵中的陪葬物品被搬了幾十天，陵中物仍不能減半。

盜墓是歷史上一種醜陋的社會現象，但是歷代不絕如縷，探究這種現象的由來，和自古以來的厚葬觀緊密相關。古人認為「事死如事生」，一個人在去世以後，消亡的只是其肉身，而靈魂是不滅的，在墓室中靈魂能夠延續生前的生活。因此，墓中會陪葬大量墓主人生前用過的器具，希望墓主人在死後能繼續享受生前所擁有的一切。

就拿西漢中後期來講，隨著社會經濟的發展，出現了諸多大地主、大商人，為厚葬提供了經濟基礎。這些人在操辦喪事的過程中極其奢侈，多埋珍寶、偶人、車馬，雖然很多人呼籲薄葬，但是薄葬只是理想，厚葬才是現實。

這就為盜墓者提供了可乘之機，為了獲取那些陪葬品，盜墓者往往鋌而走險。他們為利益所驅使，不惜為之冒險，也樂於為之冒險。

建武二年（西元 26 年）九月，赤眉軍挖完皇帝陵寢，重返長安。而此時，長安的局勢越發錯綜複雜，各個陣營之間展開了一通令人眼花撩亂的混戰。

赤眉軍西歸，剛占領長安沒幾天的鄧禹只能被動迎擊，結果戰敗。鄧禹知道赤眉軍人多勢眾，守住長安已經沒戲，只得帶著部隊退向雲陽。在這場長安亂局中，鄧禹的表現實在一般，只能站在邊上當個看客。

長安第二次落入赤眉軍之手。

此時在長安城周邊，又冒出了另外兩股勢力 —— 劉嘉和延岑。

延岑這個人前面已經出場過，他是南陽築陽人。天下大亂時，延岑也趁機拉起了一支隊伍，奪取冠軍縣城，玩起了割據自守。劉嘉被劉玄封為漢中王後，就國漢中，收降了延岑。

沒過多久，不甘寂寞的延岑起兵造反，帶兵包圍南鄭，圍攻劉嘉。劉嘉兵敗逃走，延岑奪取南鄭，隨即又占據了整個漢中郡。

延岑繼續進兵武都，結果遇上了更始帝劉玄的一支殘餘武裝 —— 柱功侯李寶。李寶大敗延岑，延岑敗走，率部退到了天水郡。

再說劉嘉逃出南鄭後，重新收羅了殘兵數萬人，準備東山再起。而此時，延岑剛剛被柱功侯李寶所擊敗，劉嘉於是與李寶會合，共同對付延岑。劉嘉當老大，李寶為丞相，隨後帶大部隊一路追擊，在陳倉大敗延岑。

劉嘉和延岑都去了關中，漢中空虛無主，蜀地的公孫述趁機遣大將侯丹攻克南鄭，吞併了漢中全境。

劉嘉見自己的根據地失守，火速回軍，與侯丹大戰，大敗。無奈之下，劉嘉只得重返關中。

幾次交戰接連失利，延岑再次一把鼻涕一把淚地向以前的上司投降。

此時的劉嘉日子也很難過，見其投降，再次收編了延岑。

赤眉軍重返長安後，看誰都不順眼，逮著誰就揍誰。

延岑屯兵於杜陵，赤眉軍派了逄安領大軍十餘萬人前往征討，結果先勝後敗，死者十餘萬，逄安率數千殘眾逃歸長安。

劉嘉屯兵於谷口，赤眉軍派廖湛領兵十八萬，前往討伐。劉嘉怒了：「我打不過侯丹，還打不過你？」他親自上陣，率軍與廖湛大戰於谷口，大破赤眉軍，陣斬廖湛，赤眉軍餘眾潰散。

隨後，劉嘉命李寶、延岑率部進駐右扶風，屯駐在杜陵，覬覦長安。

赤眉軍精兵盡出，忙著去跟劉嘉硬碰硬，長安城中只剩下皇帝劉盆子和少量士兵留守。鄧禹一看，撿漏的時機到了，於是帶著大部隊來攻長安。不料關鍵時刻，謝祿率師回救，雙方在長安城展開了一場夜戰，鄧禹落敗，再度撤退。

連吃兩次敗仗，這在鄧禹過往的征伐經歷中簡直是不可想像的。

另一邊，延岑和李寶聯合，帶著數萬兵馬在杜陵和逄安展開了一場大戰。延岑再次被虐，死了一萬多人，李寶被俘，投降逄安。

李寶投降逄安後，猛誇他一頓，趁著逄安迷糊的當下，派人祕密聯繫延岑，告訴他：「不要洩氣，你回來繼續戰鬥，我做內應，我們裡應外合，必可大敗逄安！」

延岑得信大喜，掉過頭再次向逄安發起挑戰。

逄安得報，很是鬱悶。「剛打跑了這傢伙，轉眼又來挑釁，還有完沒完？」當即帶大軍出城迎戰。

李寶趁逄安傾巢出營、內部空虛之機，立即帶人撤掉赤眉的旗幟，換上自己的旗號。逄安戰疲回營，看到大營的旗幟全部變成了白色，頓時糊塗了：「什麼情況？難道自己的大本營已被延岑攻破？這還得了？」

底下的士兵們打完收工，回來發現自家的大本營插上了別家的旗幟，以為後方已被敵軍占領，頓時軍心大亂。遠方重新響起了喊殺聲，延岑、李寶內外夾擊，趁機掩殺，逄安軍被衝得七零八落，驚慌逃竄。

要知道，在戰場上死傷最多的時候不是兩軍正面交戰時，而是撤退時。一旦戰敗，撤退時極容易發生相互踐踏，如果後面的對手再一衝鋒，那麼前面的部隊只能全線崩潰，四散奔逃。

很不幸，逄安軍在撤退時就遇到了這種情況。道路狹窄，旁邊就是山谷，眾人你推我擠，撤退的速度極慢。而對手就簡單多了，他們只需要像攆兔子一樣，跟在後面向前推進就可以了，遇上掉隊的就給他們痛快一刀，結束他們的痛苦。前面的部隊更加慌亂了，在這狹窄的道路上，人多反而成了劣勢，只得倉皇逃竄。

慌亂中，不斷有人被擠下山谷；有人摔倒，很快被後面的無數雙腳踏上去，再也沒能站起來；有人被長矛刺穿，成排倒下，哀號不止。

這一戰，逄安大軍損失了十餘萬人，其中大部分人沒有死在正面對決的戰場上，而是死在了撤退的路上。只有主將逄安在身邊侍衛的保護下，帶著逃出來的數千輕騎僥倖回到長安。

廖湛被斬、逄安戰敗，赤眉軍接連遭遇慘敗，早就沒了初到長安的意氣風發。與此同時，糧食問題也始終困擾著數十萬赤眉軍，眼下衣食無著，大夥兒只能重操舊業，繼續欺壓、剝削百姓。

問題在於，在接二連三的盤剝下，三輔地區的百姓早已被他們糟蹋得千瘡百孔。先是王莽改革鬧得天怒人怨，後有更始政權入駐關中，欺壓、盤剝百姓，好不容易存活下來的百姓剛要喘口氣，又迎來了只會劫掠破壞的赤眉軍。連年征戰，無辜百姓受兵燹之害而大批死亡，城內城外十室九空，「白骨露於野，千里無雞鳴」。

而此時，恢復了元氣的延岑又叛離了劉嘉，李寶獨自率軍到雲陽去找劉嘉。劉嘉雖然打贏了廖湛，但是自己也損失慘重，軍中糧荒又日緊一日，正徬徨無措，不知何往。

赤眉軍是指望不上了，放眼天下，能稱得上漢室正統的，唯有遠在洛陽的劉秀。劉嘉是劉秀的堂兄，當年父親早逝，劉秀的父親劉欽收養他在身邊；劉欽去世後，兄弟三人都被劉欽的弟弟劉良收養。劉嘉還曾與劉縯一起到長安上學，與劉縯、劉秀兄弟可以說是親如手足。

劉玄稱帝後，封劉嘉為漢中王、扶威大將軍，命他持節南下就封漢中。劉嘉到漢中後以南鄭為都城，招兵買馬，兵力一度達到數十萬。

然而，與當時的其他豪傑相比，劉嘉並沒有太大的政治野心，他守著自己的一畝三分地，坐觀中原各路大哥大打出手。當劉秀征戰河北時，劉嘉為他推薦了三個大將：賈復、陳俊和來歙，其中兩個名列「雲台二十八將」。

從一開始，劉嘉就很看好自己的這位堂弟，雖然鄧禹西征之路頗為坎坷，但是這並未動搖劉嘉的選擇。眼下鄧禹就在關中，正好可以跟他聯繫一下感情。

不料李寶得知此事，堅決反對，他對劉嘉說：「天下事尚未可知，大王應擁兵自守，坐觀成敗，何必著急做出抉擇？」

很快，劉秀就知道劉嘉欲歸降一事，他派人告訴鄧禹：「劉嘉是我堂兄，為人仁厚，是我小時候很親近的人，他這麼做定是有人誤導他。」

鄧禹在得到劉秀的指示後，立即派人與劉嘉聯繫，向他傳達了劉秀的意思。劉嘉也派了李寶、來歙為代表，到雲陽拜謁鄧禹。

雙方進行了親切友好的會談，不料劉嘉身邊的李寶倨傲無禮，不把鄧禹放在眼裡。當初劉嘉準備投降時，就被李寶攔住了，他自恃手握重兵，不想投靠任何人。

鄧禹的臉當場就黑了下來。大概那幾天鄧禹心情不好，脾氣有些暴躁，當場就下令將其斬殺。

李寶有個弟弟叫李艮，見大哥被殺，哪裡肯答應？他便召集李寶之軍反攻鄧禹。鄧禹倉促應戰，被李艮打得大敗，耿純的弟弟耿訢也在這一戰中不幸陣亡。

被李艮這麼一攪和，劉嘉歸降一事只能暫時中斷。

好在還有來歙。他既是劉秀的表哥，也是劉嘉的大舅哥（來歙的妹妹是劉嘉的妻子），深受劉嘉的信任。在他的多方溝通與協調下，建武三年（西元 27 年）夏天，劉嘉帶著殘部從關中趕到洛陽，主動歸附了劉秀，此後經常隨劉秀出征作戰，後來被拜為千乘太守。

我們繼續把目光投向關中地區。

赤眉軍和延岑、劉嘉在關中大打出手，互有勝負。遭遇了接二連三的失敗後的鄧禹，在關中各路豪傑及百姓心中的威望直線下滑，早已無法控制局勢，只能袖手旁觀。

時間一晃，就到了建武二年（西元 26 年）年底。

長安城及周邊在經過這一整年的混亂後，終於不可避免地發生了大饑荒，城郭皆空，白骨蔽野。沒有食物，百姓先是吃野菜、吃樹葉、啃樹皮，後來吃觀音土，到最後只能吃人。

關中百姓苦不堪言，自從戰火燃起，三輔地區賦稅、徭役比過去更重了，天天打仗，糧食也沒好好種，眼看就要收割，幾萬人跑來一踩，全沒了！

造成這個慘狀的罪魁禍首正是赤眉軍，「師之所處，荊棘生焉」，軍隊開過，每一粒糧食都會被搜走，跟蝗蟲過境沒什麼不同。此時的他們再也搶不到糧食了，因為三輔地區早已被他們洗劫一空，根本找不到一粒糧食了。

赤眉軍尚有二十餘萬眾，眼見長安城無法待下去，他們又動起了回老家的念頭。這支隊伍年齡參差不齊，上至瘦削枯槁的老者，下至十八九歲的青年，或披掛薄甲，或穿著褐衣，不是有傷就是有病，餓了多日，都有氣無力。

但是即便如此，他們眼中依然有著強烈的求生欲望，他們想回去，回到青州和徐州的老家！

二十萬餘人開始踏上艱難的東歸之路，這一路上，對他們最大的考驗不是看得見的敵人，而是乾渴、飢餓和越來越低落的士氣。

赤眉軍一路東歸，路過不少鄉邑，都是空空無人。由於戰鬥傷亡、疾病困擾、飢餓襲擊，部隊大量減員，大夥兒對能否返回山東老家沒了信心。

鄧禹大敗

十一月，得知西征軍的困境之後，劉秀終於出手了，他決定換掉鄧禹。

燈影閃爍，劉秀面臨一個抉擇，諸將之中，誰有資格、有能力可以替代鄧禹？

劉秀陷入了沉思，在他看來，這個人必須能打，要有冷靜的頭腦，能準確分析形勢，能夠精準抓住最佳戰機，最關鍵的是要有大局觀。

如果按照這個標準篩查，有資格作為西進統帥的人除了鄧禹外，還有吳漢、賈復、耿弇、寇恂、岑彭、馮異六人可擔此重任。

再細細分析這幾個人的情況，只有馮異是最佳人選。

為什麼這麼說？

先看軍事能力。這六人在軍事上都能獨當一面，但是寇恂本人偏向文職，在戰場上衝鋒陷陣、排兵布陣並不是他的強項。

再看性格特點。吳漢、賈復、耿弇三人都是猛將，但是性格比較暴躁。平定關中，除了要消滅赤眉軍外，還有一個更重要的任務，那便是撫慰關中，贏得民眾的信賴。所以說打不是目的，只是手段，撫才是目的。

這麼篩查下來，只剩岑彭和馮異了。

岑彭自登上歷史舞臺以來，不僅戰功烜赫，而且持軍整齊，秋毫無犯，信義素著，以德懷人。問題在於，此時的岑彭升任征南大將軍，正在與賈復、耿弇等人討伐南邊的鄧奉，根本騰不出手。

馮異在劉秀麾下是個另類，他愛兵如子，很多新兵在分配時主動要求跟隨馮異；他為人謙讓，從不爭軍功，每當將領們聚集到一起開始擺龍門陣自吹戰功的時候，他都會遠遠地獨自坐在大樹下，久而久之，得到一個外號：大樹將軍。

有將才，加上為人寬厚，馮異在眾多人選中脫穎而出。

想到此處，劉秀終於下定決心，點名讓馮異替換鄧禹。

我在前面說過，馮異這個人素好讀書，做事穩重，能征善戰。劉秀起兵後，任命馮異為主簿，他曾為劉秀在創業的道路上披荊斬棘，掃除重重障礙，上馬能領兵，下馬能治民，絕對是不可多得的文武全才。

而現在，關中地區遲遲未能搞定，是時候亮出這張王牌了。

大軍出征時，劉秀親自送馮異到河南，賜以七尺寶劍，對他面授機宜：「三輔地區先是被王莽、玄漢政權禍害，然後又被赤眉、延岑禍害，百姓欲哭無淚，欲告無門。你現在去討伐叛逆，凡是投降的營寨，務必把首領送到洛陽看管起來，士兵則就地遣散，讓他們回家種田；營寨堡壘務必全部毀掉，以防他們重新聚集。征伐的意義，並不是非奪取土地、屠城不可，關鍵是平息叛亂、安撫百姓。我們的將領都很能打，但是都喜歡燒殺搶掠，這樣做如何贏得人心？你是可以駕馭部眾的大將，必須常常告誡自己，你們是去解救老百姓的，而不是去禍害老百姓的，切記切記！」

劉秀很清楚，之前的劉玄也好，赤眉也好，之所以無法在三輔地區站穩腳跟，一個很大的原因是軍紀敗壞，不能節制自己的部下。劉秀自己麾下大將不少，但是大多數也喜歡擄掠之事，因此他要求馮異務必管好自己的人，不得欺凌沿途的百姓。

馮異受命，引兵出發關中，所到之處，廣布威信。弘農郡有十餘支流民部隊，得知馮異帶著大軍入關中，皆率眾來降。

大軍很快突破函谷關進至華陰，遇上了正往回走的赤眉軍。

此時此刻，馮異的大軍士氣正盛，部下皆勸他果斷出擊，但是馮異卻搖了搖頭。赤眉軍雖然在關中待不下去，但是人數不下二十萬，實力不可小覷，自己的部隊人數不多，不能正面硬拚。

部下問：「那怎麼辦？」

馮異道：「赤眉軍無糧，不能持久作戰，我等只須在華陰堵住赤眉軍的東進之路，耗其糧食，挫其銳氣，赤眉軍不久必敗。」

兩軍就這樣在華陰相持了六十餘天，期間交鋒數十次，互有勝負。由於缺乏糧草和士氣低落，赤眉軍心渙散，大量士兵轉而投降漢軍，前後不下五千人，其中還包括劉始、王宣等赤眉軍將領。勝利的天平已開始漸漸向馮異傾斜。

正當馮異在華陰不疾不徐地排兵布陣時，遠在雲陽的鄧禹卻憋了一肚子火無處發洩。

他是南陽鄧氏家族年輕一代之翹楚，十三歲就能背誦《詩經》，年輕的時候曾經在長安上過學；天下大亂，更始帝劉玄上位，鄧禹拒絕徵召，冷靜地觀察著天下形勢；劉秀撫慰河北，他杖策北渡，星夜追趕，在鄴城趕上了劉秀，並向他提出了「延攬英雄，務悅民心，立高祖之業，救萬民之命」的策略。劉秀常常與他商略計策，把他當作蕭何般的賢臣來倚重。

他生性驕傲，甚至有些自負，他絕不允許自己失敗！

西征前，劉秀對他抱有極大的信心，兵將任由他挑選。他興致勃勃，帶著精挑細選的兩萬精兵踏上了西行之路，不料卻敗在了赤眉軍手下，輾轉大半年，未能取得任何有效進展。

這是奇恥大辱！

與此同時，鄧禹還接到了劉秀發來的通知：「赤眉缺糧，自然會向東而來，以飽食精銳之師堵這幫饑民，以逸待勞，打敗赤眉軍輕而易舉，諸將不得擅作主張。」

他不甘心！

此時的鄧禹手上仍有萬餘精兵，他還想再搏一把！

可惜的是，在經歷了一連串的打擊後，鄧禹的部隊早已沒了鬥志，加上糧草短缺，大夥兒只能餓著肚子硬碰硬，結果一敗再敗。兵法雲「軍無糧食則亡」，人是鐵飯是鋼，一天不吃餓得慌，哪有力氣上戰場？

無奈之下，鄧禹只得寫信給馮異，邀請他共擊赤眉軍。

此時的馮異依靠「結硬寨，打呆仗」的策略，已經在華陰堅守了六十多天。接到鄧禹的求援信後，馮異卻無動於衷。

從情感上講，他和鄧禹是親密同袍，是劉秀在河北時的左膀右臂。何況馮異的弟弟馮愔謀反時，鄧禹顧念與馮異的私交，特意法外容情，留了馮愔一命，他沒理由不幫這個忙。

可是從軍事角度講，此時實在不適合跟赤眉軍正面硬拚。馮異有自己的行動計畫，赤眉軍早已斷糧，只要繼續硬碰硬下去，最先撐不住的一定是對方。到時候己方以逸待勞，必定可以大破赤眉。

馮異回信婉拒：「我與赤眉軍相持已有數十日，雖然招攬了不少降將，但是餘眾尚多，短時間內難以攻破，最好的辦法是以恩信引誘。皇上讓諸將屯兵黽池東面，讓我擊其西，一舉取之，這才是萬全之策。」

得知馮異不願意幫忙，鄧禹有些惱火，車騎將軍鄧弘邀功心切，適時站出來，主動請戰：「馮異不願意幫忙，我們自己單幹！」

鄧禹隨後以鄧弘為先鋒，再一次挑戰赤眉軍。

鄧弘鉚足了勁要爭個功勞，雙方剛接觸，漢軍就逼得赤眉軍節節敗退。看著赤眉軍慌亂的模樣，佇列中的鄧弘舔了舔嘴唇，他方才衝在最前面，連斬數人，在他看來，赤眉軍就是一群烏合之眾，戰鬥力不過如此嘛！

可惜，鄧弘的猜想只是他的一廂情願。這一次，赤眉軍學聰明了，他們在輜重車中裝滿黃土，表面則薄薄地鋪上一層黃豆，然後佯敗，棄了輜重車輛開始跑路。鄧弘的士卒餓了多日，見了滿車黃豆，頓時兩眼放光，一番哄搶，陣形大亂。

趁著鄧弘的部隊混亂之時，赤眉軍殺了個回馬槍，鄧弘軍大潰。鄧禹眼見情況不妙，急忙領兵來救。

與此同時，在得知鄧禹執意要與赤眉軍正面作戰後，馮異嘆息一聲，隨後帶著自己的部隊趕來馳援。

明知此戰對己方很不利，馮異也無法坐視自己的同袍被赤眉軍欺負。

雙方兵合一處，聲勢大振，與赤眉軍衝殺在一起，赤眉軍兵鋒稍挫。

馮異雖獲小勝，但是眼見士卒又餓又累，提議休整數日。他們能贏第一場，傷亡也不算大，但是士卒披甲持盾作戰半晌，已經很疲倦，氣喘吁吁，大夥兒需要休息，吃飽飯才有力氣打仗。

不料鄧禹一刻都等不了，胸中血氣翻湧，帶著自己的部眾追了出去。

「瘋子，這是個瘋子！」

馮異一邊大罵鄧禹，一邊匆匆下令，率眾參戰。

鄧禹孤注一擲，猶如輸紅了眼的賭徒，壓上自己最後全部的賭注。如果這一戰勝了，此前的恥辱也將被徹底洗刷乾淨；如果敗了，他將被永遠定格為一名敗將，被眾人恥笑。

他輸不起，他必須贏！

鄧禹衝鋒在前，英勇無畏，馮異更是身手不凡，勇猛無敵。只這一輪衝鋒，赤眉軍陣腳即被衝亂，漢軍一時間士氣大振，殺氣沖天。

但是，漢軍此前經歷了一連串失敗，身心疲乏，根本沒能得到有效的休整，只是靠著主將的激勵與一腔熱血往前衝。赤眉軍雖人員雜亂，陣列無章法，卻也很緊湊，站穩腳跟後從容迎接漢軍一波接一波的進攻。

時間一長，漢軍的攻勢便緩了下來，反倒陷入了赤眉軍的汪洋大海中。沒辦法，他們面前的敵人實在是太多了，鄧禹左劈右砍，連殺數十人，手中的大刀早已卷刃，也越來越沉。他抬眼看去，漢軍攻勢已疲，只能艱難抵禦，陷入了被對方以多打少的局面。

「怎麼辦？」

「繼續硬碰硬，還是主動撤離？」

鄧禹十分清楚，今天這一戰，己方兵力遠低於赤眉軍，全靠士氣高昂才會有這般結果。若是這樣的戰鬥持續下去，漢軍必定會被團滅。

此時此刻，鄧禹只有一個念頭：不能輸！

戰鬥持續了整整一天，傍晚時分，漢軍陣營開始崩潰，即使前排咬牙拚殺的將士也心存怯意，撥馬回逃。

當前排的士卒頂不住赤眉軍的攻勢，崩潰逃散時，馮異搖了搖頭，不出意外，這一戰還是敗了。

在戰場上，恐懼會傳染，在極短的時間內，漢軍陸續崩潰，哪怕馮異的旗幟堅守不動，哪怕鄧禹再努力指揮也沒用，這場仗，勝負已定。

這一戰，鄧禹和馮異大敗，死傷三千餘人，兵陣潰散。馮異比較慘，棄馬步行，好不容易逃出戰場，一路走回了谿阪，沿途收攏潰逃的士卒，回到大本營閉營自守，謹防敵軍來襲。

鄧禹則在身邊人的護衛下突出重圍，回頭一看，身邊僅剩下二十四騎，一個個身上都掛了彩，狼狽不堪。

萬餘精兵就這樣灰飛煙滅，自己再也沒有了翻盤的機會，鄧禹很想慟哭一場。可他知道，生活不相信眼淚，他無顏再見馮異，只得帶著剩餘的二十四騎逃歸宜陽。

接下來，鄧禹不得不面對一個問題：該如何向老大劉秀交代？

當初西征時，劉秀給予了他極大的信任，手下大將也任由他隨便挑選。建武元年（西元 25 年）六月，鄧禹平定河東，劉秀在鄗縣登基稱帝。登基儀式一結束，劉秀立刻派使者，送給鄧禹酇侯的印綬，食邑萬戶，官至大司徒。

建武二年（西元 26 年）春，就在平定馮愔叛亂後不久，劉秀又讓使者送來了改封鄧禹為梁侯的印綬，食邑增加到四個縣。

為了這件事，博士丁恭還特地上疏給劉秀表示反對：「古代封侯建國，一直遵循《周易》的『震驚百里』之說，封地嚴格控制在百里以內，您這麼做不合規矩！」

不料劉秀卻淡淡道：「卿多慮了，古代的那些亡國之君多是因無道才亡國，從沒聽聞過因為給功臣的封地多而滅亡的。」

隨後，劉秀遣謁者賜給鄧禹印綬，策曰：「在上不驕，高而不危；制節謹度，滿而不溢。敬之戒之。傳爾子孫，長為漢藩。」

而如今，大半年時間過去了，自己不但沒能拿下長安，反而被赤眉軍一敗再敗，直至一敗塗地。

如何向劉秀交代？如何面對同事？

鄧禹的內心滿是悔恨，他自知罪大，回到洛陽後主動請辭大司徒及梁侯：「臣失職，有負陛下重託，請陛下責罰！」

但是此戰的失利並未影響鄧禹在劉秀心中的位置，劉秀只是讓他逐漸淡出軍事指揮前線，免去了鄧禹大司徒之職，仍封他為梁侯，數月之後，改封為右將軍，算是讓鄧禹復出。

招降赤眉

再說馮異僥倖逃得性命後，收攏逃散的士卒，又拼湊起數萬人，繼續與赤眉軍約戰。

赤眉軍連戰連勝，正是士氣最為高漲之際。樊崇等人收到馮異的戰書後，不禁啞然失笑：「漢軍一敗塗地，還敢向我們下戰書？」

雙方再一次排兵布陣，拉開了架勢。捏軟柿子一向是赤眉軍的風格，對於面前人數遠少於自己的漢軍，赤眉軍根本不用戰法，直接一擁而上，朝著馮異的部隊殺了過去。

漢軍前鋒在抗住幾輪進攻後，漸漸顯露疲態。赤眉軍見漢軍勢弱，以為其兵力不過如此，於是主力盡出，試圖一口吞掉漢軍。眼見赤眉全軍出擊，馮異這才調動後方的大部隊，悉出迎戰。

殘肢斷臂滿地，屍橫遍野，而敵我雙方只能踩著屍體廝殺。馮異一直都在關注著戰場，無論如何，自己絕不能退！

在樊崇的嚴令下，赤眉大軍一波接一波衝鋒，漢軍士卒則堅守陣地，寸步不讓。

雙方從正午直殺到太陽西沉，馮異看著漸露疲態的赤眉軍，他知道，時機終於到了！

馮異抬起手，掌旗官立刻將懷中的令旗高高舉起。

就在此時，四野之中突然傳來戰鼓的隆隆轟鳴聲，一大群穿著赤眉軍衣甲、眉毛塗成紅色的士卒從隱蔽處竄出來，高舉戰刀長矛，嗷嗷叫著撲了過來。

赤眉軍的士兵一看，個個精神振奮：「這是援軍到了？」

赤眉軍的將領們一個個看向對方，驚詫莫名：「赤眉全軍主力已悉數到達戰場，這些赤眉軍又是從哪裡蹦出來的？」

很快他們就發現，對面的漢軍突然聲勢大振，而那群突然冒出來的「赤眉軍」則加入戰場，對著自己人就是一通亂砍。

直到此時，赤眉軍才反應過來：「這是漢軍！」

可惜已經晚了，天色已黑，赤眉軍根本分不清誰是敵人，誰是同袍，穿著赤眉軍服飾的漢軍則從四面八方湧過來，一時間，戰場上戰鼓齊擂、殺聲震天，揚起的塵土遮天蔽日，馬叫聲、人喊聲和刀劍碰撞聲交織在一起，震耳欲聾。

又是一場刀光劍影、血肉橫飛的搏鬥。

赤眉軍被砍死砍傷無數，士氣登時跌到谷底，不少人開始四下逃散，逃離戰場。

赤眉軍紛紛敗退，如同澆了樊崇一頭涼水，讓他一下子清醒過來，自己恐怕低估了漢軍。現在的情況，不該再考慮勝利，而應考慮如何脫身了。

馮異抓住機會，命令全軍出擊，追擊窮寇，埋伏了一整天的漢軍養足了體力，早已摩拳擦掌、躍躍欲試，聽到主將發令，立刻狂追，一路追到崤山腳下，殺得赤眉軍哭天喊地。不少赤眉軍實在跑不動了，紛紛跪地請降。

經此一戰，赤眉軍損傷慘重，漢軍大獲全勝，殺傷、收降赤眉軍八萬餘人，逼得樊崇即刻拔營，向東逃竄。

劉秀聽聞馮異的捷報，大喜過望，寫下親筆詔書予以嘉獎：「赤眉軍被平定，將士們勞苦功高。馮將軍雖然開始時在谿阪垂下翅膀，但是最終能在澠池奮起雙翼，翱翔於九天之上，可謂失之東隅，收之桑榆。朕要為你論功行賞，以表彰你的功勳！」

成語「失之東隅，收之桑榆」便出於此。

嘉獎完馮異的戰功，劉秀親自帶著大軍進駐宜陽，迎戰赤眉軍。

一年前，赤眉軍西進之時，劉秀實際掌控的只有河北和河內兩塊地盤，對赤眉軍不構成威脅。而如今，當赤眉大軍東歸之時，劉秀早已鳥槍換炮，占據了全國三分之一的地盤，他有足夠的底氣和實力與赤眉軍一戰。

早在赤眉軍準備東返時，劉秀就已經作了周密的部署，他下發通知給在外的將領：「賊若東走，可引宜陽兵會新安；賊若南走，可引新安兵會宜陽。無論是新安還是宜陽，只要守住了這兩個地方，就堵住了赤眉軍的東歸道路。」

在經歷了崤底一敗後，赤眉軍損失慘重，餘眾只有十餘萬人，士氣備受打擊。樊崇帶著剩餘的將士一路東行，在宜陽碰見了在此嚴陣以待的劉秀大軍。

從起兵以來，赤眉軍便幾乎沒有歇息過，但是他們的士氣，早已不復一年前踏上關中、擊敗鄧禹時的高昂。赤眉軍精銳盡喪，此刻十分頹唐，一個個低垂著頭，飢腸轆轆，無精打采。在眾人看來，局勢到了這種地步，再加上馮異入關以來又善於收買人心，已經沒什麼好打的了，赤眉軍必輸無疑。

樊崇不甘心！

他是赤眉軍的老大，當初以一窮二白布衣之身，憑一腔熱血，帶著數萬部眾硬生生一飛沖天，全殲新朝十萬大軍，擁立牧童劉盆子為皇帝，定國號為「漢」，軍功達到了輝煌的頂點。

赤眉軍自起兵以來，直到進入長安城，期間少有敗仗，為什麼會落到今天這般模樣？徐宣沉重地說道：

「從九年前起兵起，將士們追隨您南征北戰，起莒縣、奪青州、定徐州、攻無鹽、戰成昌、渡大河、入關中，而後又到隴右與隗囂交戰，卻無功而返，又與馮異大軍苦戰。

一路走來，吾等真的已經累了，磨破了無數雙鞋履，身邊的同伴越來越少，真的扛不住了。眼下將士們士氣低沉，缺糧多日，人人都想東歸，如果開打，必定不是劉秀的對手。聽聞劉秀此人頗能用人，不如投降，或許還能找到一條出路。承認吧，這場仗，我們已經輸了！」

樊崇回過頭，看向因只能喝粥而飢腸轆轆的士卒，不敢直視他目光的伍長、什長，赤眉軍的士氣似乎更加低落了。

樊崇一聲長嘆，終於做出了選擇。

第二日，在樊崇的提議下，小皇帝劉盆子遣劉恭出使劉秀軍營談判：「倘若劉盆子率百萬部下投降，您將如何處置他？」

劉秀雲淡風輕地答道：「饒他不死而已。」

「僅此而已？」

「沒錯。」

劉恭知道自己絕無討價還價的餘地，只得返回赤眉軍營，如實上報。眼下赤眉軍已是走投無路，只得讓劉盆子按照劉秀的意思，乖乖投降。

這一日，劉盆子帶著樊崇、徐宣、劉恭等三十餘人袒露肩膀，出營投降，向劉秀獻上傳國玉璽、綬帶、七尺寶劍及玉璧等物。赤眉軍將士盡解兵器甲冑，堆於宜陽城西，繳械投降。十萬人的兵器甲冑堆積在一起，幾乎與熊耳山一樣高。

此時，赤眉軍還有十餘萬人，或蹲或坐，全都滿臉菜色。俯視著這群可憐蟲，劉秀生出憐憫之心，安排人做飯賜食。赤眉軍又累又餓，看到食物兩眼放光，一個個風捲殘雲，狼吞虎嚥。自從出了長安城，大夥兒飢一頓飽一頓，到這裡總算吃上了一頓飽飯。

第二天，劉秀又在洛水岸邊陳列大軍，讓劉盆子君臣排隊參觀。此時的漢軍部隊已達數十萬，當劉秀帶著投降的劉盆子君臣到達時，在此等候的漢軍齊齊朝他行禮。

劉盆子等人踮起腳，遠遠看到，騎士皆戴著紅櫻飄灑的兜鍪，步卒都穿著黑色的兩當鎧，披著絳色戰袍，手持鐵戟。真可謂玄甲耀日，朱旗絳天，長戟如林，駿馬如龍。劉秀穿玄色鐵衣，披上了醒目的大紅氅，迎風飄揚的漢家赤黃旗幟讓他熱淚盈眶，如山如林的大軍令他忍不住手撫胸膛左側，感受那劇烈的心跳！

「看，這便是我大漢赫赫之威！」

在參觀完漢軍雄壯的軍威後，劉秀對劉盆子道：「你知道你犯的是死罪嗎？」

劉盆子馬上伏地叩首，道：「我自知罪該萬死，有幸得到陛下的憐憫和寬赦，感激不盡！」

劉秀大笑：「你很聰明，看來我劉氏宗族裡沒有痴呆兒。」

劉秀轉向其他赤眉軍首領：「爾等選擇投降，日後不會後悔吧？」

赤眉軍的首領中，唯有徐宣識文斷字，能上得了大場面，大夥兒於是讓他出面應答。

徐宣跪下叩首道：「臣等自從逃出長安東都門，君臣計議，就想投奔陛下。但是百姓愚昧，可與樂成，難與慮始，所以就沒有告知手下這些人向您投降一事。今日得向陛下歸降，猶如離開虎口回到慈母的懷抱，心中無限欣喜，絕無後悔之意！」

徐宣這馬屁拍得真好，劉秀聽得渾身舒坦，笑道：「卿不愧是錚錚硬漢子，庸人中的佼佼者啊！」

言語之中，雖存揶揄，但是劉秀心裡還是樂開了花。與此同時，劉秀還造了兩個成語：鐵中錚錚，庸中佼佼。

看著眼前這些敗兵降將，劉秀開始了一番總結性發言：

「爾等壞事做絕，所過之處殘滅老弱，毀社稷，汙井灶，不過總算做了三件善事：攻城破邑，走遍天下，卻能始終不棄糟糠之妻，是一善也；擁立皇帝時能從劉氏宗室中選人，是二善也；別的賊眾擁立幌子皇帝，一旦事急，定會殺了傀儡拿首級邀功，你們卻能把劉盆子交給朕來處理，是三善也。有此三善，朕就有寬恕你們的理由！」

劉秀盡收赤眉之兵，將樊崇等人及其妻子、兒女帶回洛陽，每人賜宅院一處、田地二頃。

劉秀此舉除了恩賜外，其實也有監視的意思。這年夏天，樊崇、逄安等人按捺不住，再次謀反，結果被劉秀處死。至於他們是不是真的要謀反，那並不重要，留這麼一個隱患在身邊，任誰晚上都會睡不安穩。

至於那位小皇帝劉盆子，劉秀見他年齡不大，登基稱帝也是被赤眉一夥脅迫的，便沒有為難他，封他為趙王劉良的郎中。後來劉盆子雙目失明，劉秀又封賜給他滎陽一帶的土地，使他得以生活無憂，最後得以善終。

劉盆子大哥劉恭對於謝祿殺害劉玄一事耿耿於懷，到了洛陽後，劉恭找了個機會殺死謝祿，為劉玄報了仇，之後他主動投案自首。劉秀憐其忠心，將其赦免。

楊音和徐宣回到家鄉，皆得善終。

劉秀收降赤眉軍，這場起於青、徐二州，近九年的赤眉起義正式落幕。

曾幾何時，他們是與綠林軍齊名的隊伍，對外號稱有百萬之眾，在成昌之戰中殲滅新莽官兵近十萬，更斬殺新朝名將——更始大將軍、平均公廉丹，也曾有過風光時刻。

然而，正如我前面說過的，赤眉軍雖然人多勢眾，卻管理混亂，猶如一盤散沙，無文書、號令、旌旗、部曲，也沒有長遠的政治目標。他們終日四處流浪劫掠，所過之處猶如蝗蟲過境，寸草不生，上不了檯面不說，連老百姓也對他們深惡痛絕。

反觀綠林軍，雖然內部也有鬥爭和分歧，但是組織嚴密、建制完備，很早就樹立了自己的正統地位，所以才有機會攻入長安，推翻新莽王朝。

跟綠林軍相比，赤眉軍完敗，更遑論與劉秀的漢軍相比了。

在搞定了赤眉軍後，關中地區正式交到了馮異的手上。

看著面前攤開的地圖，馮異只感覺壓力很大。

赤眉軍雖然消失了，但是關中仍是一鍋亂粥：延岑據藍田，王歆據下邽，芳丹據新豐，蔣震據霸陵，張邯據長安，公孫守據長陵，楊周據谷口，呂鮪據陳倉，角閎據汧，任良據鄠，汝章據槐里，各稱將軍，擁兵多者萬餘，少者數千人，相互攻擊，彼此鬥爭不斷。

而這其中，又以延岑最具實力和野心，他自稱武安王，設州牧郡守，意圖霸占關中。

馮異不慌不忙。「擒賊先擒王，就拿你先立個威！」

馮異帶著大軍徐徐推進，兵鋒一路推至上林苑。延岑聯合張邯、任良等人迎戰，結果被馮異揍得鼻青臉腫、斬首千餘級，原先依附於延岑的都來向馮異歸降。

延岑則帶著剩餘部眾倉皇而走。形勢已經如此明朗，馮異善於收買人心，已經沒什麼好打的了，可延岑依然不甘心。或許他也知道，一旦戰敗，自己恐怕難逃一死，所以在江河日下之時，只能選擇拚死搏殺，作困獸之鬥。

馮異遣復漢將軍鄧曄、輔漢將軍於匡追擊，在析縣大破延岑，其將蘇臣等八千餘人向漢軍投降。

延岑從武關逃到南陽。由於天災加上連年戰亂，百姓早就沒了存糧，饑荒蔓延，甚至到了人吃人的地步，市場上一斤黃金只能換到五升豆子。此外，由於道路斷絕隔離，從外地很難運回糧食，漢軍將士們只能到野外採集野果為食。

劉秀很憂慮，他命南陽趙匡為右扶風，率領部隊援助馮異，為他送來絹和糧食，軍中齊呼萬歲。隨著糧食問題逐步解決，馮異打擊周邊那些不聽話的豪強勢力，而對那些歸降後的有功之人加以表彰、賞賜。凡是官職較高的一律遣往洛陽，凡是小嘍囉一律散歸本業。

靠著這種恩威並用的手段，漢軍鎮撫各路盜賊，而馮異的名聲也威震關中。

馮異在關中三年，威望日著，有人忌妒馮異的權勢，私下裡向劉秀打小報告：「馮異在關中權勢過重，號稱『咸陽王』，恐將不利於漢室。」

劉秀看完舉報信，不置可否，將信件寄給了馮異。馮異看完後惶恐不安，趕緊上書謝罪：

「臣本一介書生，陰差陽錯受命行伍，蒙主隆恩，被拜為大將，封爵通侯，立微末之功，每次做事都是從國家利益著想，不計一己之私。臣俯伏自思，每回按陛下指點作戰，就能獲勝；自己謀劃，便屢屢受阻，這足以證明陛下之英明，國運之昌盛。當初世局紛擾，群雄並起，臣託身聖明，不敢稍有差池。現天下平定，臣又豈能因區區爵位，以下犯上？陛下所示臣之奏章，令臣萬分戰慄，臣伏念陛下知臣之愚性，所以才勇於自陳心跡。」

劉秀看了之後當即回信：「將軍對於國家，有君臣之義，父子之情，朕對將軍未曾懷疑過，你又何必害怕疑懼？」

劉秀用人不疑，給了馮異充分的信任和器重，將關中交給他，放權而不問，而馮異也沒有辜負劉秀對他的期望與信任。

建武六年（西元 30 年）春，馮異回京朝帝。劉秀讓中黃門賜以珍寶、衣服、錢帛，感慨道：「當年蕪蔞亭的豆粥、滹沱河的麥飯，這麼重的恩情朕一直沒報答，每每想起，都會生發感佩之心。」

馮異聽了之後，稽首拜謝：「臣聽聞當年管仲曾對齊桓公說過，『希望君王不要忘記我曾射中您的衣帶鉤，而臣不要忘記押解我的囚車』，齊國也因君臣二人變得強大。臣也希望陛下不要忘記當年在河北的苦日子，而臣也不敢忘記當年陛下在巾車鄉對我的恩情。」

這之後，劉秀又幾次賜宴引見馮異，跟他商議討伐公孫述一事，還當著文武百官的面介紹道：「這位就是我當年起兵時的主簿，是他為我披荊斬棘，平定了關中。如果沒有他，關中不知何日才能平定，此大功也！」

劉秀無條件信任馮異，馮異也無條件為他賣命。

有人會問，信任很難嗎？我說，很難，特別難。在古代，君臣一直是互相成就的，前者擁有別人無法企及的權力，但是又必須透過後者來實現自己的理想。伴君如伴虎，君王在高位，總擔心臣子功高蓋主，總有一天會與他爭奪江山，所以那些功高的臣子總是被君王像防賊一樣地防著。飛鳥盡，良弓就該收進庫房了；狡兔死，走狗也該剝皮下鍋了。

即便君主不疑臣子，臣子也得隨時小心翼翼，如臨深淵，如履薄冰。就拿劉秀和馮異來說，劉秀可以對馮異放心，但是馮異卻不能因此就放鬆警惕。因此，當他看到那封舉報信時，內心大為驚恐，第一時間上書自證清白。

如果更進一步想，劉秀主動將那封舉報信寄給他，是否也有試探馮異的意思呢？

細思極恐。

這是帝王的孤獨，永恆的孤獨。

真定造反

建武元年（西元 25 年），定都洛陽後，劉秀第一時間派人去迎回陰麗華，以及自己的大姐劉黃和妹妹劉伯姬。

劉秀是個重感情的人，為了復興漢室，他與大哥劉縯毅然奮舉義兵，討伐王莽。而如今，劉秀從南陽郡的一介農夫一躍成了大漢天子。只是，這一路走來，劉秀付出了沉重的代價！

為了起義大業，劉秀的母親樊氏病故都來不及安葬，只能委託母親的族人草草安葬，母親至死未能再見他一面。

小長安聚一戰，二姐劉元和三個小外甥女被官兵抓走，劉秀眼睜睜看著她們慘死在追兵的屠刀之下，自己卻無能為力。

而本應成為皇帝的長兄劉縯，更是在一場內訌中遇害，讓自己失去了最大的靠山，好在大哥還留下了兩個兒子劉章、劉興，總算是後繼有人。

逝者已矣，活著的人還得繼續活下去。在將大姐劉黃和妹妹劉伯姬接到洛陽後，劉秀加封劉黃為湖陽公主、劉伯姬為寧平公主。隨後，劉秀開始幫小妹劉伯姬張羅婚事。

想當初，劉秀跟隨大哥起兵，出身南陽豪族的李通也參加了舂陵軍，與劉秀一家關係密切。劉玄稱帝後，李通被封為西平王，與劉秀的關係疏遠了很多。

劉秀登基後，李通再次前來投奔。劉秀知道小妹劉伯姬傾慕李通，於是極力撮合此事，促成了二人的婚事，之後任李通為衛尉。

妹妹的婚事告一段落，接下來劉秀將不得不面對另一段複雜關係：陰麗華和郭聖通。

劉秀稱帝後，遲遲不肯立皇后，所有人都知道，他在等陰麗華。

她是劉秀這輩子最深愛的人，當年一別，劉秀匆匆北上，陰麗華則被送回了南陽老家。

回到新野後，陰麗華心中的苦悶更重，「思君如滿月，夜夜減清輝」，她日夜向北眺望，擔心丈夫的安危，期待他早日歸來。久別重逢，正是萬分激動的時候，然而陰麗華終於見到朝思暮想的夫君時，卻赫然發現，他身邊已多了一個人，還懷了他的孩子。

昔日的夫君已經不是那個低調內斂的少年郎了，他如今做了皇帝，身上也多了幾分威嚴。面前的劉秀已不復當年的白淨模樣，皮膚比以前更黑了，頷下鬍鬚又長了不少，臉龐也瘦削了幾分，不過卻比從前更顯穩重成熟，只是他看向自己的目光中卻多了幾分愧疚。

劉秀旁邊還站著一位體態豐滿的女子，她眉宇清朗，雙目有神，鼻梁挺拔，肚腹微微隆起，看向自己的目光中滿是妒意。

沒有一個女子願意與別人分享自己的丈夫，她看出了劉秀的尷尬，還有郭聖通的吃驚。那一瞬間，她心中的信念轟然倒塌。

陰家在當地是望族，陰麗華從小衣食無憂，當初她心甘情願嫁給劉秀，只圖他對自己的一片痴心。可如今呢？

這就是她苦苦等待兩年，最終等來的結果嗎？

此時此刻，劉秀的內心又何嘗不痛苦？他是深愛著陰麗華的，可為了事業，他必須拿出一些東西來交換。

一邊是自己的初戀和髮妻，在他最困難、最落魄的時候來到身邊，給予了他家的溫暖；一邊是政治聯姻的妻子，在他最無助、最徬徨的時候鼎力相助，讓他的事業起死回生，還懷了他的骨肉。

兩邊都無法割捨，怎麼處理這種關係？選誰當皇后？

再進一步想，陰麗華和郭聖通身後都有各自的支持者。陰麗華是南陽人，朝中那些元老重臣一大半都是南陽人，更何況陰氏在南陽也是豪族，陰麗華的哥哥陰識又在劉秀身邊任職。

這裡要重點提一下陰識。劉秀稱帝後，陰識因戰功卓著，本應增加封地，但是陰識磕頭辭謝，說：「有戰功的兄弟們太多了，我是陛下的親屬，封地就不要再增加了，天下人知道這事就會想，我得到封地是因為我是您大舅哥的緣故。對我指指點點也就罷了，怕的是別人覺得陛下任人唯親啊！」

這讓劉秀頗為感動。

郭聖通是河北人，她最大的依靠是自己的舅舅，真定王劉揚。眼下天下還未穩定，河北是劉秀的大後方，絕對不容有失。

兩個人背後都有各自的支持勢力，他們都希望自己的支持者成為皇后，從而讓己方的地位更加穩固。

就在陰麗華回到洛陽不久，郭聖通就生下了一個男孩，取名劉強。

這就更讓劉秀無法抉擇了。

從內心深處講，儘管郭聖通剛為他生了一位繼承人，但他還是更傾向於立陰麗華為皇后。然而，出乎所有人意料的是，當劉秀跟她商量此事時，陰麗華卻拒絕了。她對劉秀說道：「郭氏與陛下有困厄之情，還為你生下了孩子，陛下有後，此非妾身能比也。郭氏當為皇后，妾實不敢當。」

她畢竟是讀過史書、見過世面的女子，既沒有因為丈夫做了皇帝而過分歡喜，也沒有因為郭氏母子的出現而哀怨憂傷。她很好地隱藏了自己的情緒，說服自己接受現狀，既然木已成舟，那就隨遇而安吧。

當劉秀訴說自己對她的想念、無奈和愧疚時，陰麗華心中一暖，時隔兩年，他終究還是愛她的，她不敢奢求太多，只要這份愛還在，就足夠了。

劉秀一再相勸，但是陰麗華打定了主意，就是不肯當皇后。她很清楚，郭聖通為劉秀平定河北立下了大功，在那些歲月裡，郭聖通一直陪在他身邊，隨劉秀轉戰軍中，還為他生下了孩子，是對劉秀的江山有大功的人，這是自己無法相比的。從她自己來講，名門閨秀出身的她謙和禮讓，懂得進退取捨，撕破臉皮爭寵那種事，她做不出來。

無奈之下，劉秀只得立郭聖通為皇后，劉強為皇太子，而立陰麗華為貴人。

她越是隱忍無所求，身為丈夫的劉秀心中越發愧疚和不安。這種虧欠心理終於致使十六年後劉秀做出了廢后之舉，我們後面還會講到，此處先不提。

接下來，我們來回答一個問題：當鄧禹西征之時，劉秀在做什麼？

答案是他在忙著平叛。

第一個造反的人是真定王劉揚。

劉揚為什麼會背叛劉秀？簡單來說就是，他驕傲了。

想當年，劉秀初到河北時，無兵無錢無勢，一度十分窘迫，被王郎攆得到處跑。當時的真定王劉揚勢力很大，手握十萬重兵，為了支持劉秀，劉揚傾囊相助，不僅將外甥女郭聖通嫁給劉秀，還把自己的兵馬借給他。

如果不是依賴了劉揚的力量，劉秀不可能在河北翻身，這讓劉揚有些飄飄然，時間一長，他萌發了異志：「當年如果不是我，劉秀怎麼可能會有今天？你劉秀做得皇帝，我為何就做不得？」

他決心賭一把，擁兵自立為皇帝，與劉秀分庭抗禮！

再說劉秀攻克洛陽後，認為河北已經徹底安定。為了和群雄逐鹿中原，劉秀決定將原先駐紮在河北的部隊悉數調出，全力進取中原，只留下騎都尉陳副、游擊將軍鄧隆二人為留守大將。

河北空虛，這就給了劉揚一個絕佳的機會。

在召集自己的部眾開完會後，劉揚開始逐步實施他的計畫。為了讓民眾相信他就是真龍天子，劉揚偽造了一個讖記：「赤九之後，癭揚為主。」

什麼意思呢？翻譯一下就是：漢朝傳了九代之後，有一個得了癭病的人，名字叫做「揚」，他才是真龍天子。而這正好與河圖中的一句對應：「赤九會昌，十世以光，十一以興。」

除了製造輿論、蠱惑人心，劉揚還準備了大量的兵甲武器及糧草，將原真定城的朝廷官員一律開除，由自己人接管真定城的防務。不僅如此，劉揚還與逃竄到北邊的綿曼流民軍聯繫，引為外援，準備聯手。

消息傳入劉秀耳中，劉秀將信將疑，他派了陳副和鄧隆前往真定，徵劉揚入洛陽，向他當面解釋清楚。不料劉揚自己心中有鬼，哪裡肯入洛陽？

當陳副和鄧隆到真定城門外時，劉揚緊閉城門，不許他們入城，讓朝廷使者吃了個閉門羹。

陳副和鄧隆二人無奈，只能派人稟報劉秀，請求聖裁。

看到二人的書信後，劉秀暗嘆一聲。「看來劉揚造反是確有其事了！」

劉秀很清楚劉揚的能耐，如果遲疑不決，必定會出大差錯。他決定快刀斬亂麻，斬首劉揚，可問題是，派誰去呢？

選來選去，劉秀最後選中了耿純。耿純是劉揚的外甥，派他去真定，想必不至於引起太大的懷疑。

耿純接到任務後，沒有遲疑，他假裝持節巡視州郡，先去了真定周邊各地，親切慰問各地官員，最後才到了真定，約劉揚在驛館見面。

劉揚心虛，稱病不願露面，還寫信給耿純想私下會面，結果被耿純婉拒。

劉揚又說，見面沒問題，但是地點必須選在他的王府。

耿純回覆道：「外甥見舅舅，舅舅何至於這麼緊張？」

劉揚畢竟理虧，又想到自己坐擁數萬之眾，弟弟劉讓和從兄劉細也各擁兵萬餘人，而耿純不過有隨從百人而已。上一次，朝廷派了使者前來，自己拒而不見；這次耿純來到真定，他要是再不見，就有點說不過去了。

劉揚左右盤算，耿純是自己的外甥，見一面倒也無妨，於是就和兄弟們一起帶兵過去。

到了驛站門口，劉揚讓兄弟們等在外面，自己走了進去。耿純一見他，「舅舅」叫得很親熱，對他殷勤有加，又送高帽，徹底把劉揚弄迷糊了。與此同時，耿純還擺了一桌酒席，請劉揚的兄弟們一起進來共享。

劉揚放鬆了警惕，讓人將弟弟劉讓和從兄劉細叫了進來。

就在眾人落座之際，耿純一揮手，旁邊忽然湧出一群武士，迅速關閉了大門。

「不好，有埋伏！」

劉揚一掀桌子，轉身就想往外跑，對面的耿純冷笑道：「事已至此，舅舅還走得了嗎？」

一旁的武士舉刀砍了過來，廳堂中鮮血四濺，劉揚兄弟沒帶兵刃，根本無從反抗，被耿純盡數斬殺。隨後，耿純提著他們的首級走出門外，冷冷掃視將外面圍得水洩不通的護衛，大聲說道：「真定王劉揚意圖謀反，天子遣我來誅之！今劉揚已死，漢兵將至，降者不殺！」

大夥兒沒了主心骨，紛紛丟下兵器，舉手投降。耿純於是盡收劉揚之兵，真定就此平定。

耿純為國不惜身，平叛亂、斬國舅，回來後知道自己得罪了不少人，難以在朝堂立足，於是自請外放郡守，遠離了朝堂。

得知劉揚已死，劉秀心中一塊大石總算落了地。劉揚雖然有謀反之心，但是畢竟沒有付諸行動，加上又是郭聖通的親舅舅，先前又有功於自己，為了穩定人心，劉秀封劉揚之子為真定王，算是給了河北劉姓宗室一個交代。

劉揚這邊剛消停，漁陽太守彭寵那邊又耍花招了。

彭寵作亂

說起來，劉秀之所以能蕩平河北，掃滅王郎，彭寵可謂居功至偉！他既是軍閥，又是豪族出身，父親曾經擔任過漁陽太守。更始政權成立後，彭寵接受劉玄的招安，利用父親當年的餘威，接任漁陽太守，因而在漁陽的根基相當深厚。

此後劉秀招撫河北，在吳漢的說服下，彭寵決定投靠劉秀，為劉秀平定河北立下了汗馬功勞。他為劉秀平定河北奉獻了兩萬精兵，還為劉秀輸送了六七員名將，其中吳漢、王梁、蓋延位居「雲台二十八將」，是平定河北的大功臣！

除了輸送人才，彭寵還是劉秀大軍的大管家。北境經兵燹後，百業凋零，只有漁陽沒受太大影響，同時漁陽還有鐵礦，彭寵用這個有利條件，大力發展鹽鐵和穀物生意，日益富強。劉秀的幾十萬大軍征戰河北時，彭寵在漁陽轉運了大量糧食，源源不斷地送往前線，其功勳堪比漢初蕭何。

既然彭寵是劉秀平定河北的首席功臣，那為何還會造反呢？

這是因為，隨著戰事的節節勝利，彭寵的心態發生了轉變。

彭寵自認為功勞第一，越發變得驕傲自負，對劉秀的回報期望也越來越高。當劉秀重整旗鼓，北上追擊銅馬農民軍到薊縣時，彭寵前來拜見，面有驕色。劉秀大概是事務繁忙，接待禮節粗疏了一些，彭寵感覺自己沒有受到應有的尊重，心中很是不爽。

劉秀看到彭寵有情緒，就問新任的幽州牧朱浮這是怎麼回事。

朱浮是沛郡蕭縣人，早年參加過攻破邯鄲的戰鬥，吳漢襲殺前幽州牧苗曾後，劉秀改任朱浮為大將軍、幽州牧。朱浮跟彭寵一向不對付，面對劉秀的詢問，他在背後瘋狂吐槽彭寵：「當初您賜他寶劍，稱他為北道主人，他自我感覺良好，覺得您應該和他執手相迎，結果未能如願，所以不滿。」

劉秀不信，問道：「有這種事？」

朱浮繼續添油加醋：「當初王莽做宰衡時，甄豐經常被半夜召見，深得寵信；後來二人關係疏遠，甄豐因此懷恨在心，最終被殺。依我看，彭寵就是跟甄豐一樣的人！」

劉秀哈哈大笑，卻不以為然。

此後劉秀登基稱帝，大封功臣，大夥兒都分到了勝利果實，吳漢被封大司馬，王梁被封大司空，蓋延被封虎牙將軍、建功侯。彭寵在漁陽眼巴巴等了半天，結果什麼都沒撈到！

彭寵越想越氣，吳漢、王梁原先是他的小弟，如今小弟搖身一變，位列三公，而自己還是原地踏步，憑什麼？

他經常在底下人面前抱怨：「憑我的功勞，早就該封王了，皇上難道是忘了我？」

劉秀對彭寵的處置確實有失公允，彭寵是劉秀平定河北的首席功臣，可劉秀稱帝後對他沒有任何封賞，他的官爵還是原來的大將軍、建忠侯，彭寵的抱怨也在情理之中。

不過，抱怨歸抱怨，彭寵還不至於因為此事就造反。真正逼反他的，是自己的死對頭——幽州牧朱浮。

朱浮這個人自視清高，脾氣急躁，還經常欺辱、蔑視同僚。他當了幽州牧後，收攏了一大批幽州名士宿儒，攬入幕府，出錢贍養他們的家屬。對朱浮的做法，彭寵不以為然，覺得朱浮就是在浪費糧食，兩人常為此事拌嘴。

朱浮官居幽州牧，名義上是彭寵的上司，見他跟自己唱反調，於是偷偷向劉秀寫舉報信，告彭寵的刁狀，說他不忠不孝、貪汙受賄、草菅人命，還說他招兵買馬、大量屯糧，不知其意欲何為。

前面幾條貪汙受賄倒不是大問題，關鍵是這最後一句話讓劉秀浮想聯翩。

劉秀看完舉報信，心中忐忑，他不相信彭宏會謀反，但是朱浮說得有鼻子有眼，他也將信將疑起來，於是讓彭寵來洛陽述職。

劉秀此舉意在試探，不料彭寵接到通知，頓時嚇了一跳。這是要清理我呀，我要是去了洛陽，還能回得來嗎？就算要去，那也得帶上朱浮一道去見劉秀，當面對質。

為了發洩心中的鬱悶，彭寵又向吳漢、王梁等昔日舊部寫信，大吐苦水。

吳漢、王梁的政治敏銳性很高，收到彭寵的吐槽信後，第一時間將來信呈給劉秀。劉秀看完信，堅決駁回了彭寵的請求。

彭寵接到回覆，越發害怕了，他認定劉秀這是要整治自己了。彭寵的妻子是個脾氣火爆的人，眼看著丈夫終日戰戰兢兢，終於坐不住了，罵道：「現在天下未定，四方各自為雄。漁陽郡兵馬最精，就因為區區一個朱浮，你就要放棄這份來之不易的大好基業？」

被老婆一激，彭寵也受不了了，就和手下商議，結果大家的意見很一致，都勸他別去見劉秀。

劉秀見彭寵磨磨蹭蹭的，又派了彭寵的堂弟子後蘭卿督促，然而這卻產生了更大的誤解。「劉揚是怎麼死的？被他的外甥耿純砍死的！」

彭寵越想越覺得不對勁。「劉秀這麼做，明顯是想故技重施啊！既然如此，那還等什麼啊，反！自己麾下兵強馬壯，何必受制於人？」

彭寵扣留堂弟子後蘭卿，正式扯出了反旗。

第一個攻擊目標：朱浮！

彭寵親率兩萬餘人攻朱浮於薊縣，又派人賄賂匈奴，匈奴單于得了好處，以七千騎兵相助彭寵。

朱浮打小報告是內行，帶兵打仗就是外行了，見彭寵果真反了，趕緊向劉秀求救。與此同時，朱浮還發揮自己的特長，洋洋灑灑寫了一封信給彭寵，這就是著名的〈為幽州牧與彭寵書〉：

蓋聞智者順時而謀，愚者逆理而動，我常私下悲嘆共叔段因為不知足而無賢輔，終自棄於鄭國。老兄你憑聲譽主持一郡政事，有佐命之功，親自操持職事，愛惜倉中糧餉，而我朱浮掌征伐重任，想臨時救急支用一批糧食，大家都是為了朝廷。就算你懷疑我誣告你，何不自己去說明真相，卻做出這種滅族的荒唐之舉呢？

朝廷對你的恩情也夠厚的了，委以大郡，任以威武，事有柱石之寄，情同子孫之親。匹夫妾婦還會有一餐之報，豈有身帶三綬，主管大邦，卻不顧恩義而叛亂的？和底下人講話，何以為顏？行步拜起，何以為容？坐臥念之，何以為心？拿鏡自照，何以施眉目？舉措建功，何以為人？惜乎！你丟了美名，造梟鴟之逆謀，拋下傳世之福澤，招破敗之重災，高談闊論堯舜之道，卻不肯約束桀紂殘虐之性，活著被世人恥笑，死了也只是個愚鬼，不亦哀乎！

你和耿況輔佐陛下，同受國恩。耿況很謙遜，謹言慎行，而你卻自矜功伐，以為功高天下。以前遼東的豬都是黑豬，有一頭豬不知什麼原因，生了一頭白豬，豬主人覺得非常珍貴，就要獻給皇上。結果走到河東，見到所有的豬都是白的，慚愧而還。你彭寵那點功勞，拿到朝廷去評比，不過就是一頭遼東豬而已。你愚昧妄為，自比六國。六國之時，其勢各盛，拓地數千里，勝兵將百萬，所以能據守一方，相傳數代人。你也不看看今天下幾里、列郡幾城，就以區區漁陽一隅之地而結怨天子？這就像那黃河邊上的人，想捧一把黃土堵住孟津滔滔巨浪，只會讓人們看到他的不自量力！

如今天下剛剛平定，海內人人期待太平，士不論有才無才，都樂立名於世。而你獨在風中逆行，自捐盛時，內聽驕婦之失計，外信讒邪之諛言，成為功臣們的鑑戒，豈不誤哉！定海內成大業的人沒有私仇，可不要被過去的事情誤了前程，望你能多為老母幼弟著想，不要做親者痛而仇者快的事！

彭寵看了信，氣得不得了，撕碎了信，繼續猛攻朱浮。

朱浮在請示中希望劉秀能夠親自帶兵來救，可此時的劉秀正在東、西、南三面作戰，根本騰不出手來，只能遣游擊將軍鄧隆來救援。

鄧隆帶著大軍一路北上，駐軍於潞縣南邊，朱浮屯兵雍奴。部署完畢，鄧隆派人向劉秀報告駐軍情況，還大言不慚地說擊敗彭寵不過是很快的事。

劉秀得知部署情況，大怒道：「兩營相去百里，一旦發生戰爭，怎麼來得及救援？簡直就是胡鬧！」

果然不出劉秀所料，久經戰陣的彭寵親率一萬兵馬與鄧隆正面對峙，吸引對方的注意力，再以三千輕騎從後面突襲，鄧隆大敗。朱浮鞭長莫及，只能眼睜睜看著友軍覆亡，然後退守薊縣。

次年春，涿郡太守張豐起兵反叛，自稱無上大將軍，與彭寵結盟。朱浮沒辦法，只得向劉秀上書求援。

劉秀有些不爽：「你自己闖的禍，自己沒本事搞定，現在又來求我幫忙，豈有此理？」

想到這裡，劉秀大筆一揮，回給他一封信：「去年赤眉軍在長安飛揚跋扈，我判定他們在沒有糧食的時候一定會東撤，後來果然入我彀中。彭寵、張豐這些貨色也是一樣，過不了幾天，他們就會互相廝殺。我這邊也有困難，糧草匱乏，恐怕得等到明年的麥子熟了才能支援你。」

一句話：「地主家也沒糧了，你自己想辦法再堅持堅持吧！」

朱浮欲哭無淚，他是文人，寫文章罵戰那是沒問題，可哪懂打仗？只能苦苦煎熬。

隨著時間一點點流逝，城中的糧食逐漸見了底，開始出現了人吃人的現象，幸虧耿況派騎兵來救援，朱浮才逃得一命。

逃出包圍圈的朱浮無處可去，只能回洛陽向劉秀請罪。尚書令侯霸上書劉秀，說：「朱浮敗亂幽州，逼反彭寵，徒勞軍師，不肯以身殉國，其罪當誅！」

劉秀雖然也惱怒朱浮輕浮無能，在河北惹下了這麼大的麻煩，但是他畢竟對自己忠心耿耿，工作能力雖然一般，但是工作態度沒得說。經過一番考量，劉秀最後赦免了他，改封朱浮為執金吾，封父城侯。

從幽州牧到執金吾，還封了侯，朱浮可謂是因禍得福，不降反升。

朱浮跑了，可薊縣還處於危險之中。

在圍攻薊縣的同時，彭寵又幾次派人去聯繫耿況，邀請他加入自己的造反隊伍。在他看來，耿況跟自己一樣命苦，也是有大功而受賞較輕，既然得不到重視，不如脫離漢軍，跟隨自己！

彭寵幾次派使者去遊說耿況，但是耿況拒絕接受，一一斬殺彭寵派來的使者。

彭寵碰了幾次壁，只能繼續圍困薊縣。經過數月的煎熬，薊縣終於扛不下去了，只得開啟城門向彭寵投降。彭寵自稱燕王，奪取了右北平郡及上谷郡的幾個縣，又積極聯繫外援，與其他造反派互換人質結盟。

劉秀因為多次攻之不克，開出賞格：「殺彭寵者封侯！」

在那些為數眾多的造反派中，有一個人值得一提：涿郡太守張豐。

張豐原本是不想造反的，但是有個道士非說他有皇帝命，還用五彩口袋裝了塊石頭，綁在張豐的手臂肘上，叮囑道：「這可不是一般的石頭，裡面藏著玉璽呢！」

被道士這麼一糊弄，張豐心動了，道士說張豐有皇帝命也就罷了，關鍵是張豐也覺得自己骨骼清奇，印堂不是一般的發亮，怎麼看，怎麼像皇帝，於是自稱無上大將軍，與彭寵聯兵，扯起大旗造反。

這一年是建武三年（西元 27 年）六月，幽州局勢大亂，到處都是造反派。

但是劉秀忙著逐鹿中原，根本騰不出手來平定幽州，直到建武四年 (西元 28 年) 四月，劉秀才遣征虜將軍祭遵、驍騎將軍劉喜等領兵北上幽州，收復失地。

祭遵絕對是一個猛人，他先入涿郡，只一個回合就活捉了張豐，打算砍了他。張豐自以為天命所歸，心中猶存幻想，對祭遵說：「我才是真命天子，我手臂肘上就綁著玉璽！」

祭遵聽他這麼嚷嚷，找人拿來錘子，一錘把石頭砸了個稀巴爛，結果連根玉璽的毛都沒有。張豐這才傻眼，意識到自己被「大師」騙了，仰天長嘆道：「是我該死，死而無恨！」

說回彭寵。

建武三年 (西元 27 年) 冬，耿弇主動向劉秀申請，要求北上徵集上谷士兵，效仿韓信，平定北方大地。劉秀很欣賞耿弇的雄心壯志，一口答應。

可奇怪的是，耿弇卻未立即出發，一直到次年五月，耿弇才和建義大將軍朱祐、征虜將軍祭遵、驍騎將軍劉喜等人得到劉秀的許可，領兵出征。

更奇怪的是，耿弇得到授權後，第一時間居然不是整頓兵馬，而是上書要求回洛陽，回到劉秀身邊。

這又是什麼邏輯？

史書語焉不詳，我們只能從後續的發展來做個初步推斷。

幽州的局勢萬分緊急，朱浮都已經被打得嗷嗷叫了，可劉秀依然無動於衷，很顯然，他有自己的顧慮。考慮到劉揚和彭寵的前車之鑑，我們有理由相信，劉秀是在擔心耿弇擁兵自重，脫離自己的掌控。畢竟耿弇的老爸可是上谷太守耿況，封大將軍、歸義侯，和彭寵實力相當，在河北樹大根深。一旦耿弇聯合自己的老爸反叛，自己如何約束？

也許你會說，劉秀不是一向以待人寬厚著稱嗎，怎麼會有這麼暗黑的想法？

你錯了，如果只是待人寬厚，卻不對人設防，可做不了老大。就算你僥倖上位，也遲早會被底下人拉下馬，尤其是當了皇帝後，更是要隨時保持警惕。對於耿弇而言，老爸耿況和彭寵功勞相當，自己又沒有兄弟在洛陽做人質，哪敢單獨進軍。

耿弇主動申請留在劉秀身邊，這讓劉秀頗為欣慰，他下詔安慰耿弇：「將軍全家為國效忠，功勞卓著，有什麼嫌疑而要求徵召回洛陽呢？」

隨後讓耿弇與王常一起屯兵在涿郡。

遠在上谷、政治敏銳性很高的老爸耿況得知此事，立即派了耿弇的弟弟耿國前往洛陽，讓他主動留在劉秀身邊服務，說白了就是主動去當人質。

這下子，劉秀終於徹底放下心來，封耿況為隃糜侯，命耿弇與朱祐、祭遵、劉喜等人領兵出征。

此時，祭遵駐屯良鄉，劉喜駐屯陽鄉，彭寵則帶著匈奴大軍四處攻城略地。耿況派兒子耿舒迎戰彭寵，一戰擊敗匈奴大軍，斬匈奴兩個王，逼得彭寵不得不退兵。

隨著祭遵留鎮幽州，彭寵與其大小十數戰，接連敗北。底下人見形勢不妙，紛紛投靠了漢軍陣營。

自從劉秀派兵北伐，彭寵的日子就很不好過，他總是心神不寧，甚至出現了幻聽，總覺得火爐下面有一隻蛤蟆在叫，扒開尋找卻什麼也沒有。他老婆天天晚上做噩夢，又見到了一些怪事，找算卦的和望氣的一看，都說這是內亂的徵兆。彭寵篩查了一遍身邊人，將子後蘭卿列為嫌疑人，為了排除隱患，彭寵給了他一部人馬，將他隔離在外。

一天，彭寵齋戒，一人獨居。僕人子密等三人見彭寵睡著了，悄悄進入將他綁在床上，然後出了房間，對外面的護衛說：「大王要齋戒三日，你們全都放假吧。」然後又把宮中其他人全都捆了起來。

緊接著，子密又假借彭寵之名，騙他老婆進來。

彭妻進來後，才發現自己進了狼窩。彭寵急忙說：「趕快為這幾位好漢準備金銀財寶。」兩個人隨彭妻到內室取寶，另一個人看守彭寵。

彭寵趁機糊弄他：「我向來是很喜歡你的，知道你是被子密脅迫，你解開我的繩索，我就把女兒彭珠嫁給你，家中財物也都送給你當嫁妝。」

這小子聞言心動，結果往門外一看，發現子密就站在門口，只好斷了這個念頭。

哥幾個收拾金玉衣物，備馬六匹裝之，又讓彭妻縫了兩個包裹。黃昏時分，才解開彭寵的束縛，讓他寫個條子給城門將軍：「現派子密等到子後蘭卿處，開門放行，切莫稽留！」

彭寵對子密道：「家中財物已全部被你打包了，我寫條子可以，可否留我一命？」

子密答：「好好配合，我會考慮的！」

彭寵哆嗦著寫完條子，子密接過一看，點了點頭，手起刀落，砍了彭寵兩口了的腦袋，裝到包裹裡，急急忙忙奔赴城門口。城門守衛見了彭寵的手諭，不敢多問，開門放行。

子密出了城，一路快馬加鞭，直奔洛陽。

直到第二天日上三竿了，王宮守衛還不見彭寵出門，覺得有點不對勁，於是就派人翻牆而入。進來一看，地上躺著兩具屍體，沒有腦袋，看服飾，應是彭寵夫婦無疑！

守衛大驚失色，立即示警，這下子漁陽城裡亂成一團了。

「老大被殺，怎麼辦？」

尚書韓立等人當機立斷，擁立彭寵的兒子彭午為燕王，以子後蘭卿為將軍。幾天後，國師韓利叛變，砍了彭午的首級，呈送征虜將軍祭遵，祭遵收復薊縣，盡滅彭寵宗族。

劉秀看到子密獻上來的彭寵人頭後，雖然心裡老大不願意，但是君無戲言，只得按照自己事先的承諾，封子密為侯。

至此，這場歷時三年之久的幽州亂局終告大定。

第九章

定都中原

鄧奉之亂

河北穩定，我們再回到建武二年（西元 26 年）。

且不說鄧禹的西征之路，也不說幽州彭寵的反叛，單看劉秀。這一年，劉秀還做了一件事：集中兵力，同時向東方和南方開戰。

東方之戰暫且按下不表，先來看南方之戰。

南方不是劉秀的老家嗎？怎麼還會有造反派？

那是因為，這裡還留存著更始皇帝劉玄的殘部，其中最具代表性的是劉玄封的四個王 —— 郾王尹尊、西平王李通、鄧王王常、宛王劉賜，正盤踞於南方的豫州和荊州。

這些人都是投機取巧之輩，他們擁兵自重，絕不輕易下注，一直處於觀望之中。

這年三月，劉秀召集所有高級將領齊聚洛陽，召開軍事會議，研究南征大計。

在會上，劉秀手持檄簡，敲著地圖，詢問諸將：「南方之敵，郾城尹尊集團兵力最強，宛城劉賜次之，諸位將軍，誰願領兵出征？」

執金吾賈復第一個出列，慨然道：「臣請率部擊郾城！」

劉秀大笑道：「將軍擊郾城，朕還有什麼可憂愁的，大司馬吳漢當擊宛！」

賈復能文能武，尤其在戰鬥中極為勇猛。有多猛呢？我舉個例子。

當初劉秀在射犬大戰青犢軍時，賈復也在其中，主要負責打輔助。那場仗打得非常艱難，從清晨持續到中午，敵人的陣形絲毫沒亂，陣地依然堅如磐石。劉秀見漢軍漸露疲態，準備讓大軍撤回來吃午飯，吃飽飯有了力氣再打。

賈復眉毛一豎，站出來說道：「不可，必須打贏對手才能吃飯！」

大夥兒紛紛嘲諷他：「你行你上啊！」

賈復也不廢話，立刻披上鎧甲，帶著自己的部隊衝向敵陣，所到之處，銳不可當，青犢軍不敵，紛紛敗走。等他歸來時，軍營中的午飯也剛剛做好。

有沒有感覺這一幕似曾相識？

東漢末年，天下大亂。曹操假託皇帝詔書，召集天下英雄圍攻董卓，兵臨城下，卻被對方的華雄連斬三員大將，士氣沉到了谷底。正當大夥兒鬱悶之時，一名馬弓手主動請纓。上陣之前，曹操特意溫了一盞酒給他，此人卻道：「酒且斟下，某去便來。」不一會兒，就提了華雄的頭歸來，此時，酒尚有餘溫。

這名馬弓手，名叫關羽；這個故事，史稱「溫酒斬華雄」。

賈復凱旋，再一次刷新了大夥兒對他的認識，紛紛鼓掌為他叫好，劉秀也激動地拉著賈復共進午餐。

劉秀知道賈復是個猛人，經常讓他跟在身邊，每當有急難險重的任務才讓他出馬。在一次收復真定的決戰中，賈復帶頭衝鋒，大敗敵軍，自己也身受重傷，生命垂危。

劉秀聽說後，悲痛萬分：「我之所以不讓賈復去別的地方打仗，就是因為他經常不怕死而赤膊上陣，如今果然如此，難道上天要我失去一位名將嗎？我聽說他的妻子已經有身孕了，如果生的是女兒，我兒子娶她為妻；如果是男孩，我女兒嫁給他為妻，必讓他無後顧之憂。」

或許是劉秀的真誠感動了上蒼，不久之後賈復的傷竟然奇蹟般地痊癒了，他立刻動身追趕劉秀，終於在薊縣追上了大部隊。劉秀見賈復平安歸來，非常高興，舉行了盛大的宴會，為賈復接風，犒賞三軍。

在定下南征計畫後，大軍迅速動員起來，賈復領兵南下，很快就攻破了郾城，郾王尹尊主動出降。隨後又引兵東向，擊淮陽太守暴汜，暴汜一看不是對手，也率眾投降。

再說吳漢領兵伐宛，臨行前，劉秀單獨找到他，與他一番長談。

為什麼要找吳漢談話？很簡單，因為劉秀對他不放心。

前面說過，吳漢本是南陽首府宛縣人，職業跟當年的劉邦一樣，基層公務員一名。新莽末年，因為手下的賓客犯法，吳漢不得已背井離鄉，亡命河北。

在漁陽，吳漢利用當地的便利條件，成為一名馬販子，此後在韓鴻的舉薦下又回歸公務員隊伍，出任安樂縣令，後來得遇明主，投奔了劉秀。

這之後，吳漢終於迎來了自己事業的巔峰，他圍邯鄲、斬苗曾，徵發幽州十郡騎兵，隨劉秀北上進攻銅馬、重連、高湖各支流民軍，一路所向披靡，可謂戰功赫赫。

劉秀即位後，本來想根據讖語任命孫咸為大司馬，結果群臣反對。劉秀只得讓群臣投票，大夥兒一致推選吳漢。劉秀於是封其為大司馬，統率全軍，更封舞陽侯。

從吳漢的履歷來看，此人有勇有謀、作戰勇猛，絕對是將帥的不二人選，為什麼劉秀還對他不放心呢？

很簡單，因為吳漢有一個缺點：性格鷙狠殘忍，經常放縱部下劫掠。

如果是攻打其他地方，吳漢放縱殘暴也就算了，可南陽是什麼地方？那可是劉秀的老家，朝中有不少人都出身南陽，就連吳漢自己也是南陽人，一旦御下不嚴，引發百姓的不滿，那可就慘了，將來劉秀還有何面目回到故鄉？

劉秀告誡他，到了南陽，舉目皆是家鄉父老，讓他務必管好自己的人，務必做到秋毫無犯。

吳漢領命，匆匆離去。

吳漢兵發南陽，先攻宛城，宛王劉賜沒做任何抵抗，舉城而降。隨後，吳漢派人護送劉賜一行來到洛陽覲見劉秀。劉賜這次來洛陽，還帶來了劉玄的妻子兒女、劉縯的兒子劉章和劉興。

在這之前，劉秀的叔父劉良、族父劉歙、族兄劉祉等劉氏宗族自長安來奔劉秀，劉秀熱情接待，封劉良為廣陽王，劉祉為城陽王，劉歙為泗水王，劉章為太原王，劉興為魯王。劉玄的三個兒子劉求、劉歆、劉鯉全被封為列侯。

至於劉賜，他雖然對劉秀有救命之恩，但是擁兵觀望，只被封了個慎侯。

同理，原漢中王劉嘉雖然從小由劉秀的父親劉欽撫養，跟劉秀一起長大，然而由於坐擁重兵，直到最後才肯投降，劉秀也僅封其為順陽侯。

更始鄧王王常也帶著妻子、兒女來到洛陽，為了表示自己的誠意，他赤裸上身求見劉秀。

王常是綠林軍中資格最老的僅存元勛，當初綠林軍與新市兵、平林兵都在小長安聚慘敗，各部都想解散隊伍。關鍵時刻，幸虧王常領綠林軍入夥，終有沘水大捷，起死回生。

劉秀見王常來降，心情大快，揶揄道：「王廷尉辛苦了，我經常想起我們之前一起經歷的艱險，無一日能忘記。可你自從拜為鄧王，就和我斷了來往，直到現在才肯前來見我，豈不是違背了從前的話嗎？」

王常無可辯解，頓首道：「臣蒙天命，得以牽馬執鞭追隨陛下。臣與陛下初遇宜秋，後會戰於昆陽，何日敢忘？更始帝不嫌我愚笨，讓我在南方任職。赤眉軍攻入長安後，我失去了信心，認為天下又將陷入混亂之中。聽聞陛下在河北即位，心開目明，現在能見到陛下，臣死無遺恨。」

劉秀見王常畏懼不安，大笑道：「我和你玩笑而已，老友之間，不必拘謹。」

隨後，劉秀召集公卿、將軍以下大臣開會，指著王常對眾人道：「這位就是王常！當年他以一介匹夫之身，激昂大義，奮舉義兵，又明於知天命，協助大司徒斬殺甄阜、梁丘賜，被更始帝封為知命侯。我和他在軍中相遇，是跟我最早起兵的老同袍，恩誼深厚。」

大夥兒會意，奏道：「王將軍功勳卓著，理應加封！」

劉秀很滿意大夥兒的反應，對王常特加賞賜，拜為左曹，封山桑侯。

至此，更始皇帝封的南陽四王皆廢。

再說吳漢，一開始南下時，部下還算遵規守紀，待攻下宛城，就把劉秀的囑咐拋到九霄雲外了。在吳漢本人的默許甚至放縱下，部隊貪婪殘暴的本性開始暴露，每攻下一處，各級將領就縱兵搶掠、姦淫燒殺，幾與赤眉軍、綠林軍無異，軍紀敗壞程度簡直令人髮指。老百姓怨聲載道，苦不堪言。

吳漢所帶的兵多是河北兵，對南陽並無感情。吳漢本人也鷙狠殘忍，對殺戮習以為常。在他看來，打仗必定是要死人的，無論是在戰場上，還是在戰場外，只有殺戮才能震懾對手，使其不敢再生反叛之心。

再者，自己的部下拋家捨業，在外征戰連年，誰身上沒有幾處傷？戰後放縱一下怎麼了？至於那麼斤斤計較嗎？

吳漢勢如破竹，先後攻下涅陽、酈、穰諸城，終於在新野碰了釘子。

如果你還有印象，那一定記得，新野的豪強大戶除了陰氏，還有一個鄧氏，其中最出名的有兩個人：鄧禹和鄧晨。

劉秀家族很早就與新野鄧氏產生了聯繫，鄧晨娶了劉秀的姐姐劉元為妻。起兵之初，鄧晨無條件支持劉秀的革命事業，致使全族受到牽連，甚至府第被焚燒、祖墳被挖掘，鄧晨的妻子和三個女兒也都被殺害。

同族的人抱怨鄧晨：「家裡本來很富裕，為什麼要追隨老婆家的人冒險？這樣做值得嗎？」

但是鄧晨沒有一點怨言，從一而終，多次救劉秀於危難之時。

鄧禹更是少有的天才少年，他十三歲就能誦《詩經》，年輕時在長安學習，期間結識了劉秀，很是投緣。王莽敗亡、劉玄即位，幾次三番邀請他，鄧禹卻始終不肯出山。直到劉秀撫慰河北，鄧禹立即杖策北渡，遠奔河北相投，成為劉秀身邊的首席謀臣。

其實，除了鄧晨和鄧禹，新野鄧氏還有一位少年英雄：鄧奉。

這個人很特別，我們有必要隆重介紹一下。

鄧奉是鄧晨的姪子，鄧晨又是劉秀的二姐夫，所以鄧奉也在劉秀的朋友圈裡。當年劉秀持節北上，陰麗華則跟隨陰識回到了南陽，更確切地說，是到鄧奉家中尋求保護。可以說，鄧奉不但是劉秀的親戚，也是劉秀的恩人。劉秀定都洛陽之後，封鄧奉為破虜將軍，隨同征戰。

誰能想到，鄧奉與劉秀關係這麼好，最終兩人居然會兵戈相向？

事情的起因還得從吳漢說起，他帶著大軍橫掃南陽時，不改燒殺劫掠的惡習，對南陽諸縣大肆搶掠。適逢鄧奉回鄉探親，看到漢軍所過之處燒殺搶掠，以致廬舍蕩然無存，鄉親流離失所，號哭於道旁，頓時大怒！

南陽是什麼地方？這裡不僅是鄧奉的老家，還是劉秀、鄧禹、賈復、吳漢以及很多漢軍將士的老家，出門就是親朋故舊，舉目皆是家鄉父老，你吳漢哪來的膽子，敢在家門口燒殺搶掠？

我們鬧革命，不就是為了讓百姓安居樂業，不受兵燹之禍嗎？而如今吳漢縱容部下劫掠百姓，已然違背了初衷，與土匪有何區別？

劉秀山高路遠管不了你，我鄧奉來教訓教訓你！不為劉秀，不為自己，只為南陽的父老鄉親！

鄧奉聚眾登高一呼：「吳漢也是南陽人，他不顧鄰里親情，公然擄掠鄉里，我誓擒此狂夫！有願意跟隨的往前一步！」

南陽子弟熱血沸騰，紛紛站了出來，跟隨鄧奉反攻吳漢。

要知道，吳漢乃是天下名將，身經百戰，在後來的「雲台二十八將」中排名第二，僅次於鄧禹。他率數萬幽州突騎轉戰河北，所當者破，所擊者服，未嘗敗北，可這次竟全不是鄧奉數千南陽兵的對手，一戰既不能勝，還被鄧奉奪了輜重，頓時陷入了困境。

由於物資糧草全部被鄧奉洗劫一空，吳漢被迫率部南撤，而此時，萬脩病死軍中，只剩下堅鐔困守宛城。鄧奉以淯陽為大本營，分兵四處，陸續擊破其他漢軍，很快就控制了南陽大部。

消息傳到洛陽，劉秀大怒：「吳漢劫掠鄉里，逼反鄧奉，該殺！」

他寫了一封親筆信，輾轉送往鄧奉處，希望他看在昔日的情分上，寬大為懷，既往不咎，說自己一定好好約束吳漢。

然而，鄧奉性格剛烈，他是鐵了心要為百姓出這口氣，堅決不肯退讓。在他看來：「吳漢縱容部下殘殺無辜，暴虐百姓，這種人該殺！劉秀御下不嚴，有什麼資格做皇帝？南陽百姓早已對漢軍寒了心，既然無人肯站出來為民做主，我鄧奉願做第一人，為蒼生說句話！」

至此，鄧奉與劉秀徹底決裂。

與此同時，南郡人秦豐據黎丘，自稱楚黎王，攻下周邊十二縣；董訢據堵鄉；許邯據杏，這些起義軍皆與鄧奉結成了聯盟，奉鄧奉為主。

劉秀接到奏報，悵然若失。他知道，與鄧奉這一戰，終究還是不可避免。

接下來的問題是，該派誰出征？

劉秀知道鄧奉很厲害，但是沒想到這麼厲害，吳漢是漢軍的大司馬，手裡還握有漢軍最精銳的幽州突騎，他都打不贏，難不成要劉秀親自出馬？

「雲台二十八將」雖然人才濟濟，但是劉秀心裡很清楚，這二十八人之中，真正稱得上帥才的其實沒幾個。挑來選去，他最後選中了岑彭。

岑彭也是南陽人，既熟悉戰事，也了解南方事務，最重要的是他持軍整齊，秋毫無犯，跟吳漢完全是兩種風格。此時的岑彭官居廷尉大將軍，正在南陽附近掃蕩割據武裝。劉秀緊急召回岑彭，封他為征南大將軍，統領建義大將軍朱祐、執金吾大將軍賈復、建威大將軍耿弇、漢忠將軍王常、武威將軍郭守、越騎將軍劉宏、偏將軍劉嘉等人，兵發南陽，討伐鄧奉。

想必你也看出來了，這一次，劉秀真是下了血本，一次派出了八位名將，可謂是全明星陣容，去跟鄧奉過招。

岑彭帶著大部隊南下，沒有直奔淯陽，而是先攻杏城，迫降許邯。緊接著，大部隊再擊堵鄉，包圍了董訢。

董訢自知不敵，急向鄧奉求救，鄧奉親自帶著萬餘人前來救援。

「沒什麼好說的，直接開打吧！」

鄧奉、董訢雖然人少，但是部下都是南陽精兵，勇猛異常，尤其是鄧奉的部下，很多都是在戰場上歷練過的，銳不可當。岑彭大軍雖然有數萬之眾，卻也奈何不了鄧奉。

雙方激戰於堵鄉城下，漢軍大敗，被鄧奉大軍殺得丟盔棄甲、潰不成軍，連帶朱祐也在戰場上被俘。

鄧奉與朱祐早年就相識，此次在戰場上對決，也實屬不得已，鄧奉沒有傷害朱祐，反而待如上賓。

經過這場慘敗，漢軍的銳氣遭到了極大的挫傷，鄧奉的部隊則士氣大振。

得知岑彭敗於鄧奉之手，劉秀一個頭兩個大。八位高手竟然打不過一個鄧奉，還被對方反殺！

岑彭向劉秀申請，想讓劉秀御駕親征，可此時的劉秀根本騰不出手。他要忙著對付西邊的赤眉軍，只得讓岑彭繼續在南陽耗著，能打則打，打不過就跑。

從此，岑彭與鄧奉在南陽郡境內展開了艱苦的拉鋸戰，這期間雙方你來我往，互有勝負。

這一耗，就是七個月。

建武三年（西元 27 年）三月，「位面之子」劉秀終於迫降赤眉軍，關中無憂，他準備御駕親征，與鄧奉一決高下。

劉秀率數萬大軍自洛陽起程，浩浩蕩蕩直奔南陽，漢軍士氣大振。劉秀親自出手，志在必得；鄧奉一點都不怵，主動迎戰，可數千人哪裡是數萬人的對手？大軍戰敗，鄧奉從堵陽一路逃到了淯陽。

劉秀一路追擊，到淯陽又是一場激戰，鄧奉又輸了。

但是劉秀還是沒逮到他，鄧奉逃到了小長安聚。

對於劉秀而言，小長安聚是一個傷心之地。五年前，劉縯、劉秀兄弟在舂陵起兵，一路進展順利，卻在小長安聚遭遇了慘敗，劉秀的二哥劉仲、二姐劉元和她的三個孩子，還有百餘位劉氏宗族子弟全都命喪於此，這是劉秀心中永遠的痛。如今五年過去了，劉秀終於登上了皇位，卻不得不在這裡征剿二姐的姪兒鄧奉，讓地下的親人們看著自己人自相殘殺。鮮血仍在流淌，戰爭仍在繼續，他的心情之複雜與難受可想而知。

數萬漢軍將小長安聚圍得如同鐵桶一般，連隻鳥都飛不出去，這一次，鄧奉是插翅也難逃了。

事實上，鄧奉也沒想過要逃。

這一路走來，他敗吳漢、擊岑彭、擒朱祐，劉秀身邊的二十八將無一人是自己的對手，執劍四顧，鄧奉忽然有一種高手寂寞的感覺。

當初他起兵反漢，不過是出於義憤，看不慣吳漢殘害百姓；而如今，劉秀親自帶兵，格外重視軍紀，三令五申不許擾民，所過之處秋毫無犯，他已經沒有了繼續抵抗下去的理由。

他已經證明了自己！

「那麼，就在這裡做個最後的了結吧！」

次日清晨，鄧奉率大軍出城，與劉秀決戰。此時此刻，鄧奉只有幾千人，可城外的漢軍有數萬人，雙方數量相差甚遠，可鄧奉渾然不懼，勇往直前！

戰場上容不得半分同情，隨著劉秀的揮手，進攻的鼓點已然敲響，漢軍邁著整齊的步伐齊齊向前，像是時代的巨浪，要將一切磐石碾碎。

可那磐石卻也巋然不動，迎接這猛烈的進攻。

數萬人的大陣中，鄧奉的盔纓紅得發亮，在陽光下如同鮮血一般，他一身白袍，執一桿長矛，在戰陣中左衝右突。伴隨著戈矛起落，箭矢飛馳，不斷有漢軍士卒倒下，其餘的人看到鄧奉如此勇猛，紛紛讓開一條路。

趁此機會，鄧奉身後數千士卒齊齊發出呼喊，尾隨其後，衝向漢軍。他們有的手持長矛，有的握著刀盾，無懼面前的對手，奮勇向前！

這負隅頑抗的數千人，已心存死志！

然而，漢軍的人數還是太多了，任憑鄧奉再能打，但是在數倍於己的漢軍面前依然微不足道，在鄧奉身後的大軍疲敝之際，遠處觀戰的劉秀一揮手，漢軍預備隊上場，發起一波反攻。

當鄧奉看到自己麾下的將士被漢軍殺得毫無還手之力，節節敗退時，心頭猶如刀割一般。他知道，這一戰，自己終究還是敗了。

鄧奉帶著大軍退回城池，漢軍隨即再次合圍，對城池展開了猛烈進攻。

事已至此，鄧奉知道城破是早晚的事，他請出了之前俘虜的朱祐，脫去上衣，自縛出城請降。

看著眼前的鄧奉，劉秀的內心頗為複雜。從情感上來講，他是願意寬恕鄧奉的，當年的殺兄仇人朱鮪前來請降，劉秀為了大局也既往不咎。於公，鄧奉造反事出有因，可以說是被吳漢逼反的；於私，鄧奉與劉秀關係匪淺，又是鄧晨和鄧禹的親戚，是老相識、舊功臣，還是親戚、恩人，怎麼說也該放他一馬。

可問題在於，其他人會答應嗎？

為此，劉秀特地召集眾人開了個會，廣泛徵求大夥兒的意見。出乎劉秀意料的是，大夥兒的意見出奇地一致 —— 殺！

這其中，最激烈的當屬岑彭與耿弇，二人進諫道：「鄧奉忘恩叛逆，讓大漢的軍隊在外征戰了一年多，致使漢軍損失慘重，且鄧奉擊傷賈復，生擒朱祐，使漢軍威名受損。鄧奉背叛陛下，他若真心歸順，陛下親征堵陽時，他就該投降的，然而他卻屢敗屢戰，直到走投無路才選擇歸降，必然不是出於真心。如果不殺鄧奉，將來還如何懲治奸邪？」

這些都是檯面上的話，其實眾人想說的是：「如果不殺鄧奉，大夥兒的面子往哪兒擱？那麼多將士的血白流了嗎？」

劉秀沉默了。

政治家的痛苦就在於此，朝堂之上一個個都是利益攸關體，很多事不是他想做就能做成的。皇帝雖然高高在上，卻無時無刻不受到眾人的制約和束縛，如果逆潮流而行，這本就脆弱的政權必定會分崩離析。

為了一個鄧奉，傷了眾將之心，壞了國家法度，劉秀捫心自問，值得嗎？

經過一番激烈的思想鬥爭，劉秀最終下定決心。

次日，鄧奉被斬首示眾。

鄧奉有個好朋友叫趙憙，為人正直忠義，鄧奉起兵反漢後，趙憙多次寫信責備、勸阻鄧奉，但是鄧奉一概不理。當時很多人對劉秀說，趙憙與鄧奉是至交，他肯定也參與了叛亂。等到鄧奉兵敗，劉秀看到趙憙寫給鄧奉的信，才知道趙憙是一位忠義之人，馬上重用，後拜太尉，位列三公；再拜太傅，位極人臣。

劉秀駕崩後，趙憙為顧命大臣，主持喪葬事宜。漢明帝駕崩之後，趙憙仍是顧命大臣，再次主持喪禮。兩朝皆受皇帝遺詔，翻遍東漢史，僅此一人。

漫漫征程

說完南征，再來看東征。

東征的經過猶如一團亂麻，剪不斷，理還亂。此時的帝國東部盤踞著大大小小的起義軍，有的是當地土著豪強，有的是叛漢自立的軍閥。這些戰爭相當亂，我化繁為簡，梳理出了四個造反首領：梁王劉永、齊王張步、淮南王李憲及楚黎王秦豐。

接下來挨個翻他們的牌子。

先看梁王劉永。

當初劉永被劉玄封為梁王後，回到自己的地盤，觀望了一陣子，發現玄漢政府一片混亂，於是暗中招兵買馬，準備單幹。更始二年（西元 24 年），劉永任命沛郡人周建為將領，接連攻陷濟陰、山陽、沛郡、楚郡、淮陽、汝南等地，占二十八城。

隨後，劉永又派遣使者任命西防流民軍首領佼強為橫行將軍，東海流民軍首領董憲為翼漢大將軍，琅琊流民軍首領張步為輔漢大將軍，監管青、徐二州，控制著帝國的整個東部。

建武元年（西元 25 年），劉玄向赤眉軍投降，劉永在睢陽稱帝，我們暫且稱其為永漢皇帝。

對於劉秀來說，近在東方睢陽的劉永僭號天子，跨州連郡，實力強勁，是對其威脅最大的軍事集團，必須盡快剷除。

建武二年（西元 26 年）夏，劉秀拜虎牙大將軍蓋延為東征主帥，帶著駙馬都尉馬武、騎都尉劉隆、護軍都尉馬成、偏將軍王霸諸將共討劉永。

蓋延帶大軍一路東進，劉永率部迎戰，結果根本不是漢軍的對手，一戰就被打得七零八落，只能退到都城睢陽自守，蓋延隨即將睢陽城團團圍困。

不料就在此時，原玄漢政府將領蘇茂突然反叛劉秀。蘇茂這個人前面已經出場過，只不過是作為路人甲出現的，想必大家已經想不起來了。玄漢政府沒垮台前，蘇茂經常與東漢軍隊作戰，驍勇善戰，他的頂頭上司是朱鮪。朱鮪投降劉秀後，蘇茂跟著一塊成了劉秀的部下。

此番蘇茂造反，殺淮陽太守潘蹇，據廣樂，向劉永稱臣，劉永立即任命蘇茂為永漢政權大司馬，封淮陽王。

與此同時，蓋延在經過長達數月的攻城戰後，終於拔掉了睢陽這顆釘子，劉永逃到虞縣，結果被虞縣人殺了母親和老婆。劉永再逃到譙縣，蘇茂、佼強、周建集合三萬餘人前來營救，在沛縣被蓋延擊潰。劉永和佼強、周建逃到湖陵，蘇茂則逃回廣樂，蓋延平定了沛、楚、臨淮三郡。

洛陽這邊，劉秀在收到蓋延的捷報後，派太中大夫伏隆持符節出使青、徐二州，招降劉永治下的各郡。青、徐一帶的流民武裝聽說劉永被打得屁滾尿流，紛紛歸降。

再說蘇茂逃到廣樂後，很快又被吳漢包圍，周建帶十餘萬人援救蘇茂。吳漢迎戰周建，結果碰了釘子，從馬上摔下來，膝蓋受了傷。

吳漢包紮好傷口，殺牛宰羊犒勞戰士，軍中士氣倍增。第二天，蘇茂、周建率軍包圍吳漢，吳漢奮力反擊，大破之。而此時，已被蓋延攻陷的睢陽再次發生叛亂，劉永被重新迎回睢陽。

蓋延再次率軍包圍睢陽，吳漢留下杜茂、陳俊防守廣樂，自己帶兵協助蓋延包圍睢陽。

這次圍城持續了三個月。三個月後，劉永等人突圍而出，準備逃往酇縣，結果手下一個叫慶吾的一刀砍了他的腦袋後向蓋延投降。

蘇茂、周建逃到垂惠，擁立劉永的兒子劉紆為梁王。

建武五年（西元 29 年），梁王劉紆和周建被馬武圍困於垂惠，蘇茂率領五校流民軍前來援救。馬武大敗，跑路時經過王霸的軍營，緊急向他求救。王霸則很淡定地答道：「敵兵士氣正盛，我若出兵，我們都會被打敗，你還是自己打一會兒吧！」

說完，王霸緊閉營門，再不理會馬武。

底下人有點忐忑，勸誡他：「大家都是同事，抬頭不見低頭見，您這麼做恐怕不合適吧？萬一被馬武告到皇上那兒，我們可就不好解釋了。」

王霸答道：「蘇茂的軍隊太能打，人數又多，我們的將士不敢硬拚，而馬武總想著我們會去救他，打仗時一定不會出全力，必然失敗。現在我們閉營堅守，表示不會援助馬武，這樣賊軍就會輕舉冒進，而馬武見得不到救兵，就會拚死一戰。等蘇茂軍打累了，我們再發起進攻，一戰可破。」

王霸隔岸觀火，這可氣壞了馬武。同袍見死不救，馬武只得孤注一擲，轉過身與對手死戰。蘇茂、周建見王霸龜縮在軍營裡不敢出來，徹底放下心來，全力進攻馬武。

雙方打得不可開交，王霸這邊的人看不下去了，軍中勇士路潤等幾十人割髮請戰。王霸一看，大夥兒躍躍欲試，如拉滿弦的弓，蓄勢待發，就等自己一聲令下了。

「時機到了！」

王霸一聲令下，軍營後門大開，一支精銳騎兵衝了出去，直奔蘇茂和周建。兩人在前線打得正火熱，不料背後被人捅了一刀子，大敗後只得緊急撤到城中。

第二天，蘇茂、周建又向漢軍發起挑戰，王霸還是高掛免戰牌，面對城外的叫罵和挑釁，堅守不出，還在軍營內開起了派對，大夥兒大塊吃肉，大碗喝酒，好不快活！

蘇茂大軍在城外叫罵了半天，口乾舌燥，只能眼睜睜看著軍營內的人吃肉、喝酒，心裡非常鬱悶！蘇茂下令弓弩手上前，向王霸營中放箭。一時間，漢軍大營內箭如雨下，大夥兒紛紛舉起盾牌退到屋內躲避，其中一箭甚至射中了王霸面前的酒杯。

但是他繼續跟將士們划拳，穩如泰山。

老大都如此淡定，底下的人也不慌亂了，繼續堅守職位，軍營內井然有序。

次日，蘇茂大軍再次上門挑釁，手下將領紛紛請戰：「我們前兩天就狠揍了蘇茂，他就那兩下子，不扛揍，今天他如此囂張，不如再揍一次！」

王霸淡定地說道：「不然，蘇茂大軍遠道而來，糧草必然不足，他們之所以不斷挑釁，就是想要速戰速決。我們偏偏不遂他的意，關閉營門，休整部隊，正所謂『不戰而屈人之兵』！」

蘇茂、周建見叫陣沒用，只好怏怏回營。正如王霸所料，蘇茂大軍糧草緊缺，補給又跟不上，大夥兒耗在這裡，軍心已然不穩。就在當天夜裡，周建的姪子周誦反叛，關閉垂惠城門，不讓蘇茂和周建進城，城外的隊伍只得踏上逃亡之路。周建在逃亡路上去世，蘇茂逃奔到下邳，與海西王董憲會合，劉紆則投奔了佼強。

建武五年（西元 29 年），驃騎大將軍杜茂攻佼強，大勝，佼強與劉紆投奔了董憲。吳漢一路追擊，劉紆在逃亡路上與董憲等人走失，被身邊的人一刀砍了腦袋。佼強投降，蘇茂逃歸張步。

接著說張步。

在與劉秀爭奪天下的無數軍閥中，張步絕對算得上是一個勁敵，值得被好好介紹一下。

張步是琅琊郡人，劉秀兄弟在舂陵起兵之後，天下豪傑紛紛揭竿而起，張步作為地方上頗有影響力的人物，也趁機聚集了幾千人馬，接連攻下幾個城池，一時間聲名大噪。張步於是自稱五威將軍，雄踞琅琊郡。

沒過多久，天下形勢大變，劉玄擊敗王莽之後，曾派去使者王閎去接收琅琊郡。張步聽說王閎要來接收自己的地盤，當即下令緊閉城門，不准王閎入城。王閎發了一份通知，收編了幾千名士兵前去討伐張步，結果被張步打得落荒而逃。

劉秀和劉永稱帝後，都想把張步拉攏過來。劉秀派出了光祿大夫伏隆去遊說，命張步為東萊太守。跟伏隆一起去的還有劉秀新任命的青州牧、各郡太守、都尉等，至於縣令、縣長及以下官員，都由伏隆自行任命。

張步實際上控制著青、徐二州，相當於身兼青州牧、徐州牧。劉秀任命他為東萊太守，又派了青州牧和一堆太守過去任職，相當於削了他的權、奪了他的地，張步顯然不太可能接受劉秀送的這份「大禮」。

就在次年二月，身在湖陵的劉永封董憲為海西王，聽說劉秀派人去招安張步，他也派人封張步為齊王。

一邊是東萊太守，一邊是齊王，乍一看，齊王肯定比東萊太守高出好幾個等級，可問題在於，此時的劉永猶如泥菩薩過江，自身難保，他封的這個「齊王」其實根本沒有多少含金量。

如何抉擇？張步有些猶豫了，東萊太守是不錯，可他是真的很想當王啊！

伏隆看出了他的心思，對他說：「當年高祖皇帝曾與眾臣約定，非劉姓不得封王。封王你是沒戲了，以你的實力，可以爭取個十萬戶侯。」

張步說：「讓我投靠劉秀可以，前提是你得留下來，與我共同防守青、徐二州。」

伏隆斷然拒絕。「開玩笑，我只是一介書生，又不是武將，憑什麼幫你守城？」

結果，張步把伏隆扔到監獄裡，接受了劉永所封的王爵。

伏隆在獄中輾轉託人向劉秀報信：「臣奉詔卻未能完成使命，被叛徒囚禁，處境雖然險惡，只因責任重大，犧牲性命也在所不惜。此地官民知道張步反叛，人心不附，請皇上及時進軍，不要顧及我的生死。若能生還洛陽，受誅有司，就是我最大的願望；若不幸死於賊寇之手，那也沒什麼遺憾，只希望皇上可以照顧一下我的家人。願皇上與皇后、太子永享萬國，與天無極！」

劉秀看到伏隆的密奏，深受感動，他找來伏隆的老爸伏湛，拿信給他看，感慨道：「我恨不得許封張步王爵，只求伏隆生還！」

當然，劉秀沒有這樣做，而伏隆最終也死於張步之手。

既然和平解決方案以失敗告終，剩下的唯有用武力解決了。

圍城打援

建武五年（西元29年），劉秀派出了建威大將軍耿弇，前去討伐張步。

耿弇在劉秀平定河北的過程中立有大功，智勇雙全，乃是難得的名將。跟耿弇這位王者級的高手相比，張步簡直就是青銅段位，甚至連青銅段位都算不上，頂多就是個菜鳥，被耿弇耍得團團轉。

張步聽聞耿弇將至，設下了三條防線，以歷下為基點，以其大將軍費邑為帥，分兵駐屯於祝阿、泰山、鍾城。

耿弇渡黃河後，先進攻祝阿，他搞了個圍三缺一，留個缺口供敵突圍。果然，城內的敗兵逃往鍾城，告訴鍾城人：「耿弇來了，你們也守不住的，快跑吧！」當然，這其中肯定也有不少是耿弇派來的細作。

恐懼是會傳染的，鍾城人被這些敗兵一嚇唬，竟然棄城而逃。耿弇兵不血刃，又下一城。

費邑遣其弟費敢守巨里（今濟南歷城），耿弇先作出攻打巨里的姿態，令軍中打造攻城器械，說三日後攻城，然後故意將這消息散播出去。費邑得知消息，親自帶著三萬精兵來援救巨里。

結果等他氣喘吁吁跑到巨里時，迎接他的卻是占據高地優勢、以逸待勞的漢軍。

從一開始，攻擊巨里就是個幌子，耿弇真正的目的是圍點打援。得知費邑帶著部隊前來救援，耿弇只留少量部隊看住巨里，自己則帶著精兵拿下一塊高地，居高臨下地截擊費邑軍，大破之，陣斬費邑，繼而以費邑首級宣示巨里城。

城中守軍見費邑都掛了，軍心大亂，費敢棄城跑路。耿弇不費吹灰之力拿下了巨里城，繳獲大批糧草，隨後派偏將引軍，掃平了周邊四十餘座營寨，全取濟南郡。

耿弇一路勢如破竹，張步無法淡定了。他親自坐鎮劇縣，派出親弟弟張藍領精兵兩萬人駐守西安縣，各郡太守集合一萬多人守衛臨淄，兩地相距四十里。

臨淄在東，西安在西，西安更靠近耿弇軍。兩邊嚴陣以待，不料耿弇卻帶著大部隊突然空降在了畫中，如一把尖刀插入西安縣與臨淄之間。

西安縣雖然不大，但是城池堅固，張藍的守軍都是精銳，不好惹；臨淄雖然名為大城，但是城大兵少，且是拼湊起來的雜牌軍。於是，耿弇下令：

「五天後，打西安！」

等等，不是說臨淄比西安好打嗎？耿弇為何要主動選擇困難模式？

別急，我們接著往下看。

張藍聞訊後，加強了西安的警戒。五天後的一個夜裡，耿弇下令諸將起床準備，天亮後忽然下令，讓部隊放棄西安，向臨淄出發！

護軍荀梁表示反對，他認為如果攻打臨淄，西安必來援救，自己會腹背受敵；若打西安，臨淄兵不行，必不敢來援，所以不如還是打西安。

耿弇則耐心解釋道：「你們只知其一，不知其二。張藍知道我們要攻打他們，日夜戒備，全都在擔心自己的安全，哪有心思去援救別人！打臨淄則是出其不意，我軍只要一天時間就能拿下臨淄。臨淄既克，西安就與劇縣斷了聯繫，成了孤城，西安守軍必然會棄城逃跑，此所謂『擊一而得二』者也。

反過來講，若先攻西安，頓兵堅城，死傷必多；就算攻下，張藍退到臨淄，我們還得再去打臨淄。我軍是深入敵境作戰，後面沒有補給運送，必須速戰速決，不可拖延，如果超過一個月，我軍不戰自亂。」

隨後，耿弇帶大軍猛攻臨淄，只用了半日時間就拿下了臨淄城。駐守西安的張藍得知消息，嚇得魂飛魄散，帶著部隊逃回劇縣找他哥去了。

一切皆在耿弇的預料之中。

外圍清理乾淨，接下來該面對張步了。

耿弇下令：「部隊進城後，誰也不許搶掠，等張步來了，我們當他的面搶，激怒張步。」張步聽後笑道：「當初尤來軍、大彤軍有十萬之眾，我談笑間大破之！耿弇兵力不多，又久戰疲敝，我有何懼哉？」

隨後，張步親提大軍，聯合三個弟弟張藍、張弘、張壽及重異等人，對外號稱二十萬，氣勢洶洶地抵達臨淄城下，準備與耿弇一決勝負。

耿弇則表現得很淡定，他寫了一封信給劉秀，彙報前線軍情：「我方占據臨淄，深挖壕，高築牆。張步不知軍事，以疲憊之師強攻臨淄，我只須堅持打游擊戰。十天之內，必可得張步首級獻於陛下！」

送出書信之後，耿弇在淄水河畔布陣，漢軍突騎準備來一波衝鋒，被耿弇制止。大招要留到後面，萬一挫了敵軍銳氣，不敢進攻了，再想引蛇出洞就難了。

耿弇故意示弱，率軍回到臨淄城，派都尉劉歆、泰山郡太守陳俊在城下布陣。

張步哈哈大笑，引兵進攻，與劉歆戰在一處。耿弇則登上原齊國宮殿殘剩的高臺，密切關注戰場上的局勢。隨後，他親率精兵，加入了戰場。

剛到護城河邊，就遇上了敵將重異。重異原是大彤流民軍的首領，後被張步收編。耿弇故意示弱詐敗，張步見對手不堪一擊，遂率大部隊一擁而進，結果耿弇一個回馬槍，突進張步的軍隊，猶如一支尖刀，將張步軍的陣形徹底擊垮。張步慘敗而逃，耿弇趁勢窮追猛打。

不料就在此時，一支流矢不知從何而來，射中了耿弇的大腿。耿弇強忍著劇痛沒有吭聲，砍斷箭尾，繼續加入戰鬥當中。

直到戰鬥結束，耿弇才對軍醫說：「幫我處理一下傷口吧！」大夥兒這才看到耿弇受了傷，趕緊幫他包紮傷口。

第二天早晨，耿弇不顧自己的傷勢，率部主動出擊。

與此同時，身在魯城的劉秀也聽聞了耿弇被張步攻擊的消息，準備親自率軍援救。部將陳俊勸耿弇，說：「張步軍士氣正盛，我們不妨暫且關閉營門，休養軍士，等皇上來了一起上比較保險。」

耿弇不悅道：「這是什麼話？皇上來了之後做臣子的應當殺牛備酒，為皇上接風，難不成還要把賊寇留給皇上來打不成？」

於是這一天，雙方又在城外展開一場大戰。從清晨到黃昏，漢軍再次大敗敵軍，殺敵無數，屍體填滿了水溝。張步失利，準備撤退，但是耿弇早已在撤退的路上設下了埋伏，張步大軍再次遭遇慘敗，前後八九十里的路上留了一地的死屍，幾千車輜重被劫，張步狼狽逃回劇縣。

與此同時，劉秀也抵達了臨淄，親自慰問、犒賞軍隊，大會文武百官。劉秀對耿弇說：「過去韓信攻破歷下，開創了高祖大業的基礎；今天你攻破祝阿，建立奇功，你們二人的功勞足以相提並論。不過韓信面對的是已經投降的軍隊，你面前的對手更強大，比韓信還要艱難！

再者，田橫曾經烹殺酈食其，待田橫投降高祖，高祖特意下詔衛尉酈商不得報仇。張步先前也殺了伏隆，今天如果他來歸順，我將下詔讓大司徒伏湛解除怨恨，這兩件事情又何其相似！你以前在南陽時，曾提出過一個宏大的策略構想，我總感覺不大容易實現，但是現在看來，真是有志者事竟成啊！」

再說張步一路逃到平壽縣，蘇茂帶一萬人前來救援，見到他埋怨道：「南陽軍算精銳了吧，延岑也那麼能打，結果都不是耿弇的對手，大王怎麼就能如此輕視這個人呢？您既然徵召我來，就不能再等等嗎？」

張步一臉慚愧，只得說：「敗了就是敗了，沒什麼可說的。」

張步與蘇茂不合，這給了劉秀可乘之機。他沒有讓耿弇繼續攻擊，而是派人告訴張步、蘇茂：「你們誰能斬了對方來投降，就為誰封侯！」

結果張步先下手為強，殺掉蘇茂，到耿弇的軍營門口脫去上衣，袒露臂膀投降。

耿弇把張步送到劉秀駐地，自己率軍進了平壽城，豎起十二個郡的旗幟（張步下轄十二個郡），在旗下設鼓，命張步的士兵各自在本郡的旗下集合。待眾人集合完畢，他將張步的十餘萬部隊全部遣散回鄉。而劉秀也信守承諾，替張步封了個安丘侯。

隨後，耿弇帶著大軍抵達城陽，收降五校流民軍殘部，齊地大定。

范曄在《後漢書》中將耿弇獨列一傳，並評價道：「耿弇為將，一共平定了四十六郡，屠城三百座，未嘗有敗績。憑藉著這份功績，耿弇順利加入『雲台二十八將』的俱樂部，坐穩了第四把交椅。」

就在劉秀意氣風發橫掃關東之時，有一個人的叛變讓劉秀猝不及防。

圍困黎丘

這個人叫龐萌，任平狄將軍一職。本來，劉秀和龐萌的關係不錯，龐萌為人謙遜和順，劉秀常常稱讚他說：「可以託六尺之孤，寄百里之命者，龐萌是也。」

什麼意思呢？就是說，龐萌這個人很值得信賴，就算是未成年的孤兒、方圓一百里的土地，也可以託付給他。

龐萌之所以突然反水，源於劉秀的一個無心之失，當初劉秀下詔命蓋延、龐萌統兵攻打董憲和劉紆，結果詔書只發給蓋延，沒有發給龐萌。

一向神經高度敏感的龐萌立刻就認為，這是劉秀不再信任自己的跡象，同時又將怒火移到了蓋延身上。他認定是蓋延在劉秀面前說了什麼，這才導致劉秀偏心。

龐萌越想越生氣，那邊蓋延還不明就裡，一個勁兒地催促龐萌趕緊起兵。結果，龐萌起兵了，打的卻不是董憲和劉紆，而是蓋延。

蓋延都糊塗了。「什麼情況？你這是要做什麼？」

龐萌也不解釋，悶著頭猛攻猛打，蓋延被打了個措手不及，只能收攏敗軍，倉皇跑路。龐萌隨即自封為東平王，並與董憲、劉紆等人結盟，屯兵在桃城。

消息傳到劉秀處，劉秀幾乎要氣炸了，決定御駕親征，滅了龐萌。他告訴底下的將領們：「我曾經以為龐萌是社稷之臣，諸位將軍恐怕要笑話我了吧？這個老賊該被滅族，你們加緊整頓軍隊，在睢陽會師！」

董憲是劉秀的老對手，也是割據集團的老大。得知劉秀打算御駕親征龐萌後，董憲馬上採取了行動：一方面，他與劉紆放棄下邳，退守蘭陵；另一方面，命蘇茂、佼強領兵三萬前去幫助龐萌圍攻桃城。

劉秀當時正在蒙縣，收到桃城發出的求援信後，立即拋下輜重，親自率領輕騎三千、步兵數萬，日夜奔馳趕赴救援，在距離桃城六十里的任城停了下來。

將領們請求主動出擊，龐萌也派人挑戰，不料劉秀卻下令休整部隊，任何人不得出戰。

龐萌很納悶，劉秀日夜行軍數百里，照理說，到了就應該開打，怎麼一到任城，突然來了一個急煞車，然後沒動靜了？

其實，劉秀之所以按兵不動，是在等手底下那一干能打的人。

龐萌等人看劉秀沒什麼動靜，便只留了一部分隊伍監視對方，剩下的部隊則全力攻城。城內的人眼巴巴地等著漢軍來救援，好不容易看到一絲希望，結果等來的卻是城外烏泱泱的對手。

「沒什麼好說的，投降是不可能的，繼續守城吧！」

城外的人硬碰硬了二十多天，就在桃城快要被攻破時，劉秀終於出手了！

隨著吳漢、王常、蓋延、王梁、馬武、王霸等人陸續到位，劉秀親率大軍進逼桃城，桃城守軍也從城中殺出，夾攻龐萌。龐萌軍死傷慘重，棄甲拋戈而逃。

這一戰，劉秀大獲全勝，截獲輜重無數，龐萌、蘇茂、佼強連夜逃跑，投奔了董憲。

董憲知道，桃城之戰後，劉秀必然會來討伐他，於是和劉紆一起駐兵於昌慮。

劉秀攜大捷之威，派吳漢率先鋒一路追擊，董憲半路攔截，結果慘敗，只得以厚禮引誘，召集五校流民軍殘部駐守建陽，距昌慮三十里，形成掎角之勢。

吳漢為求穩妥，暫停進攻，劉秀則親自趕到蕃縣駐紮，距董憲營地一百餘里。部下諸將紛紛請戰，要將董憲和五校軍一網打盡，但是劉秀卻有自己的考慮：「同時進攻董憲和五校流民軍，勝算太小。五校軍缺糧，不能持久，我們先堅守不戰，待五校軍斷糧潰散，我們再全力攻打董憲，可大功告成！」

不久之後，五校軍果然斷糧離去，董憲再成孤軍，劉秀親臨戰場，四面包圍昌慮。

三天後，昌慮告破，龐萌和董憲繼續逃跑，從郯縣逃到朐縣，可還是無法擺脫吳漢的追擊。建武六年（西元 30 年），吳漢攻下朐縣，斬殺海西王董憲、東平王龐萌，東方悉平。

接著來說淮南王李憲。

李憲是潁川許昌人，本是新朝的地方官員。更始元年（西元 23 年），李憲割據廬江，自稱淮南王；建武三年（西元 27 年），李憲自立為天子，置公卿百官，擁九城，部眾十餘萬人。不過，此時的劉秀騰不出手來收拾他，只能任由其野蠻生長。

建武四年（西元 28 年），劉秀到壽春縣，派馬成率劉隆、宋登、王賞，徵調會稽、丹陽、九江、六安四郡的兵力攻打李憲。九月，漢軍在舒縣包圍李憲，馬成命令諸軍各自深溝壁壘，包圍舒縣。

時間一長，李憲扛不住了，他多次率軍出城挑戰，想要打破包圍圈，可馬成鐵了心要打持久戰，就是不與他正面對決。

這次圍城整整持續了一年多的時間。

建武六年（西元 30 年）正月，舒縣城中糧盡，李憲終於堅持不下去了。漢軍向舒縣發動進攻，不久攻下舒縣，屠殺城中居民。李憲逃走，被部下斬殺，李憲的妻子、兒女也被殺。漢軍追擊李憲的黨羽，江淮地區悉數平定。

最後再來說楚黎王秦豐。

秦豐，南郡邔縣豪族，和劉秀一樣，年少的時候也曾到長安求學，學成後回老家當了個縣吏。新莽末年，天下大亂，秦豐也拉起一支隊伍加入造反佇列，攻占了邔縣、宜城、鄀縣等十二縣，部眾萬人，成了南郡最大的一支勢力。

更始二年（西元 24 年），秦豐自立為王，號稱「楚黎王」。

秦豐稱王後沒多久，劉秀就解放南陽老家了，這讓秦豐很焦慮，因為南陽的南邊就是南郡，對秦豐造成了直接威脅。

為了擺脫困境，秦豐與各個割據勢力積極聯繫，以圖阻止漢軍繼續南下。

建武二年（西元 26 年）八月，南陽郡發生叛亂，董訢反叛於堵鄉，許邯起兵於杏聚。

劉秀以大司馬吳漢為主將，率領漢軍主力十餘萬人進入南陽郡平叛。後面的故事我們都知道了，吳漢縱兵禍害劫掠百姓，鄧奉憤而起兵，站到了吳漢的對立面。

鄧奉的突然反叛，讓秦豐看到了希望，這位大神完美地幫助秦豐擋住了北邊的劉秀，而且效果還特別好。

鄧奉反叛之後，秦豐立即率軍大舉北上，與鄧奉一起對吳漢所部形成了南北夾擊之勢。吳漢被鄧奉擊敗，引軍向南突圍，秦豐率軍堵截，雙方在黃郵水邊上展開了激戰，不料秦豐戰敗。

建武二年（西元 26 年）十一月，劉秀改派岑彭為帥南征，逼降了許邯；建武三年（西元 27 年）三月，劉秀又御駕親征，逼降董訢、俘殺鄧奉。

鄧奉一死，北邊的保護網沒有了。

為了壯大自己的勢力，秦豐到處拉壯丁搞聯盟，恰好此時，延岑從關中被馮異趕出來了。秦豐於是積極拉攏從關中逃竄來的延岑，以及南方的田戎，並為這個「復仇者聯盟」付出了大價碼：每人各嫁一個女兒，招為女婿。

他希望兩個姑爺能幫他頂住北面的壓力。

蕩平南陽郡之後，漢軍的目標指向了南郡的秦豐。建武三年（西元 27 年）五月，劉秀以征南大將軍岑彭為主將，積弩將軍傅俊、騎都尉臧宮、劉宏等三人為副將，率漢軍三萬餘人南征秦豐。

為了應對北方的威脅，秦豐也作了周密的部署，他與蔡宏守衛漢軍南下的必經之路——鄧縣，延岑屯兵於鄧縣附近的東陽聚，與東陽守將張成形成犄角之勢。

面對這條幾乎沒有破綻的防線，岑彭也無能為力，不得不與秦豐大眼瞪小眼耗了好一陣子。

這回輪到劉秀著急了，他寫了封親筆信，斥責岑彭。

接到劉秀的書信，岑彭也覺得面上無光，可是秦豐的這條防線幾乎沒有破綻，該從何處著手呢？

岑彭對著地圖看了半天，忽然有了主意。

一天夜裡，岑彭忽然下發通知給全軍，要求整頓兵馬，明日一早撤退到鄧縣之西百里的山都縣。然後他又喚來部下，讓他們放鬆對俘虜的看管。

果然，這天夜裡，有幾個俘虜見漢營中看守鬆懈，趁夜摸黑逃回，稟報情報給秦豐。秦豐大喜，決定親率精銳西進，截擊岑彭。

秦豐率軍西進後，岑彭卻乘虛而入，率軍偷偷渡過沔水，攻占了張楊防守的阿頭山，接著一路南下，奇襲秦豐的大本營黎丘。

秦豐聽聞漢軍已經兵臨黎丘，大驚失色，立即帶著主力部隊回援。跑了個馬拉松的秦豐剛到黎丘，便發現岑彭已經提前搶占制高點，只好硬著頭皮連夜奇襲，但是岑彭早就做好了防備，經過一場混戰，秦豐的部將蔡宏死在亂軍之中，只有秦豐逃入黎丘城內。

形勢急轉直下，如果說之前是雙方對峙，那麼這一次，輪到岑彭掌握主動權了。

岑彭一面圍攻黎丘，一面遣將四處略地。不久，朱祐、祭遵拿下了東陽聚，張成陣亡，延岑率領殘部南逃；秦豐的相國、宜城守將趙京舉城出降，率軍加入了圍攻黎丘的行列。夷陵的田戎雖然也想努力救援，但是根本不是岑彭的對手，只得回到夷陵。

外圍已被清理，黎丘已成為孤城。圍繞這座城池，雙方展開了漫長的拉鋸戰，由於城中糧草充足，再加上秦豐的拚死抵抗，岑彭一時也無可奈何。

建武四年（西元 28 年）十一月，劉秀安排岑彭率軍南下征討田戎，改由朱祐率軍圍困黎丘。朱祐接手圍困任務之後，很快就攻破了蔡陽，擒殺了秦豐的守將張康，斷掉了秦豐最後的支援。

十二月二十日，劉秀親臨黎丘，派御史中丞李由為使者，持璽書來到城下招降。此時的黎丘早已彈盡糧絕，城內守軍只剩幾千人，但是瀕臨絕境的秦豐卻誓死不降，而且對劉秀口出惡言。

劉秀被惹火了，他回京之前特地叮囑朱祐：「盡快破城，對負隅頑抗的秦豐就地處決，滅其三族！」

之後，朱祐親自督戰，對黎丘展開了猛烈進攻。

硝煙滾滾，戰火瀰漫！

城外，朱祐一身沉重的盔甲披在身上，迎著夜中夾雜著淡淡血腥味的風，遙望著前方的黎丘；而城內秦豐的日子同樣不好過，經過無數次戰爭，將士們早已疲憊不堪，個個精神萎靡，打著哈欠。秦豐看著身後的將士，心中湧起了陣陣無力感。

「難道，這一次真的無力回天了嗎？」

時間一點點過去，轉眼已是西元 29 年。

這年六月，在漢軍的猛烈進攻之下，困守黎丘兩年的秦豐終於撐不住了，只得帶著他的家人出城投降。朱祐將秦豐及家屬收監，用檻車送往洛陽報捷，後秦豐被斬首示眾。

秦豐敗亡後，田戎也敗在岑彭的手下，率數十騎奔逃入蜀，投奔了公孫述，公孫述拜其為翼江王。延岑也一路西逃，進入漢中，同樣投靠公孫述，公孫述拜其為大司馬，封汝寧王。

從建武元年（西元 25 年）到建武六年（西元 30 年），劉秀衣不解甲、馬不卸鞍，不是在打仗，就是在去打仗的路上。雖然他已經登基稱帝，但是帝國的東方、南方、北方皆不安穩，他不敢懈怠，只能一次次充當消防大隊長的角色，親自帶著部隊四處滅火。相比於昆陽大戰的驚險和河北逃亡的落魄，這六年的東征南討之路走得更加艱難。

這種漫長的煎熬是最痛苦的，因為你不知道什麼時候到盡頭，如同一個泥淖，一腳踩進去，只能深陷其中，很難再出來。好在劉秀挺過來了，他伐劉永、攻張步、斬董憲、殺秦豐，或撫或剿，或拉攏或孤立，最終平定了這些盤踞在帝國各個角落的割據勢力。

在這麼多年的戰爭歷練後，劉秀早已不再是當初那個慎重畏事的少年，他的眼界更加開闊，他的思慮更加深沉。此時的劉秀已頗具帝王氣象，放眼望去，帝國的版圖上只剩下西北的隗囂和巴蜀的公孫述二人。

革命尚未成功，劉秀同學，繼續努力吧！

第十章

三方鼎立

共推為主

先說隗囂，他是天水成紀人，其家族在西北也算得上是豪強。隗囂年輕時在州郡為官，以知書通經聞名於隴西，後來被王莽的國師劉歆看中，舉為國士，由此名動長安。

劉歆死後，隗囂返回天水，韜光養晦，靜觀天下之變。

隗囂的叔父隗崔素來豪爽俠義，得眾人擁護。更始元年（西元23年），聽聞劉玄稱帝，王莽連戰連敗，覆滅在即，隗崔與隗義及上邽人楊廣、冀縣人周宗密謀起兵，響應劉玄，興漢滅莽。

隗囂表態反對：「夫兵者，凶事也，宗族何辜？」

隗崔不聽，聚眾數千人，攻占平襄，殺王莽派來的地方官吏，徹底斷了大夥兒的後路。

好嘛，這次大家算是一根繩上的蝗蟲了。

既然要起義，那就得有一個帶頭大哥，統一思想，統一發號施令。隗崔、楊廣等人一致認為，隗囂素有名氣，喜好讀書，有當大哥的風範，便推舉隗囂為上將軍。

隗囂連連辭讓，可大夥兒認定了他：「說你行你就行，不行也行。」隗囂不得已，只得說：「感謝諸父和眾賢看得起我，讓我當帶頭大哥也可以，但是大夥兒必須聽我的，一切行動聽指揮，我才敢從命，要不然，恕難從命。」

大夥兒都拍著胸脯表示沒問題，隗囂這才答應當將軍。

隗囂獨立之後，聘請平陵人方望為軍師。方望向隗囂建議說：

「足下想要承天命順民心，輔漢而起事，今更始帝在南陽，王莽據守長安，您雖然想以漢的旗號行事，但是其實沒有接到漢的命令，拿什麼讓眾人相信呢？

名不正則言不順，言不順則事不成，我認為，當務之急是趕快建立漢高祖廟，稱臣奉祀，所謂『神道設教』，求助於人神。而且禮有損益，質文無常，削地以開兆域，即使是茅屋土階，也可以表示敬意。即便條件簡陋，只要您有一顆恭敬誠摯的心，神明也不會離開的。」

隗囂聽從其言，在邑東立廟，祭祀漢高祖、漢文帝、漢武帝。隗囂及其下屬稱臣執事，祝史手捧玉璧以告神。禱祝完畢，眾人殺牲而盟。

盟曰：「凡我同盟三十一將，十有六姓，允承天道，興輔劉宗。如懷奸慮，明神殛之。高祖、文皇、武皇，俾墜厥命，厥宗受兵，族類滅亡。」

有司奉血鍉進，護軍舉手揖諸將軍曰：「勺不汙血，血不入口，是欺騙神明，厥罰如盟！」

事畢，隗囂採納軍師方望的建議，向各州牧、部監、郡國釋出了一篇〈討王莽告郡國檄〉，列舉王莽罪狀，聲稱要承天順民，輔漢而起。文曰：

漢復元年七月己酉朔。己巳，上將軍隗囂、白虎將軍隗崔、左將軍隗義、右將軍楊廣、明威將軍王遵、雲旗將軍周宗等，告州牧、部監、郡卒正、連率、大尹、尹、尉隊大夫、屬正、屬令。

故新都侯王莽，慢侮天地，悖道逆理，鴆殺孝平皇帝，篡奪其位。矯託天命，偽作符書，欺惑眾庶，震怒上帝。反戾飾文，以為祥瑞；戲弄神祇，歌頌禍殃。楚、越之竹，不足以書其惡；天下昭然，所共聞見。今略舉大端，以喻吏民。

蓋天為父，地為母，禍福之應，各以事降。莽明知之，而冥昧觸冒，不顧大忌，詭亂天術，援引史傳。昔秦始皇毀壞謚法，以一二數欲至萬世，而莽下三萬六千歲之歷，言身當盡此度。循亡秦之軌，推無窮之數。

是其逆天之大罪也。

分裂郡國，斷截地絡。田為王田，賣買不得。規錮山澤，奪民本業。造起九廟，窮極土作。發塚河東，攻劫丘壟。此其逆地之大罪也。

尊任殘賊，信用奸佞，誅戮忠正，覆按口語，赤車奔馳，法冠晨夜，冤系無辜，妄族眾庶。行炮烙之刑，除順時之法，灌以醇醯，襲以五毒。政令日變，官名月易，貨幣歲改，吏民昏亂，不知所從，商旅窮窘，號泣市道。設為六管，增重賦斂，刻剝百姓，厚自奉養，苞苴流行，財入公輔，上下貪賄，莫相檢考，民坐挾銅炭，沒入鍾官，徒隸殷積，數十萬人，工匠飢死，長安皆臭。既亂諸夏，狂心益悖，北攻強胡，南擾勁越，西侵羌戎，東摘濊貊。使四境之外，併入為害，緣邊之郡，江海之瀕，滌地無類。故攻戰之所敗，苛法之所陷，饑饉之所夭，疾疫之所及，以萬萬計。其死者則露屍不掩，生者則奔亡流散，幼孤婦女，流離系虜。此其逆人之大罪也。

是故上帝哀矜，降罰於莽，妻子顛殞，還自誅刈。大臣反據，亡形已成。大司馬董忠、國師劉歆、衛將軍王涉，皆結謀內潰，司命孔仁、納言嚴尤、秩宗陳茂，舉眾外降。今山東之兵二百餘萬，已平齊、楚，下蜀、漢，定宛、洛，據敖倉，守函谷，威命四布，宣風中嶽。興滅繼絕，封定萬國，遵高祖之舊制，修孝文之遺德。有不從命，武軍平之。馳使四夷，復其爵號。然後還師振旅，橐弓臥鼓。申命百姓，各安其所，庶無負子之責。

同年底，隗囂興兵十萬，殺雍州刺史陳慶，進逼安定。安定大尹王向是王莽堂弟王譚的兒子，在當地有一定的號召力，隗囂寫信給王向勸他投降，王向始終不從。隗囂於是用武力拿下了安定，斬王向，隨後占據隴西、武都、金城、武威、酒泉、敦煌等郡，攻下了涼州全境。

更始二年（西元 24 年），劉玄遷都長安，遣使徵召隗囂及隗崔、隗義等人，隗囂接到通知後立即準備動身，方望則認為更始帝前途還不可知，堅決阻止，隗囂不聽。

方望寫信辭謝而去，道：「將軍將建伊、呂之業，弘不世之功，而大事草創，英雄未集。我方望是異郡之人，缺點、過失還沒暴露出來，本想效法郭隗之事燕昭王，吸引樂毅那樣的豪傑歸到將軍麾下，所以當初你聘請我時，我沒有推辭。

將軍以至德尊賢，廣其謀慮，動有功，發中權，基業已定，大勳方緝。今俊傑賢才並集，羽翼已滿，我方望沒有高於常人的德才，而愧列賓客上首，實在是慚愧得很。我雖懷耿介的節氣，考量去留之事，終不會背棄自己的本心，另懷異志。

至於要問緣由，范蠡助勾踐滅吳後自收其罪責，乘扁舟泛於五湖之上；晉文公的舅舅子犯在隨晉文公返國途中停於河上，向晉文公謝罪請辭。以范蠡、子犯二人的賢德，在越國和晉國的史書上都留下了功名，還歸罪於自己請求削跡回鄉，我方望有什麼功勞？聽聞烏氏縣有龍池山，小路南通，與漢相連，時有奇人異士，閒暇時，可廣求其真，願將軍勉之。」

寫完這封信，方望翩然遠去，隗囂則堅持己見，到長安拜見更始帝，被封為右將軍。

本年冬，隗崔、隗義不甘屈就長安，意欲叛更始帝北歸天水，稱雄割據。隗囂對更始政權仍存幻想，怕禍及自身，果斷檢舉二人，劉玄殺隗崔、隗義，提拔隗囂為御史大夫。

建武元年（西元 25 年）夏，赤眉軍入關中，三輔擾亂。此時劉秀已在河北稱帝，建立東漢政權，隗囂便向更始帝建議把政權移交給劉秀的叔父劉良，更始帝不聽。

淮陽王張卬、穰王廖湛、隨王胡殷、平氏王申屠建見大勢已去，密謀挾持劉玄東歸南陽，隗囂也參與其中。事情暴露後，更始帝派人召見隗囂，隗囂稱病不去，與部下王遵、周宗率軍自守。更始帝派執金吾鄧曄率軍包圍隗囂，隗囂關門拒守；到黃昏時守不住潰圍，隗囂與數十騎逃回天水，召集舊部，擁眾涼州，自稱西州上將軍。

更始帝敗亡之後，三輔地區動盪不安，而隗囂的地盤上則是一幅太平景象，再加上隗囂素來有謙恭愛士之名，於是三輔地區的耆老士大夫都到天水投奔隗囂。

一時之間，隗囂帳下英才薈萃，他一一接見，以長安人谷恭為掌野大夫，平陵人範逡作為師友，趙秉、蘇衡、鄭興為祭酒，申屠剛、杜林為持書，楊廣、王遵、周宗及平襄人行巡、河陽人王捷、長陵人王元為大將軍，杜陵、金丹之屬為賓客，由此名震西州，威名聞於山東。

直到此時，劉秀與隗囂，一個在中原南征北戰，一個在西北割據自守，兩人仍無交集。

建武二年（西元 26 年），劉秀命大司徒鄧禹西擊赤眉軍，屯於雲陽。鄧禹的裨將馮愔引兵叛離鄧禹，向天水出發。隗囂主動迎擊，破馮愔於高平，繳獲其全部糧草輜重。

隗囂主動幫忙，劉秀自然也得有所表示。在他的授意下，鄧禹派遣專使，持節命隗囂為西州大將軍，得以專制涼州、朔方政事。待赤眉軍離開長安，想西進隴右，隗囂派將軍楊廣痛擊赤眉軍，又敗赤眉軍於烏氏、涇陽間。

劉秀雖然長期在中原活動，但是他的視線一直沒有離開過西北的隴右。無他，只因這地方太重要，東進直抵三輔，南下就是漢中，是平定西蜀的跳板。而隴西豪族隗囂雖然對自己主動示好，但是其羽翼已成，難以徹底降服。隗囂就是將來左右戰局的關鍵人物。

問題在於，怎麼才能掌握隗囂的一舉一動呢？

只有一個辦法，選一個人，打入其內部。

有一次，劉秀對銚兄來歙感慨道：「而今，西州尚未歸附，公孫述又在蜀地稱帝。山高路遠，我們的主要力量都在關東，不知道西方情形如何，你有什麼好辦法？」

來歙道：「我在長安時，與隗囂頗為相熟，跟他打過交道。隗囂最初起兵時，以『復興漢室』為政治口號，我願奉皇上之命，開誠布公，給他相應的政治待遇，相信他應該會做出明智的選擇。到時候只剩下一個公孫述，就容易對付多了。」

劉秀點了點頭道：「我正有此意！」遂派來歙前往天水，常駐隗囂身邊。

隗囂既有功於東漢，又接受了鄧禹的爵封，名義上也算是劉秀的人了，有人就勸他派人到洛陽多走動走動，聯繫一下感情。建武三年（西元 27 年），隗囂寫了一封信給遠在洛陽的劉秀，重申了雙方的友好合作關係，誇了一頓劉秀。

劉秀深知，隗囂雖然接受了「西州大將軍」的名號，也主動向自己示好，但是從根本而言，隗囂仍然是西北霸主，必須加以籠絡。在之後的交往中，劉秀並不以皇帝自居，用的都是國和國之間的禮節，表示平等；對隗囂則以字相稱，更顯親近之意。

此時，陳倉人呂鮪擁兵數萬，與公孫述暗中勾搭，寇掠三輔。隗囂再次主動幫忙，派兵協助馮異進擊，大敗呂鮪。此役過後，隗囂向劉秀上書奏捷。

接到隗囂的捷報後，劉秀非常重視，親自手寫了一封信，回覆隗囂：

「我慕樂德義，早就想與你結納。昔日周文王三分天下有其二，還服侍殷商，但是駑馬鈍刀，不可強扶。數蒙伯樂一顧之價，而蒼蠅之飛不過數步，但是如果附在驥尾上，就可以超過群蠅了。

你我被阻於盜賊，不能經常往來問候，將軍忠厚有禮，扶傾救危，南距公孫之兵，北御羌胡之亂，馮異西征，得數千百人躑躅於三輔，如果沒有將軍的幫助，咸陽怕是早已落入賊兵之手了。

如今關東寇賊群聚，故此沒有在成都閱兵，與公孫述鬥力。如果公孫述侵犯漢中、三輔，我想借用將軍兵馬與他一決勝負，如能這樣，那就是蒙老天賜福，給智士賢人計功割地、論功行賞的機會。管仲曾經說過：『生我者父母，成我者鮑子。』自今以後，你我之間可用親筆書信往來溝通，不要輕信旁人挑撥離間的謠言。」

不難看出，為了拉攏這位西北豪強，劉秀自降身分，又是寫親筆信，又是主動示好，這讓隗囂感覺倍有面子。其後公孫述幾次出兵漢中，派遣使者來天水，竭力拉攏隗囂，開出的條件無比優厚：封扶安王，拜大司空。

隗囂心動了。

當年劉邦曾留下一條規矩：非劉氏不得稱王。跟隨劉秀，最高也只能封侯，而公孫述一上來就要替他封王，這份誘惑讓隗囂難以抵擋。

劉秀確實是漢室宗親，他這個皇帝當得名正言順，也具備一定的實力，可蜀地的公孫述實力也不差，該如何抉擇？

要知道，選老大可是個技術，一榮俱榮，一損俱損。如果跟對了人，自然可以青雲直上，混個好前程；如果跟錯了人，那就只能一條道走到底，不能回頭。

百聞不如一見，最好的辦法就是派一個信得過的使者，到兩邊都去實地考察一下，當面了解這兩位老大的能力和風範。而這個考察的重任，落在了隗囂最信任的馬援身上。

作為東漢初年最具知名度的一位名將，馬援的一生相當傳奇，是後世很多人的偶像。

使節入蜀

王陽明一生堪稱文韜武略，內外兼修，算得上是聖人了吧？他自年少時起就將馬援奉為偶像，不僅將〈馬援傳〉倒背如流，還經常夢到這位伏波將軍，甚至有一次在夢中祭拜伏波將軍廟時還為其作詩一首：

卷甲歸來馬伏波，

早年兵法鬢毛皤。

雲埋銅柱雷轟折，

六字題文尚不磨。

就在王陽明離世前一個多月，他還去拜謁了伏波將軍廟，此情此景竟似與昔年夢中相似，不禁使他百感交集。這樣一位讓聖人王陽明都如此崇敬和掛念的東漢將軍，到底有著怎樣的傳奇人生呢？

馬援是扶風茂陵人，祖上為戰國時代的趙國名將趙奢，趙奢爵號馬服君，子孫因此以馬為姓。當年趙奢之子趙括紙上談兵，取代廉頗帶兵，結果導致趙國在長平遭遇了前所未有的大敗，四十萬人被秦兵坑殺，馬氏也受此牽連。

馬援的曾祖父是漢武帝時的馬通，與其兄長馬何羅同寵臣江充關係不錯，還參與巫蠱之亂。後來漢武帝反思巫蠱之禍，開始秋後算帳，馬何羅憂懼不已，鋌而走險，與馬通、馬安成合謀，企圖刺殺漢武帝，結果行事不密，被金日磾發現並阻止，馬何羅兄弟宗族被誅，此後馬氏一蹶不振。

馬通雖死，馬通之子馬實卻逃過一劫，馬氏在漢宣帝時重新崛起，再次成為顯宦世家。馬援的三個哥哥馬況、馬余、馬員，全都出任兩千石的部級高官，這讓年幼的馬援表示壓力很大。

馬援十二歲時，父親馬仲去世，幾個哥哥將他送入學堂，學習《詩》、《書》，指望著他將來靠讀書混個前程。

馬援有個同學叫朱勃，是當地出了名的神童，十二歲就能將《詩》、《書》倒背如流，智商跟鄧禹有得一拼，而馬援才開始讀書，都還不會認幾個字呢。更難得的是，朱勃不僅學識高，社交能力也很強，遇人、遇事不怵，跟馬援的大哥馬況關係很好。每次見到馬況，朱勃毫不怯場，態度沉靜從容，言辭溫文爾雅，馬況很看好他。

遇上這麼個品學兼優的同學，馬援表示很受傷，每次看到朱勃，小馬同學總覺得自己不會讀書，信心全無，甚至產生了厭學情緒。無論大哥馬況怎麼勸，馬援都堅決不肯再入學堂。

大哥馬況察覺到小弟心情不佳，便親自斟酒安慰。馬援舉杯，一口飲盡，讚一聲：「好酒！」

馬況再替馬援滿斟一杯，道：「朱勃小器速成，聰明才智僅此而已，將來成不了大事。你跟他不一樣，將來成就絕對在他之上，不要怕他！」

馬援聞言，眼前一亮，驚喜道：「大哥此話當真？」

馬況繼續斟酒，笑道：「我的弟弟，我還不了解嗎？你不願拘泥於章句之間，說明你另有志向。」

馬援激動了，他飲盡一杯酒，站起身道：「大哥知我，我就想到邊郡去耕作放牧，體驗一下邊塞生活。」

馬況搖搖頭道：「你是大器晚成的命，不必著急。良工不示人以樸，你不妨先隨心所欲，想做什麼就做什麼，慢慢尋找自己的方向。你放心，有哥哥們在。」

馬援大喜，一杯接一杯豪飲，很快就醉得不省人事。

馬援想去邊塞體驗生活，誰知還沒等他動身，馬況便去世了，馬援只得留在家中，為哥哥守孝一年。在此期間，他在大哥馬況的墓地旁搭了一個草棚，長期守在大哥旁邊。不僅如此，他對守寡的嫂嫂也非常敬重，衣冠不整時絕不踏進家門。

馬援長大之後，謀了一個督郵的小官，雖然進入了體制內，衣食無憂，但是他總覺得這種日子太過平淡，不是自己想要的生活。有一次，馬援奉命押送囚犯去司命府，卻因為憐憫其罪而放走了囚犯，自己也不得不逃亡到北地郡。

想當年，劉邦也曾因縱囚而逃亡，隱匿於芒碭山中，不過劉邦當時是人已經跑了不少，反正到了也要被問罪，索性大夥兒一起逃亡。馬援則不一樣，他為素不相識的人甘願亡命天涯，就此心胸與道義來看，確實鮮有能及之人。

馬援到了北地郡，人生地不熟，可謂是窮途末路。就在他對前途迷茫之時，恰好遇到天下大赦，馬援決定留在北地郡，發展畜牧業。

馬氏在西北經營多年，算得上是豪族，馬援本人也素有威信。聽說馬援在此，不少賓客慕名來歸附，幾年之後人數達數百戶之多。馬援帶著這些人游牧於隴西、漢中之間，日漸強盛，有牛馬羊數千頭、谷數萬斛。

好不容易賺下了這樣一份家業，按理說，馬援也該好好經營才是，不料他卻覺得這些都是累贅。金錢和物質能滿足人心，也能蠱惑人心，一旦執著於此，人的眼界與格局也必然變小，最終成為財富的奴隸，這絕不是他的理想！

馬援的理想是建功立業、青史留名，而如今，功名未就，要這偌大的家業有何用？

有一次，馬援召集眾人，嘆道：「凡殖貨財產，貴在能與人分享，否則只是守財奴，牛馬不如。」說完，他將全部家財散予兄弟、朋友。除了留下一身羊裘皮褲之外，其餘全部分掉。

大夥兒拿了錢財，自然也替他擔心：「你把家財都分了，今後怎麼辦？」

馬援笑道：「大丈夫為志，窮當益堅，老當益壯！」

成語「老當益壯」即來源於此。

新莽末年，天下大亂，王莽的堂弟王林任衛將軍，廣招天下豪傑，馬援多年攢下的人品終於派上用場，他被王林推薦給王莽，拜為新城大尹。可惜，馬援這新官上任沒多久，王莽就死了，新朝也隨即滅亡，馬援於是和哥哥馬員回到涼州避難。

隗囂久聞其名，割據隴西以後，將馬援收歸自己麾下，拜為綏德將軍，大小決策皆與其商議，馬員則到洛陽投奔了劉秀。

這一次，隗囂派出了馬援為使者，去探探兩邊的深淺，看看誰能成大事。之所以選中馬援，除了信任他之外，還有一個重要原因：馬援和公孫述是同鄉加好友，兩人從小一起長大，交情非同一般。

馬援帶著使團信心滿滿地出發了，按照他的想法：「老鄉見老鄉，雖說不至於兩眼淚汪汪吧，怎麼著也得熱情接待、把酒言歡吧？」

可是，結果根本不是那麼回事。

公孫述聽說隗囂派了自己昔日好友馬援前來，卻擺起了皇帝的架子。馬援一行到成都城外時，沒有看到接待人員；進入驛館後，才有使者慢吞吞前來宣召。

馬援心中很是不爽，但他還是按捺著性子隨使者來到宮殿，兩邊武士夾道而立，一個個盔明甲亮，劍戟森嚴，讓馬援極不適應。

進入宮殿後，馬援遙拜公孫述，還沒等他們聊兩句，一旁的太監就讓馬援出宮，住到飯店去了。整個召見不到一分鐘，就此草草結束。

馬援回到驛館，很快又有太監送來新制的都布單衣、交讓冠，讓他換上。

馬援怒了：「我要是不換呢？」

太監道：「這是皇上定的規矩，皇上在宗廟等你，欲入宗廟，怎能不先正衣冠？」

「好吧，我倒要看看你到底還能玩出什麼花樣！」

馬援按捺著性子穿戴完畢，再被太監領入蜀國宗廟，文武百官齊聚於此，濟濟一堂，公孫述則搬出皇帝出行的那套華麗車駕，鸞旗旄騎，警蹕就車，磬折而入。百官匍匐在地，山呼萬歲，場面非常宏大。

馬援心裡憋著一股火：「你這是在秀給我看嗎？我們一起光屁股長大的，誰還不知道誰？別以為穿了馬甲，我就不認識你了，少跟我演戲！」

一套煩瑣的禮儀流程演練完畢，公孫述才擺上酒宴，正式招待馬援。

酒過三巡、菜過五味，公孫述開始說起正事，一大堆冠冕堂皇的話說完，他向馬援鄭重許諾，只要馬援肯為蜀國效命，自己可以馬上封他侯爵，官拜大將軍。

馬援身邊的侍從們都得了好處，紛紛勸馬援留下，不料卻被馬援一口拒絕。

他看著一臉期盼的公孫述，冷冷答道：「天下雄雌未定，你公孫述不學周公，吐哺走迎國士，共商成敗，反而追求奢華排場，搞這些東西，自己高高在上，如木偶人形。如此之人，如何能成就人事？」

說完，馬援不顧公孫述的再三挽留，堅決辭歸，要求返回天水覆命。

回去後，隗囂第一時間來找他了解情況：「此去蜀地，觀感如何？」

馬援坦言道：「公孫述只不過是井底之蛙，且還妄自尊大，成不了大事，我們應該一心向東邊的劉秀靠攏。」

隗囂聞言，不置可否，沉默半天，他又道：「還得勞煩你到洛陽跑一趟，看看劉秀此人如何。」

馬援收拾行囊，即日奔赴洛陽。

一到洛陽驛館，立刻就有中黃門前來相請，引導他入宮。馬援隨中黃門入南宮，一路上沒有看到任何崗哨。中黃門引導其至宣德殿前，然後停下了腳步。

馬援望向殿內，裡面一片空寂，並不見人影，於是問中黃門：「皇帝人呢？」

中黃門指著殿外廊廡下坐著的一人，笑道：「那就是了。」

馬援抬眼望去，只見那人衣衫簡樸，美鬚眉，面容英俊，卻又不帶稚氣，而是氣度沉穩，頭上隨意包了一塊幘巾，坐在廊廡下捧著一卷書而讀，見馬援過來，起身相迎。

「這位就是傳說中的劉秀？這哪裡像個君臨天下的皇帝，分明是一個普通的讀書人嘛！」

馬援連忙上前見禮，劉秀笑道：「卿遨遊於兩個皇帝之間，評斷優劣高下，今天見到卿，我壓力很大啊！」

馬援叩頭辭謝，道：「陛下勿怪，當今之世，不但君主選擇臣子，臣子也要選擇君主。我和公孫述是老鄉，從小就很親密，前些時候我到成都，公孫述讓武士持戟立在殿階下，然後才接見我。如今我遠道而來，陛下連個守衛都不配，難道就不怕我是刺客或奸邪之人？」

劉秀笑道：「你不是刺客，你是說客。」

被劉秀一語戳穿來意，馬援也不臉紅，侃侃而談：「今天下未定，僭號稱帝者不可勝數。我見陛下恢宏大度，有如高祖在世，才知道天子就是天子，自有氣度，別人是學不來的。」

馬援比劉秀大十歲，閱歷自然豐富，皇帝他見得多了，昏聵老朽如王莽、自甘墮落如劉玄、沐猴而冠如公孫述，這些人雖然掌握了最高權力，但是他們身上缺乏一種東西。

什麼東西呢？馬援也說不出來，直至見到劉秀，他終於明白了，他們身上缺乏的，正是劉秀身上獨有的那種氣度恢宏的領袖氣質！

一個團隊要想成功，必須有某一個人充當核心角色，他的言行能夠被團隊認可，指引團隊的決策和行動，我們把這種人格魅力稱為領袖氣質。古往今來，能成大事者都有這種領袖氣質。

譬如劉邦，別看他平常大大咧咧，其實他身上就有獨特的領袖氣質，他抓大放小，知人善用，關鍵時刻勇於放權，又有一種「打不死的小強」精神。反觀項羽，勇力過人，又有將門世家的訓練，曾統率群雄，固一世之雄也，然而剛愎自用，眼界太小，最終只能自刎烏江。

他的失敗，在於有謀士而不聽諫；勝利後不願錦衣夜行，只想炫耀鄉里，其志也淺；分封群雄，不夠慷慨大方，其氣量也狹；自負才勇，不能與人合作，則四面樹敵；失敗之後，只認為天亡我也，不能自省，更不想捲土重來，能勝不能敗。項羽的氣質，恰是成大事業者最不應有的。

說回馬援，兩人一番暢聊，劉秀留馬援在洛陽，時常召見。為了進一步了解劉秀，馬援對漢政府的組織架構、人才儲備及策略構想進行了深度採訪，劉秀知無不言，言無不盡。

不久，馬援隨劉秀南巡，從黎丘到東海，一路上盡情參觀，沒有任何限制。南巡歸來，劉秀又以馬援為待詔。馬援在洛陽一待就是數月，參觀訪問完畢，劉秀又派太中大夫來歙持節相送。

回到天水後，隗囂與馬援同榻而眠，詢問洛陽那邊的見聞。

此時的馬援在經過一輪比較後，內心早已傾向於劉秀，面對隗囂的詢問，他對劉秀不吝讚美之詞：「我到洛陽後，劉秀接見我的次數不下數十次。每次接見都是無話不談，經常一聊就是通宵。他的聰明才智及勇氣謀略，不是其他人所能匹敵的。且他心胸開闊，坦率真誠，無所隱藏，不拘小節，和高祖皇帝很像。他博讀經書，政事處理井然有序，歷代帝王無人能相比。」

隗囂聽完，心裡感覺酸酸的，又問：「那你覺得，劉秀和漢高祖相比，誰更厲害？」

馬援答：「不如也。高祖皇帝眼界宏大，做事無可無不可；劉秀則勤勉吏事，言行有矩，又不愛飲酒。」

隗囂不大高興，道：「照你這麼說，劉秀應該比高祖皇帝強才對！」

馬援道：「那倒不是，高祖皇帝做事抓大放小，舉重若輕，有大氣度；劉秀勤於政事，凡事親力親為，氣度遠不如高祖皇帝。」

舉棋不定

馬援對劉秀的評價，讓隗囂有些不爽。過了不久，隗囂召見班彪，問道：「此前周朝滅亡，戰國群雄爭戰，打得亂七八糟，好幾代之後天下才統一。合縱連橫的舊事，不知會不會在今天重演，還是將由一個人承受天命，天下再歸一統？」

班彪答：「周朝的興亡同漢朝完全不同，過去周朝把爵位分成五等（公、侯、伯、子、男），諸侯各自為政。搞到最後，枝葉比樹幹還要壯，這才出現合縱連橫之事。漢承秦制，改立郡縣，主有專己之威，臣無百年之柄。

漢成帝時，皇帝的威嚴讓渡給外戚，哀帝、平帝在位時間都太短，而且連著三個皇帝沒有兒子，全是過繼別人的兒子繼承帝位，這才使得王莽有機會專擅朝政、篡奪皇位。

國家危機來自上層，並未觸及百姓，所以王莽篡位登基之後，天下莫不引頸而嘆。十餘年間，內擾外亂，各種矛盾一起爆發，各方勢力風起雲湧，全都假借劉姓宗室的名號。當今擁州郡、獨霸一方的豪傑皆無六國世業之資，而人心思漢，漢必復興，已可知矣。」

隗囂不同意，反駁道：「你說的周朝、漢朝的形勢是對的，至於只看見愚昧的人習慣於劉氏宗室統治的緣故，就說漢朝一定復興，這就未免有些武斷。從前秦失其鹿，天下並起，而劉邦奪之，難道當時的老百姓也是人心思漢嗎？」

為了說服隗囂，班彪發揮他的筆桿子優勢，大筆一揮，洋洋灑灑寫了一篇〈王命論〉，勸告隗囂：

昔日堯禪讓給舜時說：「天之歷數在爾躬」，舜也將同樣的話告訴禹。后稷和子契輔佐堯舜，至湯武而有天下。劉氏繼承的是堯的大業，堯是火德，漢承襲之，有赤帝子之符，故被鬼神庇護，天下皆歸附。由此言之，未見連世無本，功德不紀，而得屈起在此位者也！

世人只見劉邦以一介布衣登九五之尊，不知其故，認為爭奪天下如同逐鹿，腿快的就能得之，卻不知神器有命，不可以智力求也，這就是世上多有亂臣賊子的緣故。流民凍餒於路邊，他們所求不過一點錢財，然最終輾轉死於溝壑，為何？貧窮亦有命也。況且以帝王之尊貴，擁有四海之富，受神明之庇佑，能夠隨便變動嗎？

雖然國家遇到戰亂，有人竊取了權力，但是勇猛如韓信、英布，強大如項梁、項羽，成功如王莽者，尚且最終敗亡，被烹殺斬首，剁成肉醬，肢體分裂，又何況一些微不足道的小人物，還不如這幾個人，卻想趁著黑暗篡奪天子的尊位！昔日陳嬰之母因為陳家世代貧賤，暴得富貴不祥，阻止陳嬰稱王。王陵之母知漢王必得天下，伏劍而死，勉勵王陵效忠劉邦。

一個老婦人尚且能夠推事理之致，探禍福之機，保全家族，垂策書於春秋，何況是大丈夫？

窮達有命，吉凶由人，嬰母知廢，陵母知興，仔細分析這二人，帝王之分決矣。高祖皇帝寬明而仁恕，知人善任使，當食吐哺，納子房之策；拔足揮洗，揖酈生之說；舉韓信於行陳，收陳平於亡命；英雄陳力，群策畢舉，此高祖之大略所以成帝業也！至於靈瑞符應，這種事太多了，所以韓信、張良皆認為帝位是天授，非人力也。如果一個人有足夠的覺悟，高瞻遠矚，學習王陵、陳嬰之事例，明白自己的本分，棄絕韓信、英布的野心，抵制逐鹿中原的那些瞎話，知道神器自有天授，不可貪圖妄取，不被陳嬰、王陵之母嘲笑，則福祚流於子孫，天祿其永終矣！

班彪的文章寫得洋洋灑灑，可隗囂還是聽不進去。班彪一看，再待下去可能要倒楣，於是收拾行囊離開天水郡，一溜煙跑到了河西，投奔竇融。

隗囂很糾結，在公孫述和劉秀之間猶豫不決。事態紛繁複雜，他想要再觀察一下形勢，再做抉擇。

劉秀有足夠的耐心，他對隗囂釋放了極大的善意，希望他能投靠自己。為了斷絕隗囂割據的念想，劉秀還積極拉攏竇融，抄隗囂的後路。

竇融是扶風平陵人，出身世家大族，七世祖為孝文竇皇后之弟竇廣國，此後竇氏以扶風作為郡望，成就了著名的「扶風竇氏」。從漢初至漢末，竇氏家族一直枝繁葉茂，每代都出現了兩千石以上的部級高官。

竇融少孤，有個妹妹嫁於王邑為妻，靠了這層關係，竇融在王莽的新朝頗得重用，他在強弩將軍王俊部下擔任司馬，參與鎮壓了各類流民起義，因軍功被封為建武男（一說寧武男）。

地皇三年（西元 22 年），竇融復從王邑征討劉秀，結果在昆陽城遭遇了一場慘敗，只得逃回長安。漢軍入關時，經王邑推薦，竇融為波水將軍，引兵至新豐，企圖堵截起義軍西進。

其後，更始帝的漢軍殺入函谷關，竇融見漢軍勢大，轉而投降。劉玄見竇融能力出眾，將其任命為鉅鹿太守，想讓他去河北赴任。

然而，竇融不想去河北。

竇氏家族四代經營河西，竇融高祖父為張掖太守，從祖父為護羌校尉，從弟為武威太守。多年經營之下，竇家在河西實力雄厚，追隨者眾多，堪稱豪族。

更始政權不穩，中原依然混亂不堪，竇融不願去河北，他對其他幾個兄弟說：「當今天下混亂，局勢難料，誰能勝出還不好說。河西地方富饒，又有黃河天險可守，張掖屬國（外族移民區）有精兵萬騎，一旦發生變故，只要把住黃河渡口，天王老子也難奈我何！我想遷往河西，你們有什麼意見？」

兄弟們拍著胸脯表示沒問題：「你怎麼說，我們就怎麼做！」

竇融於是請託劉玄的老丈人趙萌說情，希望調到河西，居然得償所願，被改封為張掖屬國都尉。竇融聞訊後非常高興，攜家屬就任。

所謂河西，其實就是今天的河西走廊，漢武帝年間為霍去病所奪，並在此處建立了河西四郡，漢昭帝年間擴充為五郡，分別為金城、武威、張掖、酒泉及敦煌，此地連線關中和西域，羌胡環繞，有山河之險。

竇融舉族遷往河西後，積極招撫豪傑及羌眾，頗得河西民心。

更始政權垮台後，竇融主動與酒泉太守梁統、金城太守厙鈞、張掖太守史苞、酒泉都尉竺曾、敦煌都尉辛肜等人聯繫，大夥兒一致認為：

「如今天下大亂，形勢尚不明朗，我們何去何從，不能草率決定。河西偏在一隅，又處在西羌部落和匈奴之間，如果各郡不能同心協力，必定無法自保。各郡都是平級的，誰管誰都不合適，建議推舉一人做大將軍，五郡聯保，以觀時變。」

聯盟建立了，那麼誰來當這個聯盟首領呢？

一聊到這個話題，大夥兒開始打哈哈了，有人說看資歷，有人說看實力大小。畢竟這個老大可不好當，相當於坐在火山口上，萬一預判錯了形勢，大夥兒會將他第一個推出去當替罪羊。

有人提議酒泉太守梁統為首領，梁統卻堅決推辭：「從前陳嬰不接受王位，是因為家有年邁的母親；如今我內有雙親，而且又沒什麼功德和才能，實在不配擔此重任，還是另選賢能吧！」

選來選去，大夥兒最後一致投票給竇融。

「別推辭了，就你了。」

竇融順利成為聯盟首領，武威太守馬期、張掖太守任仲不願摻和，掛印離去，竇融重新調整了人事安排。

要割據自保，首先得有足夠的實力。河西一帶民風質樸，竇融為政寬厚平和，在他的治理下，河西逐漸顯現出一片安樂富足的景象。同時，為了防備羌人和匈奴的進犯，竇融訓練兵馬，整肅軍隊，儼然成了世外桃源。這裡沒有水漫牆垣，也沒有戰火連綿，不少百姓為躲避戰亂和饑荒，紛紛從內地跑到河西討生活。

隗囂雖然採用了建武年號，但是他的本意是割據一方，樂得逍遙快活。但是隔壁鄰居竇融卻對劉秀有意思，只是由於路途遙遠，未能取得聯繫。

為了拉攏竇融，隗囂派出了「名嘴」張玄出使河西。

張玄對竇融等人說：「劉玄稱帝，迅即敗滅，表明漢室氣數已盡，劉氏不可復興。如今天下豪傑競逐，雌雄未決，竇將軍當善保河西，與隴、蜀合縱，如果搞得好了，可以混個戰國七雄，最不濟也可以當個南海尉佗。」

竇融猶豫不決，這事關係到河西未來的發展前途，他不能擅自做主，於是召來各地郡守計議。

有人主張歸附劉秀，理由很充足：

「漢承堯運，歷數延長。皇帝的名字早就見於讖書之中，皆云『劉秀』當為天子。道士西門君惠言劉秀當為天子，欲策反王莽的衛將軍王涉，結果事覺被殺，臨刑前還對圍觀的百姓說：『劉秀真汝主也』。就以人事來說，今稱帝者數人，而劉秀土地最廣，甲兵最強，號令最明。觀天命而察人事，劉秀必有天下，其他人必定成不了氣候。」

有人贊成割據河西，理由同樣很充分：

「我們河西殷富，帶河為國。張掖屬國精兵萬騎，一旦事有緩急，杜絕河津，足以自守，何必屈居人下？」

雙方吵得不可開交，公說公有理，婆說婆有理，誰也說服不了誰。

沒辦法，最後還得由竇融拍板。

竇融不像隗囂有選擇困難症，他雖然打仗不太行，但是對形勢的判斷極準，經過一番權衡利弊，他決定投奔劉秀。

建武五年（西元 29 年）夏，竇融遣使者劉鈞前往洛陽，奉書獻馬。

或許是冥冥之中自有天意，劉鈞在半路上遇到了劉秀派往河西招安的使者，雙方目標一致，使者將劉鈞帶回了洛陽。劉秀親自接見劉鈞，得知竇融正準備投靠自己，大喜，封竇融為涼州牧，賜黃金二百斤，又親自修書一封，讓劉鈞面交竇融。書曰：

「將軍鎮守西北邊疆五郡，兵馬精強，倉庫有蓄，民庶殷富，外則折挫羌胡，內則百姓蒙福。今益州有公孫述，天水有隗囂，他們必然會拉攏你，你倒向哪邊，哪邊的實力自然就會雄厚一些。是要像當年的齊桓公、晉文公那樣輔助天子成就霸業，還是三分天下鼎足而立，就看竇將軍你自己怎麼選擇了。我猜隗囂必然會派人遊說你，要你效法漢初的趙佗，如今天下尚未一統，你我之間距離較遠，沒有大的矛盾，更非仇敵，希望你好好考慮。」

竇融接到劉秀的書信，心中咯噔一下。「劉秀遠在洛陽，他怎麼知道有人勸我效法趙佗？真是神了！」

竇融寫了一封信給劉秀表忠心，又讓弟弟竇友入洛陽為人質，讓劉秀放心。信中寫道：

「臣暗自思忖，有幸託先君的末屬，蒙恩為外戚，累世二千石。到我這一代，又列都尉，濫充將帥，守衛西北一隅。書信不足以表達至誠，所以派劉鈞專門跑一趟。我沒有私心，璽書卻盛稱蜀、漢二主，三分鼎足之權，任囂、趙佗之謀，令我痛傷。我竇融雖沒有見識，也知道利害之界、順逆之分，豈可背真舊之主，侍奉奸偽之人；廢棄忠貞之節，而為傾覆郡國之逆行；拋棄已成之基業，而求毫無希望的利益呢？這三者就算問一個狂夫，也知道如何抉擇，何況是我竇融？謹遣同母兄弟竇友到京，當面轉達區區之意。」

竇融投靠劉秀後，還寫了一封信給隗囂，責備他出爾反爾，罔顧大勢，不顧民生，要他深思逆順之道。不僅如此，竇融還與五郡太守整頓兵馬，上書請戰。

可惜的是，竇融這次派出使者，剛走到半路，就遇到了隗囂反叛，道路被戰火阻斷，只得返回。

接下來，竇融又另派使者，從偏僻小路抵達洛陽。劉秀對竇融的態度和表現頗為讚賞，為了與他拉近關係，劉秀拿出家譜，主動和竇融攀親戚，他送給竇融一份特殊的國禮 —— 司馬遷《史記》之〈五宗世家〉、〈外戚世家〉及〈魏其侯列傳〉。

〈五宗世家〉記載了漢景帝十三個兒子的故事，劉秀的六世祖長沙定王劉發也在其中；〈外戚世家〉記載了竇太后、竇太后之兄竇長君、竇太后之弟竇廣國（竇融七世祖）的生平；〈魏其侯列傳〉記載了竇太后之姪竇嬰的事蹟。

還別說，這麼理下來，劉秀和竇融真有那麼點關係，兩人算是七世遠親——劉秀為漢景帝七世孫，竇融七世祖竇廣國為竇太后之弟，漢景帝之親舅。

在釐清兩人七世遠親之誼後，劉秀寫了一封親筆信，追念竇融的祖先，褒獎竇氏昔日功勳。竇融感動莫名，更加堅定了歸附之心。

劉秀成功拉攏了竇融，酒泉太守梁統也與隗囂斷絕關係，這讓隗囂更加孤立。劉秀派來歙到西北遊說，勸隗囂儘早入朝，並且承諾他：「只要你肯歸順來洛陽，高官厚祿都不是問題，什麼條件都可以談。」

隗囂不想去，寫信婉拒，說自己就一個普通人，也沒什麼功勞，唯一的理想就是等到四方平定，回老家喝喝茶、種種地，享受田園生活。

隴右血戰

嘴上這麼說，但是眼看著別人當皇帝的當皇帝，封王的封王，混得越來越好，隗囂坐不住了。時間一長，他自己也有了自立為帝的打算，跟屬下聊天時，經常問出「你看我當個周文王怎麼樣」之類的問題。

這個願望越來越強烈，終於有一天，他按捺不住，把大家叫到一塊，醞釀稱王。

不料，有個叫鄭興的傢伙跳出來反對，說：

「想當年，周文王三分天下有其二，還尊商紂為老大，向商朝稱臣；

周武王在孟津會合八百諸侯，仍然退兵等待時機；高祖連年征戰，仍以沛公行事。你雖然恩德顯著，但是並沒有周王室的累世經營基礎，也沒有高祖的赫赫戰功，卻想要去做辦不到的事情，那樣只會加速災禍降臨，萬萬不可！我們只有區區兩郡之地，以後還是少說這種話為妙。」

隗囂被潑了一盆冷水，只得作罷。

不久之後，隗囂又想進行官制改革，鄭興又跳出來反對：「中郎將、太中大夫、使持節官都是皇帝的規格，不是臣子應該設定的，你設定這些職位，實際上什麼好處都得不到，還把自己名聲搞臭了，你確定要這麼做？」

隗囂很不爽，但是也只好作罷。

時間一晃就到了建武五年（西元 29 年）末，東邊的劉永、彭寵皆已被滅，劉秀終於騰出手來對付西邊，於是再一次派出來歙催隗囂入朝：「你要是實在不想來，派你兒子來也是可以的嘛。」

隗囂糾結了半天，最後派了長子隗恂隨來歙到洛陽拜見劉秀，劉秀封其為胡騎校尉、鐫羌侯。

即便如此，隗囂依然沒有下定決心，多次召集眾人開會商量。

圍繞「要不要投靠劉秀」這個議題，眾人分為兩大陣營，吵得不可開交。正方辯手多是書生，有申屠剛、鄭興、杜林、班彪等人；反方辯手多是武將，有王元、王捷、王遵、楊廣、周宗等人。

正方辯手首先發言：「你之前接受劉秀封的『西州大將軍』這個稱號，還幫馮異趕走了呂鮪，拒絕公孫述送的大司空、扶安王印綬，斬來使，出兵攻擊蜀軍，這表明你是有意向投靠劉秀的，可為何一直猶豫不決？

再者，將軍不妨再想，劉秀對你怎麼樣？報以殊禮，言則稱字，用敵國之儀，慰藉良厚，三番五次想拉你入夥。可是你呢？你是怎麼做的？猶豫不決，推三阻四，遲遲拿不定主意！眼下劉秀已平定了東邊，即將對我們動手，您要是再不做出決斷，錯過這村，可就沒這店了！」

反方辯手站起來表態：「我不同意！當年劉玄定都長安，四方群起響應，天下人都歸向更始政府，認為天下太平，但是劉玄敗亡後，將軍幾乎連安身之地都沒有了。現在南有公孫述，北有盧芳，其他還有張步、董憲等王公十多位割據一方，如果你聽從那些腐儒的勸說，捨棄諸侯的基業，這會翻車的啊！

我們隴西完富，兵馬最強，當北攻西河、上郡，東收三輔之地，盡占秦國故地，依山為堅，帶河為固，足可立於不敗之地。我王元願率一支人馬，拿一顆泥丸封住函谷關！

即使我們不奪函谷關，也可暫且休養軍士，訓練戰馬，憑據險要，靜待四方變化。即使當不上王，退一步也足以稱霸一方。最為重要的是，魚不能脫離水。哪怕你是一條神龍，如果失去了依託，跟一條蚯蚓有什麼不同？」

隗囂雖然派遣了兒子到洛陽當人質，但是心裡其實更傾向於留在隴西。這裡地勢險要，可以俯視關中，獨霸一方，當個土皇帝就不香嗎？

鄭興、申屠剛、杜林等書生不想陪他玩火，先後離開隴西，投奔劉秀而去。班彪則避難河西，依附於竇融。

隗囂不肯合作，劉秀卻並沒有對隴西用兵的打算。原因無他，隴西地形複雜，實在是太難打了，隗囂之所以割據自守，敢一再和劉秀唱反調，憑藉的正是隴西絕佳的地利！

隗囂控制的隴西、天水二郡，全境皆為山區，隴山山脈也就是今天的六盤山，自西北向東南連綿不斷，長約兩百四十公里，平均海拔則接近兩公里。隴山南面就是秦嶺，地形險要，道路崎嶇狹窄，易守難攻。劉秀在中原遍挑各路反叛勢力，憑藉的正是漁陽、上谷的騎兵部隊，而騎兵到了溝壑縱橫的山區，根本無用武之地，只能被動挨打。

當初赤眉軍橫行中原，無人能擋，卻在隴西吃了大虧，只得逃回關中，由此不難看出山戰之艱難。

這一年已是建武六年（西元 30 年），劉秀起兵已有八年，雖然贏得了一系列勝利，卻也身心俱疲。

《孫子兵法．謀攻篇》中說：「百戰百勝，非善之善者也；不戰而屈人之兵，善之善者也。故上兵伐謀，其次伐交，其次伐兵，其下攻城，攻城之法為不得已。」卡爾．馮．克勞塞維茲（Carl von Clausewitz）在其《戰爭論》（*On War*）中也說：「戰爭是政治的延續。」打了這麼多年的仗，百姓怨嗟，十室九空，帝國的士兵和百姓都需要休息。能和平解決的，絕不訴諸武力，這是劉秀的選擇。

儘管隴西的隗囂和巴蜀的公孫述堅持割據自守，且拒絕配合，但是畢竟離中原太遠，不是腹心之患，只能慢慢解決。面對躍躍欲試的諸將，劉秀笑道：「不著急，先把這二人晾到一邊。」

劉秀改以攻心戰為主，數次致書隗囂和公孫述，力勸二人和平解決。

然而，似乎是老天故意作祟，離奇的事故接連發生。先是隗囂派使者周遊來洛陽朝拜劉秀，途經長安，順便造訪馮異大營，結果被仇家所殺；後是劉秀派銚期帶著珍寶去隴西賞賜隗囂，途經鄭縣遇到盜賊，結果珍寶被搶了個精光，銚期只得怏怏返回洛陽。

劉秀一向迷信，聞訊嘆道：「我和隗囂之間怕是很難如意了。」

恰逢公孫述派田戎與任滿沿長江順流而下，襲取荊州諸郡，結果遇到岑彭迎頭痛擊，無功而返。劉秀麾下眾人紛紛請戰，願伐巴蜀，劉秀則不急著用兵，他發消息給隗囂，希望隗囂能從天水出兵，協助漢軍攻打公孫述。

隗囂則找了一大堆藉口，什麼白水地勢險阻、山路棧道殘破斷絕，總之一句話，伐蜀時機尚不成熟。

劉秀怒了:「我的耐心也是有限的，你幾次三番推阻，到底什麼意思？既然不想和平解決，那就在戰場上見！」

劉秀一口氣派出了祭遵、耿弇、蓋延、王常、馬武、劉歆、劉尚七個猛人，各率精兵，出發長安，與馮異會合。劉秀隨後也移駕長安，親自坐鎮，他決定再給隗囂一次機會，又派來歙奉璽書曉諭隗囂，希望他能認清形勢，積極配合。

隗囂還是消極應對。

來歙這人脾氣比較急，見隗囂依然是這種態度，當即就怒了:「皇上以為你懂得善惡是非，所以才幾次寫信給你，坦誠相待。你之前派了兒子到洛陽做人質，怎麼現在反而要聽信小人的話，逆天而行？成與不成，我今天就等你一句話！」

來歙費盡口舌，隗囂仍繼續推諉，身邊的將領也不願意投奔劉秀，要他與劉秀劃清界限，來歙作為劉秀的說客，自然也不能留，必須殺之！

面對圍上來的武士，來歙傲然道:「我們多年朋友，如今你要殺我嗎？」

隗囂望著來歙，舉起的手遲遲落不下去。

來歙則渾然不懼，拿起節杖，旁若無人地慢慢走向門口。

一旁的部將王元力勸隗囂除掉來歙，王遵連呼不可:「兩國交兵，不斬來使，來歙是劉秀的表兄，更非尋常使節可比。你別忘了，你的兒子還在劉秀手上呢！昔日宋國拘捕楚國的使臣，遂有析骸易子之禍。小國猶不可辱，況於萬乘之主！」

來歙出使隴西多年，信義昭著，甚得當地人的敬重。聽聞來歙被圍，大夥兒紛紛趕來為他求情，一時求情者眾多，隗囂只得放他離去。

建武六年（西元 30 年）五月，隗囂正式與劉秀決裂。

隗囂很清楚，來歙一走，劉秀的大軍就不遠了，他廣募士卒，勒兵備戰，讓王元防守隴山南部險要，砍伐樹木，堵塞大道，擺出一副迎戰的姿勢。

劉秀見隗囂鐵了心，立即整頓軍隊，向隴西出發。問題在於，隴西、天水二郡地勢較高，俯瞰關中，加之隴西部卒能征善戰，漢軍諸將雖然身經百戰，卻都有些畏戰情緒。大夥兒都認為：「我們不急著跟他武力對決，不妨加封他手下將帥，以促其分散瓦解，到時候再一鼓作氣拿下隴西。」

只有祭遵站出來反對說：「隗囂懷挾奸謀已久，如果我們按兵不動，拖延時日，只會給他和公孫述更多準備時間，晚打不如早打！」

劉秀於是遣祭遵為先鋒，發起了一波試探性進攻，結果慘敗。

強攻未遂，劉秀只得命吳漢軍屯在長安，耿弇軍屯在漆縣，馮異軍屯在栒邑，祭遵軍屯在汧縣。

為了擴大戰果，隗囂派了行巡、王元主動出擊，結果慘敗。

初次交兵，雙方各有勝負，隗囂寫了一封信給劉秀，試圖重新議和。大意是：「朝廷大軍突然來到隴西，我手下這些將領大為驚恐，不得已自救，斗膽與朝廷大軍交戰，我根本管不了。將領們僥倖大勝，試圖追擊，進一步擴大戰果，是我親自把他們追了回來。我是臣子，怎麼敢和皇上對抗呢？當年大舜侍奉他父親，大杖則走，小杖則受，我雖然愚笨，也懂得這個禮數。我的命運都在皇上手上，皇上要殺便殺，要罰便罰，我絕無二話。如果蒙恩寬赦，更得洗心革面，則死骨不朽。」

這封信寫得很狡猾，表面上雖然有臣服之意，但是誰都能讀得出隗囂寫信時的驕傲神色。大夥兒義憤填膺，紛紛要求殺了他的兒子洩憤。劉秀攔下眾人，又派來歙跑一趟，回了一封信給隗囂：

「因你飽讀詩書，明白義理，所以我才再次賜書給你。話如果說得太難聽，就不那麼禮貌；如果說得太客氣，又不如不說。只要你現在束手歸降，再送一個兒子來我這裡，則爵祿可以保全，子孫皆有浩大之福。我已經快四十歲了，軍旅征戰十年有餘，身心俱疲，不想再聽官話套話。這是我最後的條件，如果你不接受，那就不用答覆我了。」

隗囂見劉秀態度堅決，心一橫，索性向公孫述稱臣。公孫述大喜，拜隗囂為朔寧王，遣兵出蜀，增援隗囂。

與此同時，河西的竇融也致書隗囂，力勸其迷途知返。這篇文章出自才子班彪手筆，寫得文采飛揚，可惜隗囂就是個榆木腦袋，根本聽不進去。

建武八年（西元 32 年）春，隗囂手下大將王遵向來歙投降，來歙如獲至寶，盛情相待，請教攻隴之計。

王遵只給了兩個字：「略陽。」

來歙眉頭皺了起來：「奇襲略陽有可能成功嗎？」

在說奇襲略陽之前，有必要介紹一下隴右的地理環境。如果從長安兵發隴右，就必須越過道路崎嶇狹窄的隴山，而略陽就在隴山的西側，隗囂的大本營天水和番須口之間，堪稱隴西的心臟。略陽一失，隴山各要隘的連繫就會從中切斷，整個防禦體系也將宣告瓦解。

也就是說，王遵想讓來歙玩個黑虎掏心，直接在隗囂的心臟捅一刀！

問題在於，這麼重要的地方，漢軍能輕易攻下嗎？

來歙決定賭一把！

隨後，來歙和祭遵本部軍開始了孤膽之旅，祭遵半道因病返回，但是他依然把自己的精兵交給來歙。來歙帶著大軍一頭鑽入群山之中，一路穿山越谷，伐林開道，從番須、回中穿插，直抵略陽城下。略陽城本來兵力就不多，守將金梁又毫無防備，很快被從天而降的漢軍攻破。來歙斬金梁，然後閉城而守。

得知來歙成功占領了隴西心臟略陽城，隗囂大驚：「漢軍怎麼來得這麼快？」當即命王元拒隴坻，行巡守番須口，王孟塞雞頭道，牛邯駐軍瓦亭，防範漢軍的進攻，自己則親率數萬大軍圍攻略陽。

消息傳回大後方，漢軍諸將沸騰了，紛紛摩拳擦掌，準備向略陽突破，結果被劉秀攔住了：「都給我老實待著！略陽離天水不遠，隗囂必定會調大軍去圍城，來歙那小子守上幾個月肯定沒問題。等春暖花開，隗囂的大軍被拖得兵卒頓敝，士氣衰頹，再以逸待勞，則隗囂一舉可滅！」

略陽城外，是隗囂的數萬大軍，城內只有來歙的兩千精兵，來歙打是打不過的，只得閉城死守。

隗囂強攻不下，只得採用一個笨辦法：開山築堤，蓄水灌城。

來歙和將士們拚死堅守，箭用光了，就拆城中房屋，蒐集一切木料，削木為箭，繼續頑強戰鬥。

隗囂數萬人，從春天打到秋天，可惜還是沒能將略陽奪回來。

有人會問，略陽有這麼難打嗎？

我告訴你，非常難打，略陽易守難攻，隗囂的大部隊在這裡根本施展不開。略陽還有一個名稱：街亭，就是近兩百年後馬謖大意失街亭的地方。當年諸葛亮看重街亭，其實跟來歙一樣，就是看中了此處絕佳的地理位置。

終於，在死扛了幾個月後，劉秀御駕親征，通知竇融同時進兵。光祿勳郭憲勸阻說，東方剛剛平定，皇上不能遠征。劉秀不聽，帶軍抵達高平縣第一城（因其城關險固，故號「第一城」）。

與此同時，竇融也率五郡及羌人、小月氏等步騎數萬，輜重五千餘輛，與各路漢軍會合。劉秀大軍的兵力達二十萬之眾，可見其勢在必得。

雙方會師後，劉秀大軍一路勢如破竹，轉眼克定隴地大半，隗囂大將十三人、眾十餘萬皆降，天水全郡遂為劉秀所有。

至此，隗囂天險盡失，大勢已去，再拿下略陽也毫無意義，只好撤圍，退至東南方向的西城與上邽，令田弇、李育守上邽，又命王元入蜀求救。

略陽解圍後，守城的兩千壯士皆有賞賜。劉秀舉辦了一場盛大的酒會，命來歙單坐一席，位置在眾將領之上，特示尊寵。

劉秀對招降隗囂依然不肯死心，再次詔告隗囂：「若你肯罷兵，當面向我歸順，保你父子團聚，全家平安。高皇帝許諾田橫曰：『只要你肯來，大者王，小者侯。』如今我也給你同樣的許諾。若你仍執迷不悟，想學黥布，稱帝之心不死，那也悉聽尊便！」

隗囂終不肯降。

劉秀大怒，殺了隗囂長子隗恂，派吳漢、岑彭圍西城，耿弇、蓋延圍上邽，以盡快結束戰爭，還隴地太平。

正當漢軍高歌猛進之時，潁川郡突然盜賊群起，攻占多縣，河東守兵亦叛，京師洛陽震動。劉秀聽到消息大驚，後悔沒有聽郭憲的話。

八月，劉秀東歸，為岑彭等人寫信安排工作：隗囂如今僅剩上邽、西城，二城若下，諸公便可帶兵南擊巴蜀公孫述。人真是不知足啊，既平隴，復望蜀，每一次出兵，都覺頭鬚為白！

成語「得隴望蜀」即出於此。

連年征戰，劉秀對戰爭已厭惡到了極點，每年需要的丁壯勞力越來越多，百姓役夫奔走在道中，田舍稼作都荒廢了，天下人欲休息而不得。

這樣下去，牛馬都會累，何況是人？

每次劉秀送將士們上前線拚殺，都不知要愁白多少頭髮，他心裡堵得慌，但是為了完成興復漢室、海內一統的大任，他只能不斷徵兵，親自將他們送上戰場。

這真是一個讓人無法釋懷的抉擇，這真是一個殘酷的時代。古來征戰幾人回？

「可憐無定河邊骨，猶是春閨夢裡人！」

岑彭、吳漢圍隗囂，數月不能攻下，王元又從蜀國搬來五千餘援兵，從高處衝下，擊鼓大呼：「百萬之眾來矣！」

漢軍大驚，來不及布陣就被衝垮。王元等人衝破包圍圈，得以進城，救出隗囂，走保翼城。而此時岑彭、吳漢糧食耗盡，不得已退兵，安定、北地、天水、隴西重歸隗囂所有。

但是這也只是隗囂的迴光返照了。隴地本就貧瘠，又經過長期的戰爭，終於在建武九年（西元 33 年）春爆發了大饑荒，餓死吏民無數。隗囂又病又餓，出城熬大豆與米飯為食，終於忿恨而死。

隗囂死後，王元、周宗等人擁立隗囂少子隗純為王。

第二年，來歙、耿弇、蓋延等攻破落門，周宗、行巡、苟宇、趙恢等人縛隗純而降，王元則奔逃入蜀。

隗純到洛陽後被廢為庶人，仍不甘心，幾年後帶著數十騎北投匈奴，逃至武威時被追兵捕獲，殺之。

至此，隴右隗氏徹底覆亡。劉秀放眼望去，帝國的棋盤上只剩下了最後一個對手：公孫述。

蜀地起兵

公孫述，扶風茂陵人。前面說過，他和馬援是鄰居，從小一直關係不錯。他老爸公孫仁先是在漢哀帝時為郎官，後來升為河南都尉。有了這層關係，公孫述年紀輕輕就當上了清水縣長。

公孫仁則覺得兒子太年輕，官場經驗不足，派了一個經驗豐富的下屬去當公孫述的師爺。結果剛過了一個月，這位師爺就回來了。公孫仁問他：「什麼情況？」師爺說：「老爺放心，這孩子天生是當官的料，不需要人教。」

公孫述一上任，很快便展現出超強的工作能力，在清水縣治理有方，聲名鵲起。上司天水太守對他極為賞識，提拔他兼任五縣縣長，公孫述照樣將五縣治理得富足安寧、奸人遠遁。同事皆視公孫述為奇才，有如鬼神相助，他日必能成一番大事。

王莽天鳳年間，公孫述再獲升遷，出任蜀郡太守，他繼續秉持高效廉潔的工作作風，充分發揮自己的治世才華，凡事親力親為，贏得了百姓的一致讚譽。

劉玄稱帝後，各地豪傑紛紛造反，響應玄漢政府。南陽人宗成打著漢軍的旗號，自稱虎牙將軍，攻下漢中；商縣人王岑在雒縣起兵，自稱定漢將軍，殺王莽益州牧宋遵，與宗成合兵，部眾達數萬人。

眼見亂世即將開啟，公孫述為求自保，派人把宗成、王岑迎到成都，準備共商大計。

不料，宗成、王岑的部下大概是窮瘋了，進入蜀郡後猶如老鼠掉進了米缸裡，大肆搜刮錢財，甚至還有人強搶婦女，惹得百姓怨聲載道。

公孫述很自責，自己辛苦多年，好不容易把蜀郡治理得豐裕富足，結果便宜了這些傢伙，還惹得一身騷，真是豈有此理！

他召集郡中豪傑，對大夥兒說道：

「天下不堪新朝的迫害，人心思漢，聽聞漢朝的將軍要來，老百姓奔走相告，夾道歡迎，但是如今老百姓並沒有犯法，老婆孩子卻受到凌辱，這哪裡是漢朝將軍，分明就是盜賊流寇！我打算固守本郡，等待真龍天子。諸位如果有願意跟著我的，那就留下來，不想留的，我絕不勉強。」

眾豪傑皆叩頭道：「願效死！」

公孫述大喜，為了讓百姓信服自己，他自編自演了一齣戲，派一些人祕密出城，天亮之後換上官服，冒充更始皇帝劉玄的使者，大張旗鼓地來到臨邛城前，點名要公孫述接旨。

公孫述換了一身朝服，率領幕僚出城相迎。

得知皇帝使者蒞臨，臨邛全城百姓扶老攜幼，都趕來湊熱鬧。在眾人的目光下，冒牌使者拿出聖旨，封公孫述為輔漢將軍、蜀郡太守兼益州牧，剿滅宗成、王岑等一眾亂黨。

公孫述受詔，跪拜謝恩，迎接使者入城，然後立即著手募兵。百姓看完朝廷使者宣詔的好戲後，無不信以為真，踴躍應徵。很快，公孫述就組織了一支數千人的隊伍，突襲宗成、王岑，砍了二人的腦袋，收編其部隊。

經此一役，公孫述在蜀郡的威望更上一層樓，民眾紛紛歸附，唯他馬首是瞻。

更始二年（西元 24 年）秋，真正的玄漢使者來了，劉玄遣李寶和張忠領兵萬餘人前來接管蜀地。得知這個消息，公孫述有些不爽，此時的他已有割據野心，與其投降劉玄，還不如自己當老大。於是他派弟弟公孫恢在綿竹迎擊，大敗李寶、張忠軍，威震益州。

蜀郡功曹李熊趁機慫恿道：「如今四海翻騰，匹夫都在指點江山。當年商湯、周武不過百里之地，如今將軍割據千里，地盤是二人的十倍。如果抓住機會，立威樹德，可成王霸之業！宜改名號，以鎮百姓。」

公孫述大喜，他也正有此意，於是自立為蜀王，建都於成都。

巴蜀盆地號為天府之國，周圍都被大山所包圍，敵人不容易攻打進來，交通不便，有些地勢險峻的地方只能依賴棧道。李白曾寫詩感嘆蜀道之難：「噫吁嚱，危乎高哉！蜀道之難，難於上青天！」

蜀地在公孫述的治理下肥沃富饒，兵力精強，反觀中原，局勢越發混亂，戰亂不休，無數難民拖家帶口逃到巴蜀避難，西南的邛、筰等部族的酋長也都主動遣使，上貢稱臣。

見此情景，李熊又來找公孫述，這一次的目的是慫恿他稱帝！

李熊侃侃而談，分析天下大勢：

「如今山東饑饉，已經到了人吃人的地步，兵禍不斷，城市一片廢墟。我們蜀地沃野千里，糧食、布匹、木材、器械應有盡有，取之不盡，用之不竭。我們還有魚鹽銅銀之利，江河運輸之便，北面、東面都有險可守，地方數千里，戰士上百萬。時機有利，我們就出兵擴大地盤；時機不利，我們也可以固守不出，專注農桑，所謂天時地利，都是成功之資。你身為蜀王，名滿天下，而名號未定，有志之士都在狐疑觀望。我建議立即稱帝，使遠方之人有所依歸。」

公孫述謙虛道：「帝王乃天命所歸，我怎麼擔當得起呢？」

李熊繼續慫恿：「天命沒有一成不變的，老百姓歸附能者，能者當受大命，你還有什麼好擔心的？」

被李熊這麼一攛掇，公孫述也心動了，滿腦子想的都是稱帝的事。到了晚上，他做了一個怪夢，夢裡有人對他說了一句沒頭沒腦的話：「八厶子系，十二為期。」

公孫述醒來後，覺得這是讓他當皇帝的讖言。所謂「八厶」，合起來是一個「公」字，「子系」合起來是一個「孫（孫）」字。這八個字的意思是說，公孫述有當皇帝的命，但是只有十二年的期限。

他把這夢告訴老婆，然後說：「這個夢雖然是富貴之兆，但是時間有點短，你怎麼看？」

老婆說：「子曰：『朝聞道，夕死可矣。』何況還有十二年呢，你就知足吧！」

公孫述聞言大喜，開始籌備稱帝一事。

建武元年（西元 25 年）四月，公孫述自立為天子，國號為「成家」，色尚白，建元龍興，以李熊為大司徒，以其弟公孫光為大司馬、公孫恢為大司空，改益州為司隸校尉，蜀郡為成都尹。

算算時間，公孫述稱帝比劉秀還要早兩個月。

次年，越巂郡任貴殺王莽任命的地方官員，舉郡降了公孫述。公孫述遣將軍任滿從閬中下江州，東據扞關。從此，益州之地盡為公孫述所有。

建武四年（西元 28 年），流民軍首領延岑擊順陽，鄧禹果斷迎擊，大破延岑軍。延岑隨後投奔了公孫述，被封為大司馬、汝寧王。

關中豪傑呂鮪等人擁眾萬餘，一心想要找個靠山，左右一看，旁邊有一皇帝公孫述，實力還不弱。「得了，就歸附他吧！」於是前往投奔，皆被拜為將軍。

公孫述雖然只占據益州一地，卻不忘胸懷天下，他手下有數十萬人，在漢中囤積了大量糧食，在南鄭修築宮殿，建造十層高的樓船，提前刻好了各地官員的印章，公卿百官皆虛位以待。

眼看著中原打得如此熱鬧，偏安蜀地的公孫述也坐不住了，他派了李育、程烏領軍數萬，與呂鮪等人合兵，試圖奪取關中，擴大一下自己的地盤，結果碰上了馮異和隗囂這兩位猛人。兩人一通組合拳，將蜀軍徹底打趴下了。

水路也不順利，公孫述遣田戎率水師沿長江而下，企圖襲取荊州諸郡，結果遭遇了岑彭的頑強阻擊，大敗而歸。

軍事上的接連失利，澆滅了公孫述的一腔豪情熱血，只得撤回漢中，繼續割據自守。

和劉秀一樣，公孫述也喜歡研究讖言符瑞。「既然在戰場上打不過你，那就在輿論宣傳上壓倒你！」

公孫述在蜀地實施幣制改革，他廢除銅錢，置鐵官以鑄錢，結果百姓手中的貨幣都成了廢銅爛鐵。蜀中開始流傳一首童謠：「黃牛白腹，五銖當復。」

好事的百姓竊竊私語，說王莽稱「黃」，公孫述自號「白」，五銖錢，是漢貨，這首童謠的意思是說，無論是王莽還是公孫述，都只是過客，天下當歸還於劉氏！

很顯然，民眾對公孫述肆意剝奪財富有所不滿，所以才會編出這樣一首歌謠。

公孫述也很鬱悶，為了證明自己才是那個天命所歸之人，他翻遍讖書，炮製了大量宣傳單，列舉出眾多稱帝的證據：

《錄運法》說：「廢昌帝，立公孫。」

《括地象》說：「帝軒轅受命，公孫氏握。」

《援神契》說：「西太守，乙卯金。」乙被解釋為「軋」，卯金則指劉（卯金刀為劉），這句話是說，西方的太守將會殺掉老劉家。

讖書又說：「孔子作《春秋》，為赤製作，斷十二公。漢朝是火德，崇尚紅色；王莽的新朝是土德，崇尚黃色；成家是金德，而金屬西方，是白色，而白帝正是我本人，所以才有王莽取漢，而我公孫述必將取代王莽，這是天命！

「什麼？你還不信？你看看，我的手掌上有『公孫帝』三個字，這可不是我自己刻的，是生下來就有的，信我得永生！」

當時的人普遍迷信，尤其迷信這種讖緯之事，看到公孫述列出了這麼一大堆證據，大夥兒開始懷疑，難道劉秀真是冒牌天子，公孫述才是天命之人？

消息傳回洛陽，劉秀坐不住了。作為讖緯發燒友，劉秀也是極度迷信這玩意，他當初稱帝的政治合法性就來源於《赤伏符》中的那句話：「劉秀發兵捕不道，四夷雲集龍鬥野，四七之際火為主。」

劉秀深知迷信讖緯的巨大力量，一旦人民群眾信了公孫述，後果不堪設想。如果在這場輿論戰中輸給公孫述，那就等於否認了自己稱帝的合法性，這還得了？

誰是正統，這事必須得弄清楚！

劉秀親自寫信，逐條反駁公孫述列的證據：

「讖言所說的『廢昌帝，立公孫』說的是霍光廢昌邑王劉賀，立漢宣帝，跟你公孫述有什麼關係？

『帝軒轅受命，公孫氏握』說的是黃帝，黃帝號軒轅，姓公孫，跟你八竿子打不著！

『西太守，乙卯金』說的是漢高祖劉邦，於乙未年登基稱帝，少往自己臉上貼金！

圖讖上講的『代漢者當塗高』，你又怎麼會是當塗高呢？你還拿掌紋說事，別再丟人現眼了，王莽搞這樣的東西還少嗎？

你並非亂臣賊子，天下大亂的時候，想當皇帝的何止你一個？這不怪你。你已經上了年紀，老婆孩子還小，希望你早作決斷，迷途知返。天下神器不可力爭，你可得想清楚。」

寫完正文，劉秀大筆一揮，署名「公孫皇帝」，然後寄給公孫述。

公孫述很鬱悶，置之不理。

隨著劉秀逐步平定中原的各路勢力，天下形勢逐漸明朗，騎都尉荊邯眼看著東方基本上被劉秀搞定，漢軍即將西進，便提了個建議給公孫述：

「兵者，帝王之大器，古今所不能廢也。當年秦朝崩潰，豪傑並起，高祖劉邦既無家世淵源，也無立錐之地，卻拉起一票人馬，衝鋒陷陣，經常被人揍得滿地找牙，但是每次潰敗之後，他都能重新站起來繼續戰鬥。這說明什麼？只有冒死衝殺才能成功，一味退讓肯定要滅亡的。隗囂有那麼好的機會，割據雍州，兵強士附，威震山東；玄漢政權得了天下，但是三兩下又把天下丟了，老百姓伸著脖子盼望太平，四方卻又陷於土崩瓦解。隗囂不趁此良機，積極進取，以爭天命，反而縮在後面，妄想當個周文王（指割據一方的諸侯），向劉秀低頭，他還真以為自己是文王再世呢！

劉秀不再擔心隗囂，全力平定東方，四分天下而有其三。隗囂毫無起色，而劉秀勃然興起，各路豪傑心有所冀，劉秀派出使節，拉攏分化，隗囂的手下組團投奔劉秀，於是五分天下，劉秀占四分。如果劉秀發兵天水，必定秒殺隗囂，天水一旦被拿下，則九分天下，劉秀占八分。

陛下僅以梁州之富，內奉萬乘，外給三軍，百姓愁困，不堪上命，恐怕會踏上王莽內部瓦解的老路。

以我之見，應該趁著天下尚未定局，發國內精兵，令田戎據江陵，臨江南之會，倚巫山之固，築壘堅守，傳檄吳、楚，長沙以南必望風而靡。令延岑出漢中，定三輔，天水、隴西拱手自服。這樣一來，海內震搖，天下可圖！」

公孫述躊躇不決，組織大夥兒開會討論。

博士吳柱道：「以前武王伐殷，在孟津檢閱部隊，八百諸侯異口同聲擁護，而武王認為時機還不成熟，還師以待天命。沒有左右鄰國相助，而打算出兵千里，這不是胡鬧嘛！」

荊邯反駁道：「今劉秀無尺土之柄，驅烏合之眾，跨馬殺敵，所向披靡。不趁此機會與他爭天下，成天坐在這裡打嘴炮，說什麼武王如何，那我們和隗囂有什麼區別？」

公孫述對荊邯的話深以為然，決定徵發將士，使延岑、田戎分兵兩道，與漢中各路將領兵合一處，共同進擊。

然而，蜀地百姓和公孫述的弟弟公孫光認為：「傾全國之力征戰千里之外，妄圖一舉決定成敗，並非良策。」反對的意見很多，公孫述無奈，只好作罷。延岑、田戎多次請求出兵，公孫述始終下不了決心，只能繼續拖下去。

公孫述立兩個兒子為王，食犍為、廣漢各數縣。群臣上諫阻止，道：「成敗尚未可知，將士們在外拚殺，你卻忙著為兒子封王，這是胸無大志的表現！」

公孫述不聽，朝中大權也都掌握在自己家族手中，外姓不得重用，由此大臣皆怨。

建武九年（西元 33 年），隗囂敗亡，大將王元、周宗擁立隗囂的兒子隗純為王。直到此時，公孫述才如夢初醒，自己已經成了劉秀的唯一對手。

和談的道路已被封死，那就用武力來解決吧！

公孫述挑兵點將，積極防禦，數萬水師精銳在三峽嚴陣以待。

劉秀麾下二十八將悉數出動，陣容可謂豪華，水陸並進，拉開了滅蜀之戰的序幕。

究竟鹿死誰手，我們拭目以待！

龍種潛淵，在硝煙中崛起的壯闊逆襲史詩：

在動盪亂世中潛伏，東漢光武帝以隱忍和智慧，書寫出從農民到開國皇帝的傳奇篇章

作　　者：朱耀輝
責任編輯：高惠娟
發 行 人：黃振庭
出 版 者：複刻文化事業有限公司
發 行 者：崧燁文化事業有限公司
E-mail：sonbookservice@gmail.com
粉 絲 頁：https://www.facebook.com/sonbookss/
網　　址：https://sonbook.net/
地　　址：台北市中正區重慶南路一段 61 號 8 樓
8F., No.61, Sec. 1, Chongqing S. Rd., Zhongzheng Dist., Taipei City 100, Taiwan

電　　話：(02)2370-3310
傳　　真：(02)2388-1990
印　　刷：京峯數位服務有限公司
律師顧問：廣華律師事務所 張珮琦律師

版權聲明

本書版權為樂律文化所有授權複刻文化事業有限公司獨家發行電子書及紙本書。若有其他相關權利及授權需求請與本公司聯繫。
未經書面許可，不得複製、發行。

定　　價：499 元
發行日期：2025 年 01 月第一版
◎本書以 POD 印製
Design Assets from Freepik.com

國家圖書館出版品預行編目資料

龍種潛淵，在硝煙中崛起的壯闊逆襲史詩：在動盪亂世中潛伏，東漢光武帝以隱忍和智慧，書寫出從農民到開國皇帝的傳奇篇章 / 朱耀輝著 . -- 第一版 . -- 臺北市：複刻文化事業有限公司 , 2025.01
面；　公分
POD 版
ISBN 978-626-7620-82-3(平裝)
1.CST: 漢光武帝 2.CST: 傳記
622.2　113020623

電子書購買

爽讀 APP

臉書